CREÍA QUE SOLO ME PASABA A MÍ
(PERO NO ES ASÍ)

COLECCIÓN
— TALLER DE LA HECHICERA —

CREÍA QUE SOLO ME PASABA A MÍ (PERO NO ES ASÍ)

LA REIVINDICACIÓN DE LA AUTENTICIDAD,
EL CORAJE Y EL PODER FRENTE
AL PERFECCIONISMO, LA INADECUACIÓN
Y LA VERGÜENZA

BRENÉ BROWN

Título original: *I Thought it was Just Me (But it isn't)*

Traducción: Nora Steinbrun

Diseño de cubierta: Rafael Soria

© 2007, Brené Brown

Publicado por acuerdo con Gotham Books,
una división de Penguin Group, Inc. (EE. UU.)

De la presente edición en castellano:
© Gaia Ediciones, 2012
  Alquimia, 6
  28933 Móstoles (Madrid) - España
  Tels.: 91 614 53 46 - 91 614 58 49
  Fax: 91 618 40 12
  E-mail: alfaomega@alfaomega.es - www.alfaomega.es

Primera edición: noviembre de 2013

Depósito legal: M. 29.911-2013
I.S.B.N.: 978-84-8445-491-5

Impreso en España por: Artes Gráficas COFÁS, S.A. - Móstoles (Madrid)

Cualquier forma de reproducción, distribución, comunicación pública
o transformación de esta obra solo puede ser realizada con la autorización
de sus titulares, salvo excepción prevista por la ley. Diríjase a CEDRO
(Centro Español de Derechos Reprográficos, www.cedro.org)
si necesita fotocopiar o escanear algún fragmento de esta obra.

Para las mujeres que me inspiran

mi madre
mis hermanas
mi hija
mis amigas
mis maestras
mis alumnas
mis hermanas trabajadoras sociales
las artistas y activistas
las investigadoras y escritoras
las mujeres que me han contado sus historias
para hacer posible este libro

ÍNDICE

Agradecimientos 11

Introducción 15

UNO
COMPRENDER LA VERGÜENZA 37

DOS
LA RESILIENCIA A LA VERGÜENZA Y EL PODER
  DE LA EMPATÍA 75

TRES
EL PRIMER ELEMENTO: RECONOCER LA VERGÜENZA
  Y ENTENDER CUÁLES SON SUS DESENCADENANTES 123

CUATRO
EL SEGUNDO ELEMENTO: PRACTICAR LA CONCIENCIA
  CRÍTICA 153

CINCO
EL TERCER ELEMENTO: ABRIRSE A LOS DEMÁS 189

SEIS
EL CUARTO ELEMENTO: VERBALIZAR LA VERGÜENZA 231

SIETE
PRACTICAR EL CORAJE EN LA CULTURA DEL MIEDO 255

OCHO
ACTUAR DE FORMA COMPASIVA EN LA CULTURA
DE LA INCULPACIÓN 305

NUEVE
PRACTICAR LA CONEXIÓN EN UNA CULTURA
DE DESCONEXIÓN 341

DIEZ
CREAR UNA CULTURA DE CONEXIÓN 379

RECOMENDACIONES, RECURSOS Y REFERENCIAS 399

Agradecimientos

Este libro ha cambiado mi vida de un modo fundamental. Cada vez que escribir se me hacía muy cuesta arriba, pensaba en las participantes de mi investigación —aquellas mujeres cuyas contribuciones hicieron posible estas páginas— y en lo mucho que todas ellas me han enseñado sobre la vergüenza. Porque, haciendo gala de un inmenso valor, me contaron sus experiencias confiando exclusivamente en mi promesa de tratar sus historias con sinceridad y precisión; todas y cada una de estas mujeres se propusieron asumir sus miedos para que las demás pudiésemos aprender, así que solo por eso cuentan con mi agradecimiento infinito. De todo corazón espero que consideren que este libro honra el espíritu de sus aportaciones, su trabajo y su sabiduría.

Además de las personas que compartieron conmigo sus historias, estoy en deuda también con quienes, tanto a nivel personal como profesional, me ofrecieron respaldo durante el proceso y me ayudaron a dar vida a este proyecto. Personalmente, no podría haber hecho nada de esto sin el amor, el apoyo y el valor de mi marido, Steve. Su fe en mi capacidad, su respeto por mi trabajo y su compromiso con nuestra familia me arroparon en todo momento. Le estoy igualmente agradecida por ser tan magnífico padre y por su capacidad para hacerme reír.

Mis hijos, Ellen y Charlie, llenan mi vida de amor y risas. Me inspiran, me mantienen con los pies en la tierra y me impiden tomarme a mí misma demasiado en serio.

Por muchas razones diferentes, tampoco habría podido llevar a cabo este trabajo sin mis padres. El regalo más importante que me han dado los dos es lo mucho que me han enseñado y continúan enseñándome. De mi madre, Deanne Rogers, he aprendido lo que significan el coraje, la fuerza y la perseverancia. Chuck Brown, mi padre, me legó el don del pensamiento crítico, el debate y el activismo. Y estas lecciones me ayudaron a hacer realidad mi sueño de acabar el doctorado y escribir este libro. A la pareja de mi madre, David, y a la pareja de mi padre, Molly, les agradezco sus ganas de formar parte de nuestra familia y de compartir su vida con nosotros. También quiero dar las gracias a mi abuela, Ellen, que también fue una gran inspiración para mí. Siempre intento llevar conmigo su espíritu y su bondad.

A mi hermano, Jason, y a mis hermanas, Ashley y Barrett, les digo que hemos emprendido un viaje especial juntos y les doy las gracias por permitirme compartirlo con los tres. Nuestra historia, nuestro amor y nuestras risas son importantes fuerzas en mi vida. A Mike, el marido de Ashley, y a Amaya, mi hermosa sobrina, les doy las gracias por llevar tanta dicha a nuestra familia. Y a Audrey, la esposa de Jason, le agradezco que esté con nosotros, porque siempre ha sido para todos un miembro más de la familia.

Cuando me casé con Steve heredé una familia magnífica. Corky y Jack, Bill y Jacobina, Memo, Bebo y David: es imposible para mí pensar en mi vida sin ellos; son mi familia.

Tengo la extraordinaria fortuna de trabajar con personas que son tanto colegas como buenos amigos. Estaré en deuda siempre con mi querido amigo Charles Kiley, quien generosamente me acompañó en cada paso de este viaje. No podría haberlo hecho sin él. También agradezco especialmente a mis amigas, colegas y hermanas trabajadoras sociales Dawn Fey Hedgepeth, Cheryl Dunn y Beverly McPhail. Su sabiduría y experiencia se convirtieron en un importante aporte a este libro. Quiero agradecer al ilustrador David Robinson y al diseñador gráfico Doni Hieronymus sus contribuciones artísticas. También a Cole Schweikhardt, de Squidz Ink Design, y a Daniel Levine y Marian Mankin, de DMLCo, por su apoyo y ayuda con mi página web.

Tengo la enorme dicha de estar rodeada de magníficas amigas y mentoras. Me gustaría que existiera alguna forma, más allá de un simple «gracias», de hacer saber a estas mujeres lo mucho que han aportado a mi vida: Angela Blanchard, Margarita Flores, Karen Holmes, Jean Latting, Ann McFarland, Barb Nowak, Susan Robbins, Ruth Rubio, Karen Stout, Susan Turell, Jody Williams y Laura Williams.

También tengo la fortuna de estar afiliada a dos organizaciones destacadas. Primero, quiero dar las gracias a la facultad, el personal y los alumnos de Trabajo Social de la Universidad de Houston. Es un verdadero privilegio para mí ser trabajadora social y formar parte de esta comunidad de aprendizaje. Segundo, quiero mostrar mi agradecimiento a la Iniciativa de las Mujeres Premios Nobel. Me siento orgullosa de contar con la oportunidad de trabajar con tan sabias y magníficas activistas, académicas y creadoras de paz.

Existe un tercer grupo de activistas y estudiosas al que me gustaría expresar mi agradecimiento: unas mujeres que han cambiado mi manera de verme a mí misma y, sobre todo, de ver el mundo. Mi madre me regaló un ejemplar de libro de Harriet Lerner *The Dance of Anger* cuando yo tenía poco más de veinte años. Fue mi primer libro de psicología. Recuerdo que mientras lo leía pensaba: «¡No estoy sola!». Ya en el tercer capítulo me había enamorado del poder de los libros. Cuando comencé a trabajar en el ámbito de la docencia, llevaba conmigo a todas partes *Teaching to Transgress*, de bell hooks. El libro de Jean Kilbourne

Can't Buy My Love cambió para siempre mi forma de ver la televisión, leer revistas y escuchar música. Me dirigí al Stone Center de Wellesley para comprender mejor quién quería llegar a ser en el contexto del trabajo social. Todavía sigo comprando el libro *Reviving Ophelia*, de Mary Pipher, para todas mis amigas que tienen hijas, y su nuevo libro titulado *Writing to Change the World* es de lectura obligatoria para mis alumnas. La lista de autoras que han cambiado mi vida es infinita; sin embargo, estas poderosas mujeres que he nombrado me han marcado de manera notable. Agradezco a todas ellas el haber convertido este mundo un lugar mejor. Y también les doy las gracias por abrirme el camino a lo que hoy se ha convertido en mi profesión.

Por último, me gustaría dar las gracias a las personas que creyeron lo bastante en este proyecto como para convertirlo en un libro, algo que valoro enormemente. Por eso quiero expresar mi sincero agradecimiento a mi agente, Stephanie von Hirschberg, por volcar en este proyecto su sabiduría, integridad y sentido del equilibrio. A mi editora, Erin Moore, porque me siento afortunada de trabajar con una mujer que representa la autenticidad, el coraje y la compasión que describo en mi libro. Por eso, muchas gracias. También deseo mostrar mi reconocimiento a los demás miembros del equipo de Gotham Books, Bill Shinker, Jessica Sindler, Lisa Johnson, Ashwini Ramaswamy y a toda la gente magnífica que entre bastidores convirtió mis ambiguas construcciones gramaticales en oraciones coherentes y mis páginas arrugadas en un hermoso libro.

Introducción

Cuando alguien oye la palabra *VERGÜENZA* suele responder de una de estas dos maneras: «No entiendo muy bien a qué te refieres con vergüenza, pero sé que no me apetece hablar del tema»; o «Ah, la vergüenza. La conozco bien, pero no quiero hablar de ello». Como investigadora de este tema en concreto, entiendo la renuencia a debatir sobre una emoción tan complicada, cuyo poder es tan desbordante que a veces el simple hecho de hablar de ella nos avergüenza. Pero después de pasar seis años entrevistando a cientos de mujeres y de conocer muchos detalles de sus vidas, he aprendido que todas sentimos vergüenza, que se trata de una experiencia absolutamente universal.

Lo que está claro es que cuanto menos entendemos la vergüenza y la forma en que afecta a nuestros sentimientos, pensamientos y comportamientos, más poder le conferimos sobre nuestra vida. Sin embargo, si conseguimos encontrar el valor para hablar de ella y la compasión para escuchar, nos regalamos la posibilidad de cambiar nuestra forma de vivir, amar, criar a nuestros hijos, trabajar y construir relaciones.

Por lo general, la gente quiere creer que la vergüenza está reservada a esos pocos desafortunados que han superado dramas terribles, pero no es así. La vergüenza es algo que experimentamos todos. Y si bien pudiera parecer que se esconde en nuestros rincones más oscuros, lo cierto es que tiende a merodear por los sitios que nos resultan más familiares, como nuestro aspecto físico e imagen corporal, la maternidad, la familia, la crianza de nuestros hijos, el dinero y el trabajo, la salud mental y física, la adicción, el sexo, el envejecimiento y la religión.

En este libro ofrezco información, revelaciones y estrategias específicas para comprender la vergüenza y desarrollar «resiliencia» a ella. Nunca podemos mostrarnos completamente *resistentes* a la vergüenza; sin embargo, sí estamos en condiciones de desarrollar la *resiliencia* que necesitamos para reconocerla, experimentarla de forma constructiva y crecer a partir de nuestras vivencias. En las entrevistas, las mujeres con elevados niveles de resiliencia a la vergüenza demostraron tener cuatro cosas en común. A estos factores los defino como los cuatro elementos de la resiliencia a la vergüenza. Y constituyen, ni más ni menos, la esencia de este libro. A medida que aprendamos más sobre la resiliencia a la vergüenza y comencemos a poner estos elementos en práctica, podremos empezar a superar los efectos secundarios de esta emoción —que son el miedo, la culpabilidad y la desconexión— y a avanzar hacia el coraje, la compasión y la conexión que necesitamos para vivir la vida de la mejor manera y con la mayor autenticidad posible.

He dedicado mi carrera al estudio de la vergüenza y al impacto que produce sobre las mujeres, los hombres y los niños. En el estudio que dediqué a las mujeres, he tenido la oportunidad de entrevistar a más de trescientas participantes de todas las edades, razas, etnias y situaciones de vida. Y he entrevistado nuevamente a sesenta de ellas, en concreto a las que han aplicado algunas de las estrategias mencionadas en este libro, para determinar cuáles les han resultado eficaces y qué obstáculos han encontrado en el camino.

Si no estás convencida de que la vergüenza cause algún im-

INTRODUCCIÓN

pacto en nuestra vida, te invito a que leas algunas de las citas que encontrarás a continuación, que son extractos de mis entrevistas. En ellas podrás empezar a vislumbrar el complejo entramado que forman la vergüenza, el miedo y las expectativas culturales.

«El sexo es un tema de gran importancia para mi marido y para mí. A veces es genial, pero otras me pongo a pensar en mi cuerpo y en lo mucho que ha cambiado en los últimos diez años, y entonces me da pánico, porque imagino que él me juzgará a partir de esos ideales que yo tengo en la cabeza. En esos momentos el impulso sexual se aleja tanto de mí que me invento una pelea con cualquier excusa o hago lo que sea para escapar y volver a vestirme.»

«Un día, mientras conducía por mi barrio, me detuve en un semáforo junto a un coche en el que viajaban varios chicos jóvenes que me miraban y sonreían. Yo les devolví la sonrisa e incluso me sonrojé un poco. Entonces, inesperadamente, mi hija de quince años, que iba en el asiento de atrás con su mejor amiga, me soltó: "Eh, mamá, deja de mirarles. ¿Qué te crees, que están intentando ligar contigo? ¡Sé realista!". Me costó contener las lágrimas. ¿Cómo podía haber sido tan estúpida, con la edad que tengo?»

«Cuando me miro en el espejo, a veces me veo bien. Pero en otras ocasiones me veo gorda y fea. Me abrumo tanto que apenas puedo respirar. Empieza a dolerme el estómago, me doy asco. Entonces solo pienso en esconderme en casa para que nadie pueda verme.»

«Tengo cuarenta y un años y decidí volver a estudiar para conseguir el título. Lo cierto es que casi nunca me entero de nada de lo que hablan en clase: me quedo allí sentada asintiendo con la cabeza como una idiota. Me siento una farsante, como si no fuese lo bastante lista como para estar ahí. Cuando me abruman esos sentimientos, me dan ganas de escabullirme […], de verdad; coger el bolso, salir por la puerta de atrás y no volver nunca más.»

«Mi vida parece estupenda desde fuera. Un buen marido, una casa bonita, unos hijos monísimos…: el paquete completo. Pero por dentro la historia cambia. Si no nos importara tanto la opinión de la gente, nos divorciaríamos. Apenas nos dirigimos la palabra. Nuestros dos hijos tienen problemas en el colegio; tenemos que hacer enormes aportaciones a la escuela para asegurarnos de que no los expulsen. Cada vez nos cuesta más mantener las cosas en orden. De vez en cuando me doy cuenta de que mis amigas perciben destellos de la verdad; raro sería que no los notasen. Pero, sinceramente, me enferma que ellas puedan descubrir todo lo que sucede en casa.»

«En todo momento me siento juzgada como madre; como si nada de lo que hago estuviera bien o fuese lo bastante bueno. Lo peor es cuando otras madres me critican. Una mirada de desaprobación de otra madre me parte en dos.»

«No le cuento a nadie lo que me ha pasado en la vida; no quiero inspirarles pena ni tampoco me gustaría que se formaran otra opinión de mí. Me resulta más sencillo ocultarles mi pasado. El mero hecho de imaginar que alguien pueda culparme o juzgarme por cuestiones que ya he dejado atrás me corta la respiración.»

«Nadie sabe lo mal que van las cosas entre mi marido y yo; pensarían mal de él y mal de mí por seguir a su lado. Por eso miento constantemente y me invento historias para ocultar la verdad. Cuando miento me siento tramposa y avergonzada.»

¿Te suena familiar? Para la mayoría de nosotras, la respuesta es *sí*. La vergüenza es universal. En distintos grados, todas sabemos lo mucho que nos cuesta sentirnos a gusto con quienes somos, en una sociedad que concede tanta importancia a la perfección y la integración. También estamos al corriente de la poderosa ola de emoción que nos paraliza cuando nos sentimos juzgadas o ridiculizadas por nuestro aspecto, nuestro trabajo, la forma en que criamos a nuestros hijos, la manera en que nos gastamos el dinero, nuestra familia o incluso experiencias de la vida sobre las que no tenemos ningún control. Y no siempre es alguien «de fuera» quien nos rebaja o nos juzga; las experiencias vergonzosas que más nos duelen suelen ser aquellas que nos causamos nosotras mismas.

La lucha por sentirnos aceptadas y dignas, «estar a la altura», es inexorable. Invertimos tanto tiempo y energía en asegurarnos de cumplir con las expectativas de todo el mundo y en preocuparnos por lo que los demás piensan de nosotras que al final acabamos enfadadas, resentidas y atemorizadas. A veces dirigimos esas emociones hacia nuestro interior y nos convencemos de que somos malas y de que tal vez merezcamos el rechazo que tan desesperadamente tememos. En otras ocasiones, el ataque es verbal: gritamos a nuestra pareja y a nuestros hijos sin razón aparente, o hacemos un comentario hiriente a un amigo o colega. En cualquier caso, al final nos sentimos agotadas, abrumadas y solas.

Como ya he explicado, dedicamos una extraordinaria cantidad de tiempo y energía a abordar cuestiones superficiales que rara vez producen cambios significativos y duraderos. Cuando indagamos un poco más en lo profundo, descubrimos que la vergüenza suele ser el factor que nos lleva a odiar nuestro cuerpo, a temer el rechazo, a dejar de asumir riesgos o a ocultar aquellas experiencias y partes de nuestra vida que nos da miedo que otros juzguen. Esta misma dinámica se repite cuando nos sentimos atacadas como madres o demasiado estúpidas o ignorantes como para expresar lo que opinamos.

Hasta que empezamos a reconocer el papel que juega la vergüenza, podemos solucionar temporalmente los problemas superficiales, pero no conseguimos silenciar la vieja cantilena que se reproduce en nuestra cabeza una y otra vez, y que de pronto nos suelta alguna versión del «hay algo en mí que no va bien». Por ejemplo, la sensación de ser un fraude o una impostora en el trabajo o en los estudios habitualmente no tiene que ver con nuestras aptitudes, sino con esa horrible voz interior que nos regaña y pregunta: «¿Pero quién te crees que eres?». La vergüenza nos obliga a conceder tanto valor a lo que los demás piensan que acabamos perdidas en el proceso de intentar satisfacer las expectativas de todo el mundo.

VERGÜENZA: LA EPIDEMIA SILENCIOSA

Cuando pasas años de tu vida estudiando un tema como la vergüenza, resulta fácil olvidar que se trata de un tema que muchísimas personas rechazan e incluso temen. Mi esposo constantemente me recuerda que cuando alguien pone cara de «aquí huele mal» en cuanto explico que soy investigadora de la vergüenza, no debo tomármelo como algo personal. Hace un par de años tuve una experiencia que me enseñó mucho sobre la vergüenza y me hizo entender por qué el coraje y la compasión resultan tan críticos a la hora de desarrollar la resiliencia.

Volaba a Cleveland para dar una conferencia en la Universidad Case Western Reserve. Mientras me acomodaba en mi asiento junto a la ventanilla, una mujer muy enérgica se dejó caer pesadamente en el asiento de pasillo de mi misma fila. Ya la había visto en el aeropuerto charlar emocionada con otros pasajeros y empleados de la línea aérea. Después de entorpecer el tráfico del pasillo durante unos cinco minutos, colocó su equipaje debajo del asiento que tenía en frente, se giró hacia mí y se presentó. Hablamos durante un minuto sobre el clima de Houston y entonces preguntó:

—¿A qué te dedicas y por qué viajas a Cleveland?

Mientras el avión despegaba, alcé un poco la voz y respondí:

—Soy investigadora y voy a dar una conferencia en Case.

—Qué estupendo —respondió ella—. ¿Y qué estudias?

Todavía luchando contra el rugido de los motores, me incliné hacia ella y dije:

—A las mujeres y la vergüenza.

Abrió mucho los ojos y soltó un «¡Ah, que bien!». Y se acercó tanto a mí que todo su torso quedó sobre el asiento vacío que nos separaba.

—¡Las mujeres y las cadenas! Qué interesante. Cuéntame un poco más.

A estas alturas el avión ya no rugía. Sonreí y expliqué:

—No he dicho las mujeres y las cadenas, sino las mujeres y la vergüenza.

—¿La verguenza? —preguntó con sorpresa y desencanto en la voz.

—Sí —proseguí—. Estudio la vergüenza y las distintas formas en que afecta a la vida de la mujer.

Con eso terminó la conversación. Desvió la mirada y me dijo que necesitaba descansar. Durante tres horas permanecimos en silencio, cada una en su asiento. De vez en cuando notaba que me estaba mirando y que espiaba la pantalla de mi ordenador portátil con el rabillo del ojo. Las primeras dos veces la miré para sonreírle, pero de inmediato ella simulaba estar durmiendo. En una ocasión incluso roncó un poquito, pero yo sabía que era una parodia, porque no paraba de mover los pies.

Cuando volví a Houston cené con una colega que investiga la violencia; me encontraba impaciente por contarle la historia de «las mujeres y las cadenas» a alguien que pudiera entender las dificultades de investigar un tema tan poco popular. Después de reírnos del hecho de que, para aquella pasajera, «las mujeres y las cadenas» fuese un tema mucho menos reprobable que «las mujeres y la vergüenza», me confesó que en su caso la mayoría de las personas demuestran interés por el tema que investiga y que en realidad es ella quien simula dormir en los aviones.

—No lo entiendo —repliqué—. Ambas son epidemias graves. ¿Es que la gente cree que la vergüenza es peor que la violencia?

Ella se quedó pensando unos instantes y respondió:

—Bueno, no. Las dos son epidemias graves, pero la vergüenza es una epidemia silenciosa. Las personas entienden la violencia y pueden hablar de ella. Pero todavía nos da miedo la vergüenza. Incluso la palabra resulta incómoda. Tú estás estudiando un tema sobre el que todo el mundo sabe que no debe debatir, porque así se lo ha enseñado la sociedad. Es tan peligrosa como la violencia, pero seguimos simulando que no pasa.

Creo que mi colega tenía razón: la vergüenza es una epidemia silenciosa. Es un problema de proporciones epidémicas, porque su impacto nos afecta a todos. Y lo que la hace «silenciosa» es nuestra incapacidad o nuestro rechazo a hablar abiertamente sobre el tema y a explorar lo mucho que influye en nuestra vida individual, a nuestra familia, a nuestra comunidad y a nuestra sociedad en general. Es nuestro silencio lo que en realidad ha obligado a la vergüenza a moverse en un plano subterráneo, desde el que afecta a nuestra vida personal y pública de manera insidiosa y destructiva. En el pasado los científicos sociales malinterpretaban e ignoraban esta emoción, pero ahora un número cada vez mayor de investigadores y médicos se dedican a estudiar la vergüenza y el papel que esta desempeña en una amplia gama de cuestiones relacionadas con la salud mental y pública, como la depresión, los trastornos de ansiedad, la adicción, los trastornos alimentarios, el acoso, el suicidio, la agresión sexual y todos los tipos de violencia, incluida la que se produce en el entorno familiar.

Tal como sucede con la creciente epidemia de violencia que azota el mundo, extrañamente la vergüenza se ha convertido para muchos en una forma de autoprotección y en una fuente popular de entretenimiento. Los insultos y la difamación han reemplazado los debates sobre religión, política y cultura. Utilizamos la vergüenza como una herramienta para criar, enseñar y disciplinar a nuestros hijos. Los programas de televisión que muestran alianzas despiadadas, traiciones, confrontaciones hostiles, exclusión y humillación pública se llevan la mayor parte de la audiencia. Pero, al tiempo que utilizamos la vergüenza para defendernos y entretenernos, nos esforzamos por comprender por qué el mundo nos da tanto miedo, por qué la política se ha convertido en un juego sangriento, qué hace que los niños sufran niveles cada vez mayores de estrés y ansiedad, por qué la cultura popular parece estar llegando a mínimos históricos y cuál es la razón por la que un número cada vez más elevado de gente se siente sola y desconectada.

Al igual que se observa en muchas otras epidemias, estamos tan enredados en esta lucha nuestra por cuidar de nosotros mismos y de nuestra familia que no vemos las conexiones que nos permiten encontrarle sentido a la vergüenza y comenzar a abordarla como un problema a gran escala. Somos incapaces de ver lo enorme que es; nos parece que se trata de una disfunción personal o de una cuestión de autoestima, en lugar de tomarla como un grave problema social.

Para que comprendas mejor la experiencia de la vergüenza,

quiero que conozcas a Susan, Kayla, Theresa y Sondra. Tuve la oportunidad de entrevistarlas al inicio de mi investigación y nuevamente varios años más tarde, después de que hubiesen comenzado a aplicar algunas estrategias de resiliencia. Por eso, a lo largo de este libro sus historias se convertirán en importantes ejemplos de lo poderoso —y a veces difícil— que resulta practicar el coraje, la compasión y la conexión.

Susan tenía menos de treinta años cuando nos conocimos. Llevaba tres casada y tenía una hija que acababa de celebrar su primer cumpleaños. A pesar de que le encantaba su carrera de fisioterapeuta, había dedicado todo el año anterior a criar a su bebé. Pero a la vista de que empezaban a aparecer los primeros problemas económicos familiares, había decidido volver a trabajar a tiempo parcial. En nuestra entrevista recordó el día en que pensó haber encontrado el trabajo perfecto: se había sentido realmente en éxtasis, no solo porque le habían ofrecido un estupendo puesto de fisioterapeuta a tiempo parcial, sino también porque su iglesia disponía de una plaza libre para su niña en el programa para madres que trabajaban fuera de casa. Deseosa de contar tantas buenas noticias, llamó a su hermana mayor por teléfono. Pero en lugar de recibir la enhorabuena, se encontró con algo completamente distinto: «No entiendo para qué has tenido un bebé si no te interesa criarlo». Susan recuerda haber sentido que le encajaban un puñetazo en el estómago. Y así lo expresó: «Me quedé sin respiración. Aquello fue devastador. Lo primero que pensé fue "Soy una mala madre". Y esa misma tarde reconsideré la oferta laboral».

En la época en que entrevisté a Kayla, ella tenía alrededor de cuarenta y cinco años, disfrutaba de una exitosa trayectoria profesional en el campo de la publicidad y vivía sola en una gran ciudad de la costa este de Estados Unidos. Puesto que a su padre acababan de diagnosticarle Alzheimer, ella intentaba a toda costa equilibrar las presiones de su carrera con su nuevo papel de principal cuidadora del enfermo. Me explicó que lo que más difícil le resultaba era tratar con su jefa, Nancy, a quien Kayla describía como «ese tipo de persona con quien jamás debes compartir información personal». Cuando le pedí que me explicara a qué se refería, me contó que Nancy había perfeccionado el arte del ataque personal, y que cuanto más sabía de la vida de alguien, más municiones acopiaba en su arsenal. Tras la muerte de su madre, acaecida dos años antes, Kayla había tenido que luchar contra una fuerte depresión. Y se lo había contado a su jefa, quien no había tenido mejor idea que divulgar ese dato tan privado frente a otros colegas. Pero lamentablemente, y a pesar del miedo que le provocaban los ataques de Nancy, Kayla sabía que ahora no podría cumplir sus horas de trabajo habituales mientras buscaba alguna institución en la que su padre pudiera recibir atención a largo plazo, así que no había tenido más remedio que explicar la situación a su jefa. Todavía parecía impresionada mientras describía la primera reunión de personal a la que asistió después de su conversación con Nancy. Durante la reunión, la jefa anunció que Kayla quedaría fuera del proyecto en el que estaba embarcada por aquel entonces. Mirándola directamente a los ojos, se había dirigido al grupo diciendo: «Ya conocéis a Kayla. Siempre tiene algún drama». Para Kayla, aquel fue un momento de «parálisis total». «Me quedé bloqueada; me hizo sentir ínfima, destrozada. ¿Tenía Nancy razón? ¿Era yo un bicho raro? ¿Cómo podía haber cometido la estupidez de confiar en esa mujer?».

Cuando la conocí, Theresa tenía treinta y cinco años y tres hijos de entre tres y once años de edad. La experiencia que me describió posiblemente no había durado más de cinco minutos, pero para ella había representado una de las mayores pruebas a las que se había enfrentado. Recordaba encontrarse de pie frente al espejo, presa de una gran ansiedad porque su cuerpo le provocaba repulsión: «Fue uno de esos días en los que nada me sentaba bien; ya me había probado todos los vaqueros que tenía».

Angustiada, había comenzado a cogerse la carne de la cara interna de los muslos y a pellizcar la grasa que se amontonaba a los lados de su sujetador, repitiendo: «Qué desagradable... Soy muy desagradable». Pero lo que, según Theresa, le estaba provocando todavía más estrés era oír que sus hijos discutían por la televisión en otro cuarto mientras sonaba el teléfono. Enfurecida, no había podido evitar gritar: «¿Es que nadie puede coger el maldito teléfono? Sé que no soy la única que lo oye. ¡Maldición!». Y hundiendo el rostro entre las manos se había echado a llorar. Al levantar la cabeza había visto que su hijo más pequeño se le había acercado, y le había oído decir con voz temerosa: «Siento que mamá esté triste». Su sensación de vergüenza y culpabilidad al mirar al niño había sido terrible. Por eso Theresa me confesó que nunca olvidaría ese día, y me explicó la razón: «A veces estoy harta de todo —de mi cuerpo, de mis niños, de mi casa—, de toda mi vida. En la cabeza tengo unas imágenes de cómo me gustaría que fuesen las cosas, y la realidad es que nunca son tan perfectas. Jamás puedo conseguir lo que pretendo. Y lo peor de todo es que me siento muy avergonzada cuando lo pago con mis hijos».

Sondra, una profesora de instituto de alrededor de cincuenta y cinco años de edad, parecía enfadada y triste cuando me contó lo siguiente: «A mí me encantaba discutir sobre política con mi cuñado. Lo hicimos durante años. Una noche, cuando mi marido y yo volvíamos de una cena en el coche, me confesó que odiaba que yo discutiera con su hermano. Que siempre lo había odiado. De hecho me dijo: "Donald es un tío listo, tiene un máster. Me gustaría que no discutieras con él". Y luego añadió que yo sonaba como una persona sin educación y estúpida, y que le hacía quedar mal. Y me dejó completamente apartada de su familia».

¿Susan, Kayla, Theresa y Sondra son solo víctimas de su baja autoestima? No. La vergüenza y la autoestima son cuestiones totalmente distintas. La vergüenza la *sentimos*. La autoestima la *pensamos*. Nuestra autoestima se basa en cómo nos vemos —nuestros puntos fuertes y limitaciones— a lo largo del tiempo. Es lo que pensamos (y cómo lo hacemos) de nosotras mismas. La vergüenza, por el contrario, es una emoción. Es la manera en que nos sentimos cuando vivimos ciertas experiencias. Cuando estamos avergonzadas no tenemos una visión de conjunto, perdemos la perspectiva; nos resulta imposible pensar con precisión sobre nuestras fuerzas y limitaciones: simplemente nos sentimos solas, expuestas y muy defectuosas. Mi amiga y colega Marian Mankin describió la diferencia entre vergüenza y autoestima de la siguiente manera: «Cuando pienso en mi autoestima, pienso en quién soy en relación con quien quiero ser, de dónde vengo, a qué me he sobrepuesto y qué he conseguido. Cuando siento vergüenza, me retrotraigo a ese lugar de insignificancia en el que pierdo la sensación de contexto. Regreso a un lugar pequeño; desde allí no veo lo demás. Es un espacio diminuto y solitario».

Si estas historias no tienen que ver con la autoestima, ¿podrían simplemente estar relacionadas con nuestras compañías? ¿Tiene Susan una hermana malvada? ¿Es Kayla sencillamente la víctima de un comentario insensible? ¿Es un caso aislado la lucha de Theresa por la perfección? ¿Es el marido de Sondra el único problema? La respuesta a todas estas preguntas es no. Si analizas los cuatro ejemplos referentes a la maternidad, el trabajo, el perfeccionismo y la expresión, verás que en estas guerras culturales la vergüenza es el arma que más se esgrime.

Constantemente amenazamos a las madres con avergonzarlas por «no hacer lo que es mejor para sus hijos» o «tomar decisiones egoístas o ignorantes». De un modo similar, la experiencia de Kayla refleja la cultura de la vergüenza, que se ha apoderado de muchos lugares de trabajo, en los que se espera que produzcamos y mantengamos nuestra vida profesional y personal artificialmente compartimentada para poder triunfar. El comentario de Nancy, la jefa, es un producto de dicha cultura. Si bien nos explican (y deseamos creer) que «no somos nuestro trabajo», el mensaje de los empleadores, colegas y medios de comunicación contrapone ese bienintencionado adagio con un «Eres exactamente tu trabajo, la forma en que lo llevas a cabo y la cantidad de dinero que ganas».

En lo relativo a la lucha de Theresa, tenemos que entender que la vergüenza es la voz del perfeccionismo. Ya hablemos de aspecto físico, trabajo, maternidad, salud o familia, lo que nos resulta sumamente doloroso no es la búsqueda de la perfección, sino nuestra imposibilidad de cumplir con esas expectativas inalcanzables que nos conducen a una terrible oleada de vergüenza. Y por último, la historia de Sondra habla del poder de la vergüenza como una herramienta social que suele emplearse para mantenernos callados. Nada silencia con más eficacia que la vergüenza.

Como ves, la vergüenza es mucho más que una comunicación insensible o una cuestión de autoestima; es una experiencia humana básica que se está convirtiendo en una parte cada vez más divisora y destructiva de nuestra cultura. En ciertos momentos y determinadas situaciones, todas hemos luchado y luchamos contra la sensación de no ser lo suficientemente válidas, de no tener bastante o de no encontrarnos plenamente integradas. He descubierto que la forma más eficaz de superar estos sentimientos de inadecuación es compartir nuestras experiencias. Aunque, por supuesto, contar nuestras historias en esta cultura exige un gran valor.

CORAJE, COMPASIÓN Y CONEXIÓN

Coraje es una palabra con corazón. En efecto, su raíz es *cor*, que en latín significa «corazón». En una de sus primeras formas, la palabra *coraje* significaba «decir lo que se piensa expresando todo lo que siente el corazón». Con el tiempo esta definición ha ido cambiando y en la actualidad está más relacionada con la heroicidad, con los actos de valor. Sin embargo, considero que esta definición no consigue expresar la fuerza interior y el nivel de compromiso que necesitamos para hablar con honestidad y abiertamente sobre lo que somos y sobre nuestras experiencias, buenas y malas. Hablar desde el corazón es lo que, a mi entender, define el «coraje común».

No sé dónde apareció por primera vez el término *coraje común*, pero yo lo descubrí en un artículo sobre mujeres y niñas escrito por la investigadora Annie Rogers. Creo que la idea del coraje común describe la importancia de contar nuestras historias. Resulta particularmente difícil practicar este tipo de coraje en la actual cultura de la vergüenza, una cultura cargada de miedo, culpa y desconexión. Sin embargo, practicar las estrategias que aparecen en este libro nos ayudará a recuperar nuestro coraje y nuestro poder, e incluso puede que nos incite a introducir cambios en nuestra cultura.

Para comprender de qué manera influye la cultura sobre la vergüenza, debemos retrotraernos a la época en que éramos niñas o jóvenes adultas y aprendimos por primera vez la importancia de caer bien, de «encajar» y de complacer a los demás. Las lecciones solían ser impartidas a través de la vergüenza; en ocasiones abiertamente, en otras de forma muy subrepticia. Con independencia de cómo sucediera, todas podemos recordar habernos sentido rechazadas, disminuidas y ridiculizadas, todo lo cual acabó enseñándonos a temer esos sentimientos. En otras palabras, aprendimos a cambiar nuestros comportamientos, pensamientos y sentimientos para evitar la vergüenza. Pero en el proceso cambiamos también lo que éramos y, en muchos casos, lo que somos ahora.

Lo que nos enseña a tener vergüenza es nuestra cultura, que es la que dicta lo que es aceptable y lo que no lo es. Desde luego, no nacimos anhelando tener cuerpos perfectos. No nacimos con miedo a contar nuestras historias. No nacimos con el temor a hacernos demasiado mayores como para sentirnos valiosas. No nacimos con un catálogo de una tienda de decoración en una mano y una deuda desgarradora en la otra. La vergüenza nace fuera de nosotras, en los mensajes y expectativas de nuestra cultura. Lo que sí proviene de nuestro interior es una muy humana necesidad de pertenecer, de relacionarnos.

Los humanos hemos sido creados para conectarnos; lo llevamos en los genes, en nuestra biología. De niños, nuestra necesidad de conexión es una cuestión de supervivencia. Pero a medida que pasan los años, la conexión es sinónimo de progreso emocional, físico, espiritual e intelectual. La conexión nos resulta crítica, porque todos experimentamos la necesidad básica de sentirnos aceptados y de creer que pertenecemos y somos valorados por lo que somos.

Pero la vergüenza rompe nuestra conexión con los demás. De hecho, suelo describir la vergüenza como el miedo a la desconexión, el miedo a ser percibidos como seres defectuosos que no merecen ser aceptados ni desarrollar una sensación de pertenencia. La vergüenza nos impide contar nuestras historias y escuchar a otros contar las suyas; por eso silenciamos nuestras voces y guardamos secretos por miedo a desconectarnos. Cuando oímos a otras personas hablar de su vergüenza, por lo general las culpamos como una manera de evitar sentirnos incómodos. En ocasiones, oír a alguien hablar de una experiencia vergonzosa puede resultar tan doloroso como vivirla en carne propia.

Al igual que el coraje, la empatía y la compasión son componentes fundamentales de la resiliencia a la vergüenza. Practicar la compasión nos permite *oír* la vergüenza. La empatía, que es la más poderosa herramienta de compasión, es una habilidad emocional que nos incita a responder a los demás de un modo significativo y cariñoso; es la capacidad de ponernos en la piel de otra persona, de comprender lo que él o ella está sintiendo y reflejar que lo entendemos. Cuando compartimos una experiencia difícil con alguien, y esa persona responde de un modo abierto y profundamente conectado, eso es empatía. Y desarrollarla puede enriquecer las relaciones que mantenemos con nuestra pareja, nuestros colegas, nuestros familiares y nuestros hijos. En el capítulo 2 explicaré el concepto de empatía con más detalle. Aprenderás cómo funciona, de qué manera puedes ponerla en práctica y por qué lo contrario a sentir vergüenza es experimentar empatía.

El requisito previo de la empatía es la compasión: solo podemos responder de forma empática si estamos dispuestos a oír el dolor de otra persona. A veces creemos que la compasión es una virtud propia de los santos, pero no es así. De hecho, cualquier persona que sea capaz de aceptar las dificultades que nos humanizan —nuestros miedos, nuestras imperfecciones, nuestras pérdidas y nuestra vergüenza— puede actuar de manera compasiva. Pero para responder con compasión frente a quien nos cuenta su historia, primero tenemos que haber asumido nuestra historia personal, con su vergüenza incluida. La compasión no es una virtud, sino un compromiso. No es algo que tengamos o no, sino algo que elegimos asumir. ¿Podemos estar con alguien que siente vergüenza y abrirnos lo suficiente como para escuchar su historia y compartir su dolor?

UN RESUMEN GENERAL DEL LIBRO

Este libro está dividido en once capítulos, incluida la presente introducción. En el capítulo 1 contaré historias y propondré ejemplos a partir de los cuales definiré la vergüenza y la diferenciaré de otras emociones como la culpa, la humillación y la sensación de ridículo. En el capítulo 2 exploraremos los conceptos básicos de la resiliencia, que son la empatía, el coraje, la compasión y la conexión.

Los capítulos 3 al 6 girarán en torno a esos cuatro elementos que sustentan la resiliencia a la vergüenza, y que salieron a la luz a partir de mi investigación. En efecto, el trabajo que llevé a cabo sobre este tema me permitió descubrir que las mujeres con elevados niveles de resiliencia compartían cuatro características, cuatro factores que, puestos en práctica de manera simultánea, conducen a esa capacidad que tanto buscamos. En cada uno de esos capítulos, además, revelaré estrategias específicas que podemos utilizar para desarrollar la resiliencia a la vergüenza y aportaré información sobre cómo superar algunas de las barreras más comunes que encontramos las mujeres en cuanto empezamos a poner en práctica estas estrategias.

La cultura de la vergüenza está impulsada por el miedo, la culpa y la desconexión, y suele ser una poderosa incubadora de problemas como el perfeccionismo, la tendencia a estereotipar, el chismorreo y la adicción. En los capítulos 7 al 9 exploraré estas cuestiones y otras en el contexto del desarrollo y el mantenimiento de la resiliencia a la vergüenza. Y en el capítulo final presentaré ideas a partir de las cuales podríamos cambiar nuestra cultura: ¿qué significa la resiliencia a la vergüenza para nuestros hijos, los hombres de nuestra vida, nuestra espiritualidad, nuestro lugar de trabajo y nuestra familia?

La vergüenza es un tema difícil. Sin embargo, por dolorosas que puedan resultar algunas de las historias, la cruda sinceridad de sus verdades confirma que la información y las ideas de este libro son tremendas fuentes de esperanza y promesa para las mujeres. *Creo que todas somos capaces de desarrollar resiliencia a esta emoción*, que todas estamos en condiciones de convertir en coraje, compasión y conexión el dolor que la vergüenza nos provoca. Y no solo eso: estoy convencida de que todas somos capaces de ayudarnos mutuamente a conseguirlo.

No obstante, es fundamental que reconozcamos la complejidad de este trabajo. No hay «cuatro pasos sencillos» hacia la resiliencia ni una fórmula fácil para superar la vergüenza. Las respuestas «tipo receta» no dan resultado en un tema tan espinoso como el que nos ocupa ni, en realidad, en ningún otro complejo conflicto humano. De hecho, creer en la existencia de remedios fáciles para problemas complicados puede incluso llevarnos a sentir vergüenza y culpabilidad por ser incapaces de «descifrarlos».

Se ha dicho que la verdadera libertad consiste en dejar libres a los demás. En el espíritu de tan poderosa definición, mi mayor esperanza es que superemos nuestras diferencias y nuestra vergüenza, y consigamos compartir nuestras historias para conectar con quienes necesitan oír: «No estás sola».

Creía que solo me pasaba a mí
(pero no es así)

UNO

Comprender la vergüenza

Cuando la gente me pregunta cómo me convertí en investigadora, les cuento que mi enfoque profesional se desarrolló alrededor de una frase: «No puedes avergonzar ni menospreciar a nadie para incitarle a modificar su comportamiento». Cuando tenía poco más de veinte años, yo trabajaba en un centro de día dedicado al tratamiento infantil. Un día, durante una reunión de personal, el director de la clínica —que se encargaba de supervisar el trabajo terapéutico que llevábamos a cabo con los pequeños— nos reunió para hablar sobre la mejor manera de ayudarles a tomar decisiones acertadas. Nos dijo: «Sé que queréis ayudar a estos chicos, pero debéis entender lo siguiente: no se puede avergonzar ni menospreciar a una persona para que modifique su comportamiento».

Y continuó explicándonos que, al margen de nuestras intenciones, en ningún caso podemos obligar a otro ser humano a realizar cambios positivos ninguneándolo, amenazándolo con el fantasma del rechazo, humillándolo frente a otros ni menospreciándolo. Desde el momento en que escuché esas palabras, la idea me abrumó por completo, hasta el punto de que durante semanas no pude pensar en otra cosa. Sin embargo, por mucho tiempo y esfuerzo que dedicara a elaborar el tema o por mucho que repitiera la frase infinidad de veces en voz alta, no conseguía entenderla. Por unos instantes me pareció, en el mejor de los casos, una expresión de deseos al estilo «castillos en el aire»; pero luego, durante unos segundos, tuve la certeza de que se trataba de la verdad más grande que había oído jamás. En cualquier caso, y a pesar de mi confusión, lo que sí me quedó claro fue que comprender la vergüenza revestía una importancia increíble. Y resultó que pasé los siguientes diez años de mi vida investigando dicha emoción y el impacto que provoca en nuestra vida.

Al final dejé mi trabajo en el centro de día para realizar un posgrado. Y en los siete años siguientes hice el máster y el doctorado en Trabajo Social. Toda mi educación giraba en torno a aquella poderosa afirmación: «NO SE PUEDE avergonzar ni menospreciar a nadie para que modifique su comportamiento». Lo que yo deseaba era comprender cómo y por qué utilizamos la vergüenza, y también descifrar qué consecuencias tendría intentar recurrir a esa difícil emoción para cambiar a la gente. No es que yo públicamente «estudiara la vergüenza»; simplemente escuchaba, aprendía y contrastaba cada nueva información con aquella proposición que tanto me había impactado. Y esto es lo que he aprendido:

- ¿Se puede recurrir a la vergüenza o a la humillación para cambiar a una persona o para modificar su comportamiento? *Sí y no. Sí, puedes intentarlo. De hecho, si apuntas a alguna vulnerabilidad expuesta, en realidad podrías apreciar un muy ligero cambio de comportamiento.*
- ¿El cambio será duradero? *No.*
- ¿El proceso resultará doloroso? *Sí, provoca un dolor insoportable.*
- ¿Causará algún daño? *Sí, podría dejar cicatrices tanto en la persona que recurre a la vergüenza como en el individuo avergonzado.*

- ¿La vergüenza se utiliza con mucha frecuencia como herramienta para intentar cambiar a la gente? *Sí, todos los días, a cada minuto.*

También aprendí que la mayoría de nosotros —si no todos— hemos construido importantes partes de nuestra vida en torno a la vergüenza. Tanto a nivel individual como familiar y comunitario, utilizamos la vergüenza como una herramienta para cambiar a los demás y protegernos a nosotros mismos. Pero no nos damos cuenta de que con esta forma de actuar estamos creando una sociedad incapaz de reconocer el inmenso daño que la vergüenza provoca a nuestro espíritu y al alma de nuestra familia y nuestra comunidad.

Una de las razones por las que no vemos las conexiones entre nuestras dificultades personales y los grandes problemas culturales se remonta a la parte «silenciosa» de la «epidemia silenciosa»: no hablamos de la vergüenza. La experimentamos, la sentimos, en ocasiones vivimos con ella durante toda nuestra vida, pero no hablamos de ella. ¿Cuándo fue la última vez que tuviste una conversación significativa sobre la vergüenza? Si eres como la mayoría de la gente, la respuesta es nunca. A pesar de la relativamente nueva apertura que muestra nuestra sociedad a la hora de analizar otras emociones como la ira y el miedo, la vergüenza continúa siendo tabú.

Me parece importante aclarar que no solo la gente «común y corriente» evita el tema de la vergüenza. Lo hacen también los especialistas en salud mental, los investigadores, los médicos y otros profesionales de los que solemos depender para identificar e iniciar los primeros análisis de las epidemias sociales. Después de haber finalizado el componente inicial de mi investigación, dediqué siete meses a viajar por todo Estados Unidos para presentar mi trabajo a un amplio abanico de profesionales. Y allí constaté que para muchos de ellos, incluso para los que llevaban décadas ejerciendo como médicos o psicoterapeutas, aquel había sido su primer taller sobre la vergüenza. En los impresos que rellenaron posteriormente explicando sus impresiones, muchos participantes escribieron que se había tratado de uno de los seminarios personalmente más difíciles a los que habían asistido. Y para un buen número de los presentes había supuesto incluso su primera exposición a la vergüenza como tema de investigación.

A diferencia de muchos otros temas de estudio, cuando hablamos de la vergüenza no existe la división entre «nosotros» y «ellos». Como profesionales, no podemos permitirnos el lujo de pensar: «Voy a aprender sobre este tema que tanto afecta a mis pacientes para poder ayudarles». La vergüenza es universal; nadie está exento de experimentarla. Si no podemos hablar sobre la vergüenza ni analizar el impacto que ejerce sobre nuestra vida, desde luego no estamos en condiciones de ayudar a los demás.

Por supuesto, existen algunos investigadores y médicos que sí están haciendo un importante trabajo en el campo de las mujeres y la vergüenza: June Tangney y Ronda Dearing, investigadoras y médicas del Stone Center de Wellesley; y Harriet Lerner y Claudia Black, por mencionar unas cuantas. Sin embargo, según mi experiencia, el tema continúa tan silenciado en la comunidad de especialistas en salud mental como en la comunidad general.

Es importante que comprendamos este «silencio profesional», porque existen estudios que identifican la vergüenza como la emoción dominante entre quienes padecen enfermedades mentales, muy por encima de la ira, el miedo, la angustia y la ansiedad. Así que, si las comunidades que se ocupan de la salud mental y pública no hablan sobre la vergüenza ni proporcionan suficientes espacios seguros para que la gente reciba ayuda en relación con esta emoción, ¿cómo vamos a empezar a hablar de ella? ¿Cómo confrontamos una sensación o experiencia que, por su naturaleza misma, se convierte en algo sobre lo que no deseamos hablar?

DEFINIR LA VERGÜENZA

Estas preguntas reflejan el absoluto poder de la vergüenza. La vergüenza es una emoción que todos hemos sentido, y, sin embargo, cuando intentamos describirla, cuando tratamos de hacerla accesible a otras personas para que la entiendan, nos cuesta encontrar las palabras. E incluso si las encontramos, es raro que los demás deseen escucharlas. Sentir vergüenza duele. Y escuchar a alguien narrar una experiencia vergonzosa puede resultar casi igual de doloroso.

Enseguida caí en la cuenta de que el primer paso para comprender la vergüenza consistía en desarrollar un vocabulario compartido que nos permitiera comunicar nuestras experiencias. Por consiguiente, mi primer objetivo fue establecer una definición de la vergüenza. Pedí entonces a las mujeres que participaron en mi investigación que definieran dicha emoción, me dieran a conocer su definición personal o bien me narraran una experiencia a modo de ejemplo, y estas son algunas de sus definiciones:

- La vergüenza es esa sensación que percibes en la boca del estómago, un sentimiento oscuro que duele mucho. No puedes hablar del tema ni expresar lo mal que te hace sentir, porque entonces todo el mundo conocería tu «sucio secretito».
- La vergüenza es sentir el rechazo de los demás.
- Te esfuerzas muchísimo por mostrarle al mundo lo que quiere ver. La vergüenza aparece cuando te quitan la máscara y las partes más desagradables de ti quedan a la vista. Resulta insoportable quedar expuesta.
- La vergüenza es sentirte marginada, que no perteneces.
- La vergüenza es odiarte a ti misma y comprender por qué los demás te odian también.
- Creo que tiene que ver con el odio hacia ti misma.

- La vergüenza es como una prisión. Pero una prisión en la que mereces estar, porque algo en ti no va bien.
- La vergüenza es quedar expuesta, es mostrar esas partes defectuosas de ti que deseas ocultar a los demás. Lo único que quieres es esconderte, morirte.

A través de estos ejemplos puedes comprobar que resulta virtualmente imposible explicar la vergüenza sin evocar una serie de sentimientos poderosos y abrumadores asociados a ella. Cuando pregunté a estas mujeres cómo percibían la vergüenza, en sus respuestas aparecieron palabras como *devastadora, nociva, incontenible, intensa, espinosa, pequeña, manchada, increíblemente solitaria, cargada de rechazo* y *la peor de las sensaciones posibles*. Yo suelo describirla como una emoción de «completa implicación», porque cuando la sentimos en carne propia, o incluso cuando escuchamos alguna historia vergonzosa que nos cuenta un amigo, solemos experimentar una respuesta visceral y física. En otras palabras, la vergüenza nos abruma desde el punto de vista emocional, pero también la sentimos en el cuerpo.

Después de escuchar definiciones tan diversas, pero aun así interrelacionadas, me di cuenta de que iba a resultarme más conveniente encontrar una descripción simple que capturase la emoción y el significado que había oído en las entrevistas. Así que compilé las revelaciones de las mujeres, las analicé y creé esta definición conceptual:

> *La vergüenza es la sensación o la idea intensamente dolorosa de que somos imperfectas y, por tanto, no merecedoras de recibir amor ni de encajar.*

Si bien la definición nos aporta un sólido punto de partida, lo que realmente nos ayuda a comprender la vergüenza son los ejemplos que las mujeres compartieron conmigo, haciendo un gran esfuerzo por expresar el concepto en palabras:

- La vergüenza es mi madre, que todavía actúa de manera odiosa cuando se refiere a mi peso. Cada vez que voy a su casa a visitarla, con mi marido y mis hijos, lo primero que dice es: «¡Dios mío, todavía estás gorda!», y lo último que suelta cuando cruzo la puerta es «Espero que puedas perder algo de peso». Me ha fastidiado tanto ya, que a estas alturas pensaba que me dejaría en paz. Pero no, ella sigue insistiendo.
- Yo no odio mantener relaciones sexuales. No es algo que disfrute plenamente, pero en realidad no lo odio del todo. Tengo tres hijos y ahora ya no le encuentro mucho sentido al sexo. Si nunca volviera a mantener relaciones sexuales estaría bien de todos modos, pero como sé que no es nada normal siento mucha vergüenza. Todo este tema me hace sentir que tengo un problema. Odio esos artículos que proclaman que la media de relaciones sexuales de una pareja casada es de tres veces a la semana. Pienso: «Esa no soy yo» y siento mucha vergüenza, porque en realidad no me importaría no volver a tener relaciones sexuales nunca más. Y es horrible, porque sé que mi marido no piensa lo mismo. Él sí es de los que mantendría relaciones sexuales tres o cuatro veces a la semana.
- Cuando estaba haciendo el bachillerato, mi madre se suicidó. Se ahorcó en su dormitorio, en nuestra casa, y la encontró el agente de policía del barrio. A partir de aquel día me convertí en «la chica cuya madre se ahorcó». Fue lo más horrible de toda mi vida. Mi padre me obligó a terminar la escuela allí, pero desde entonces no he regresado. Él murió hace un par de años, y en cierta forma me sentí aliviada, porque jamás he querido volver a ver ese barrio

ni regresar. Y es extraño, porque creo que si mi madre hubiese muerto de cáncer o de cualquier otra cosa, la gente se habría mostrado más comprensiva; no habría sido tan cruel. Pero con el suicidio las cosas cambian por completo. Mi madre fue la loca que se ahorcó, y eso significa que yo también debo de estar loca. Incluso creo que los padres de algunos de mis amigos nos tenían miedo a mi padre y a mí. Y eso sí que da vergüenza.

- Mi hijo mayor es drogadicto. Su hermano pequeño y su hermana le desprecian. Cuando viene a casa a pasar el fin de semana o a visitarnos, la situación es horrible. Mi hija siempre dice: «Mamá, esconde tus cosas de valor; no dejes la cartera sobre la mesa». Dios mío, están hablando de su hermano. Creo que tienen razón, pero no sé qué hice, no sé por qué está pasando todo esto, y estoy muy avergonzada de él y también de la forma en que le tratamos. Creo que, ahora mismo, es lo más duro que está pasando en nuestra familia.

- Cuando estaba en el instituto, el novio de mi tía abusó sexualmente de mí. Se lo conté a mi hermana mayor y ella se lo contó a mis padres. No me acuerdo exactamente qué dijeron, pero nos llamaron a mí y a mi hermana al salón y nos advirtieron que no debíamos contárselo a nadie. Mi madre me aseguró que lo arreglaría con mi tía. Yo no sé lo que pasó, pero jamás volví a ver a ese hombre. Mi tía tampoco me dijo nada al respecto, nunca. Mi hermana sufrió un gran disgusto y estuvo enfadada con mis padres durante años. Yo me convertí en una mujer muy reservada. Avergonzada y reservada.

- Creo que todo lo que tiene que ver con el cuerpo da vergüenza. Es que nunca se ven cuerpos normales ni se puede leer nada sobre lo que hacen los cuerpos normales. Me parece que siempre estamos pensando: «¿Los pechos de las demás mujeres son así?», «¿Los demás tienen mucho pelo aquí y nada de pelo allí?», «¿El resto de la gente huele igual?», «¿A todos les salen granos aquí?». Piensas en las cosas del cuerpo que no se ven en la gente perfecta que sale en la tele y en las revistas, y te preguntas si eres la única persona, y sientes asco de ti misma: eso es la vergüenza. La vergüenza es sentir asco de ti misma; es que tu propio cuerpo te provoque náuseas. Me gustaría ver algún libro que contenga toda la información, como, por ejemplo, las veinte maneras en que puede oler una parte del cuerpo determinada, o una imagen de cincuenta senos «normales» para ver qué aspecto tienen. Entonces podrías decir: «Ah, vale, soy normal». Pero te preguntas: «¿Quién posaría para algo así?». Probablemente, ninguna persona normal. Y entonces ya te estás comparando con los locos. Resulta ridículo no hablar jamás de temas un poco «especiales» por miedo a ser la única persona que tiene determinada cosa, y eso te hace sentir más rara todavía. Y entonces es peor aún, porque tienes vergüenza y además piensas que sí, que deberías sentirte avergonzada.

- Hace cinco años dejé mi trabajo y a mi marido, y solicité una ampliación de la hipoteca para montar mi propio negocio. Pero después de dos años tuve que cerrar mi tienda de venta de ropa por Internet. Fue devastador. Siempre oyes hablar de personas que lo dejan todo por seguir sus sueños y les va muy bien y son muy felices. Yo, sin embargo, estoy endeudada, tengo un trabajo nuevo horrible y me avergüenza no haber podido sacar adelante mi proyecto. Todas las personas que me rodeaban estaban muy entusiasmadas e involucradas con mi idea, pero fracasé. Me avergüenza haber fracasado.

- Cuando éramos niñas, mi hermana y yo nos peleábamos continuamente por ver quién de las dos pasaba más tiempo con nuestra madre, y ahora discutimos cada vez que toca decidir a quién le corresponde cuidar de ella, o en qué casa tiene que quedarse. […]. Entonces te miras, miras a tus hijos y piensas: «Dios, ¿discutirán también ellos algún día cuando tengan que decidir a quién le toca cuidarme?». Y luego te dices: «No, conmigo será diferente; a mí no me pasará nada de esto»; pero, claro, recuerdo que mi madre decía lo mismo. Así que vuelves a pensar: «Dios mío, ¿y si ella se enterara de que estamos peleando para ver quién tiene que cuidarla?» Es decir, no sé si mi hermana está avergonzada, pero a mí, desde luego, me da mucha vergüenza acabar discutiendo por el cuidado de mamá.

- La esterilidad me daba vergüenza, porque me parecía un sentimiento solitario. Tenía la sensación de que nadie más podía comprender mi dolor, en especial todas las personas de mi entorno que tienen hijos. Sientes que hay algo que va mal en ti, o que de alguna manera estás siendo castigada por algo que has hecho. Y entonces te preguntas en lo más profundo de ti si en cierto modo esto no forma parte de un «plan» porque en realidad no estás capacitada para ser madre.

- Mi marido es un empresario de mucho éxito, un líder de nuestra iglesia y un buen padre y esposo. Sé que en realidad no tiene ningún defecto grave, pero creo que es adicto a las páginas web para adultos. Jamás hemos hablado del tema y, desde luego, no se lo he contado a nadie más que a mi hermana. Ella me aconseja que no me preocupe. Yo solo sé que él se queda hasta altas horas de la noche frente al ordenador y que en nuestra tarjeta de crédito aparecen muchos cargos de distintas páginas de Internet. Yo ni siquiera me había enterado, hasta que un día, mientras miraba nuestro correo buscando la dirección de alguien, vi mensajes de páginas pornográficas. Me resultó muy desagradable. Y fue entonces cuando comprobé los movimientos de la tarjeta de crédito. Si alguien se enterara, me moriría. Porque la gente no solo pensaría que él es un pervertido, sino que yo también tengo un problema, que de alguna manera la culpa es mía y que por eso tiene que buscar sexo en Internet. Ni siquiera puedo hablar con él de ese tema; me moriría de vergüenza si alguien más lo supiera.

En estas historias se palpa el dolor. Lo curioso es que nuestra sociedad asume la vergüenza, la culpa, el juicio y el rechazo exactamente en la misma proporción en que reconoce la inmensa importancia de la aceptación y la integración. En otras palabras, jamás ha resultado tan imposible «encajar» como ahora, y aun así la integración nunca ha sido tan importante y valorada.

UNA LLAMADA A LA COMPASIÓN

Para que este libro se convierta en una útil herramienta en nuestro viaje hacia la resiliencia a la vergüenza, creo que es fundamental que reconozcamos, desde el principio, lo difícil que resulta leer algunas de las historias que aquí se incluyen; lo doloroso que puede llegar a ser «oír» la vergüenza. Cuando un amigo o un familiar nos cuenta alguna historia que le resulta vergonzosa, o incluso cuando leemos una experiencia de este tipo en un libro, aunque se refiera a alguien que no conocemos, por lo general reaccionamos de dos formas.

Si conseguimos relacionarnos con la historia, porque se trata de un tema que conocemos, la experiencia nos suele resultar dolorosa y extrañamente reconfortante al mismo tiempo. El dolor nace de vernos obligadas a pensar en un tema que probablemente tratamos de mantener «escondido». Y la tranquilidad deriva de reconocer que no estamos solas en nuestra lucha, de que no somos las únicas.

Uno de los motivos por los que la vergüenza tiene tanto poder es su capacidad para hacernos sentir solas, como si fuésemos las únicas personas o de alguna manera algo nos diferenciara de todas los demás. Por eso, el hecho de escuchar historias que reflejan nuestras propias experiencias vergonzosas nos ayuda a saber que no estamos solas. Por supuesto, puede suceder que si la historia es demasiado similar a la nuestra, en realidad acabemos sintiéndonos avergonzadas también *nosotras*, y que en lugar de limitarnos a escuchar y responder a la vivencia de alguien, nuestra propia vergüenza nos abrume.

Por el contrario, cuando oímos historias sobre la vergüenza que no tienen que ver con nuestras propias experiencias, nuestra primera reacción suele ser tomar distancia: «Mi madre nunca diría eso», o «No entiendo a las mujeres que no disfrutan del sexo», o «Esta mujer es muy ingenua…; su marido está pirado». El distanciamiento se convierte rápidamente en culpa, juicio y separación, y este combinado alimenta la epidemia de vergüenza. Permíteme poner como ejemplo mi propia dificultad a la hora de practicar la compasión.

Cuando entrevisté a Allison, la joven cuya madre se quitó la vida, me quedé impresionada por la reacción de sus amigos, vecinos e incluso profesores. Durante los meses siguientes a la muerte de su madre, ella no podía ir a ningún sitio sin oír murmullos, sin sentirse excluida porque la gente intencionadamente la evitaba, o sin poder escapar a una serie de preguntas inapropiadas sobre los detalles del suicidio. Al principio Allison tenía la certeza de que el rechazo era inmerecido, porque ella sabía que no era culpa suya y que la enfermedad mental de su madre no se reflejaba en ella; pero como los murmullos no cesaban, comenzó creer que de alguna manera el suicidio de su madre significaba que ella también era una persona «defectuosa» (es la palabra que ella utilizó). Fue entonces cuando surgió la vergüenza que la empujó a sentirse completamente aislada y sola.

Esta entrevista me inquietó durante un par de semanas. Sentía una gran compasión y empatía por Allison, pero al mismo tiempo me encontraba atrapada en una maraña de sentimientos de ira, juicio y culpa. Con cierto aire de superioridad, me sentía furiosa con aquellas personas que habían demostrado una ausencia total de sensibilidad y la habían tratado de forma tan injusta. Me pasé varios días pensando en mi propia reacción a su historia, hasta que, por fin, me enfrenté a algunas verdades muy duras.

En primer lugar, para poder comprender la vergüenza no solo debemos intentar entender las experiencias de Allison, sino también las reacciones de las personas que la rodeaban. No podemos simplemente coger la vergüenza que sentía Allison y «trasladarla» a sus «insensibles vecinos», porque humillar a esos conocidos y amigos resultaría igualmente destructivo. En segundo lugar, tenemos que profundizar mucho y ser sinceras sobre cómo reaccionaríamos si fuésemos una de sus vecinas o amigas.

Si regresara a casa después de un día de trabajo y me encontrara con que una ambulancia y varios coches de policía rodean el domicilio de uno de mis vecinos, de inmediato intentaría averiguar qué ha sucedido. Seguramente no me acercaría y me quedaría mirando embobada, porque me gustaría creer que estoy por encima de todo eso…, o al menos quisiera que mis vecinos creyeran que lo estoy. Lo que haría sería llamar a alguien que ya se hubiese pasado por allí, lo cual es probablemente peor. A menos que fuese extremadamente consciente de mis acciones y que también de forma consciente me obligara a no chismorrear, probablemente sería igual de culpable por hablar del tema, especular sobre las razones del suicidio, preguntarme por los detalles y sacar falsas conclusiones. En nuestras conversaciones, con toda probabilidad diríamos cosas como: «Sabía que algo iba mal ahí», o «Mira, un día vi que esta mujer…». Incluso haría suposiciones sobre la estabilidad mental del padre de Allison o sobre la misma Allison después de tan traumático suceso. Me sentiría incómoda permitiendo que mi hija jugara en su casa.

En otras palabras, actuaría exactamente de la forma que tanto rechacé y que al principio tanto me costó entender. ¿Por qué? ¿Porque soy una persona horrible, como los profesores, vecinos y amigos de Allison? No: porque soy humana, y situaciones como estas pueden arrojarnos a las fauces de nuestro propio miedo, ansiedad, dolor y, en ocasiones, incluso de nuestra propia vergüenza. Lo peor del caso es que, para aliviar sentimientos tan abrumadores, intentamos conectar con otras personas, y a veces lo hacemos de formas increíblemente dolorosas y destructivas, como el chismorreo y la exclusión.

Si realmente queremos llegar al meollo de la cuestión, tenemos que hacer mucho más que comprender lo que se siente al experimentar la vergüenza. Debemos entender cuándo y por qué estamos más expuestos a avergonzar a otras personas a través de nuestros comportamientos, de qué manera podemos desarrollar nuestra resiliencia a la vergüenza y cómo podemos hacer un esfuerzo consciente por no avergonzar a los demás. No todas las historias incluidas en estas páginas reflejarán nuestras propias experiencias, pero sospecho que muchas nos resultarán incómodamente familiares. Nuestro nivel de resiliencia a la vergüenza no depende únicamente de nuestra capacidad para reconocer esos comportamientos y emociones en nosotros mismos, sino también de nuestra habilidad para crear conexiones con otras personas. Y estas conexiones requieren que comprendamos qué tenemos en común en lo relativo a la vergüenza.

NOCIONES BÁSICAS SOBRE LA VERGÜENZA

¿Qué necesitamos saber y comprender para desarrollar resiliencia a la vergüenza? ¿De qué manera conectamos con nuestro ser verdadero y entablamos conexiones significativas con otras personas? ¿Por qué, a la hora de aislar la emoción de la vergüenza, el simple hecho de comprender las profundas conexiones que vinculan todas nuestras experiencias produce tanto poder y libertad?

Se trata de preguntas complejas, pero antes de responderlas deberíamos adquirir algunas nociones básicas sobre la vergüenza. En la presente sección comenzaremos a entenderla y a detectar incluso en qué se diferencia de la culpabilidad, la humillación o la ridiculización, y de qué manera actúa en nuestra vida. Una vez que entendamos estos conceptos esenciales, muchas de las conexiones que hasta ahora nos habían resultado esquivas comenzarán a hacerse más evidentes a nuestros ojos y a cobrar sentido en el contexto de nuestra vida.

Ridículo, culpa, humillación y vergüenza

El vocabulario es una de las razones más simples por las que resulta tan difícil hablar sobre la vergüenza. Con frecuencia utilizamos como sinónimos los términos *ridículo, culpa, humillación* y *vergüenza*. Cuando salimos del lavabo con un trozo de papel higiénico pegado en el zapato, sin pensarlo demasiado murmuramos: «¡Qué humillante!»; o «¡Debería darte vergüenza!», le gritamos al niño que ha estampado un garabato de todos los colores en la mesa (algo, por otra parte, de lo más apropiado para un niño pequeño) en lugar de utilizar su bloc de dibujo.

Posiblemente pueda parecer exagerado que yo haga tanto hincapié en la importancia de utilizar el término apropiado para describir una experiencia o una emoción, pero lo cierto es que se trata de algo más que una mera cuestión semántica. «Verbalizar la vergüenza», o ser capaz de identificar y clasificar este tipo de emociones, es uno de los cuatro elementos que componen la resiliencia a la vergüenza.

En el ámbito de la investigación se plantean interesantes debates sobre la relación entre el ridículo, la culpa, la humillación y la vergüenza. Si bien un reducido grupo de investigadores considera que estas cuatro nociones están relacionadas entre sí y representan diversos grados de la misma emoción básica, la inmensa mayoría considera que se trata de cuatro experiencias independientes, claramente diferenciadas. En la línea de la mayoría de los estudios llevados a cabo sobre la vergüenza, mi propia investigación apoya con vehemencia la idea de que el ridículo, la culpa, la humillación y la vergüenza son cuatro respuestas emocionales diferentes.

El ridículo es la emoción menos intensa. Mientras describían sus particulares «situaciones embarazosas», noté que las mujeres consideraban la sensación de ridículo como algo menos serio que la culpa o la vergüenza. El ridículo es, por definición, algo fugaz, por lo general incluso divertido y de lo más normal (como por ejemplo, tropezar, expresarse mal, etc.). Así que, al margen de lo bochornosa que pueda resultar una situación, sabemos (o al menos eso hemos oído) que le sucede a todo el mundo, y tenemos la certeza también de que desaparecerá. Yo no quiero salir del cuarto de baño con papel higiénico pegado en el zapato, pero si me ocurre, sabré que no soy la primera ni la única persona a la que le ha sucedido.

La culpa, por su parte, es quizás el término que con mayor frecuencia se confunde con la vergüenza, aunque por desgracia los efectos de esta confusión trascienden la semántica y la mera «equivocación». Lo más habitual es que cuando intentamos avergonzar a otras personas o a nosotras mismas con la intención de cambiar un comportamiento, lo hacemos **sin** comprender la diferencia entre vergüenza y culpa. Y sería importante que lo entendiéramos, porque la culpa suele ser un motivador positivo de cambio, en tanto que la vergüenza casi siempre conduce a un comportamiento peor o incluso a la parálisis. He aquí las razones.

Tanto la culpa como la vergüenza son emociones de autoevaluación; sin embargo, las similitudes solo llegan hasta ahí. La mayoría de los investigadores de la vergüenza coinciden en que la diferencia entre vergüenza y culpa se entiende mejor como la diferencia entre «Soy malo» (vergüenza) e «Hice algo malo» (culpa). La vergüenza tiene que ver con lo que somos, y la culpa, con nuestros comportamientos. Si me siento culpable por copiar en un examen, es posible que mi conciencia me diga algo como: «No debería haber hecho eso, ha sido una estupidez. Copiar no es lo mío, ni quiero hacerlo». Si siento vergüenza por haber copiado en un examen, es más probable que mi conciencia se exprese más o menos así: «Soy una mentirosa y una tramposa. Menuda idiota. Soy una mala persona».

La culpa nace cuando una acción o comportamiento se contradice con nuestra ética, valores y creencias. Evaluamos el comportamiento en cuestión (como, por ejemplo, copiar) y nos sentimos culpables si resulta inconsistente con quienes queremos ser. La vergüenza, por el contrario, se centra en lo que somos en lugar de en lo que hemos hecho. El peligro de decirnos a nosotras mismas que somos malas, tramposas, pésimas personas, es que al final empezamos a creérnoslo y a asumirlo. Es muy probable que quien se considera «mala persona» continúe engañando y haciendo honor a su autodefinición; sin embargo, no sucede lo mismo con que quien se siente culpable.

Al igual que muchos otros investigadores de la vergüenza, he llegado a la conclusión de que esta emoción tiene muchas más posibilidades de convertirse en el *origen* de diversos comportamientos destructivos que en su *solución*. Los humanos, por nuestra naturaleza, buscamos sentirnos reafirmados y valorados; sin embargo, la experiencia de la vergüenza nos desconecta y nos incita a buscar desesperadamente el reconocimiento de los demás, la sensación de que «pertenecemos». Cuando sentimos vergüenza o miedo a la vergüenza tenemos más probabilidades de asumir comportamientos autodestructivos, de atacar o humillar a otras personas o de no mover un dedo cuando vemos que alguien necesita nuestra ayuda.

Por otro lado, cuando nos disculpamos por algo que hemos hecho, nos redimimos frente otras personas o modificamos un comportamiento con el que no nos sentimos a gusto, la culpa suele ser el principal factor motivador. Reconocer que *hemos cometido un error* difiere mucho de creer que *somos un error*. Por supuesto, siempre podemos hacer sentir culpable a alguien y forzarle a decir «Lo siento», pero rara vez se trata de una acción auténtica.

Muchas veces me preguntan si una misma experiencia puede provocar vergüenza a una persona y culpa o sensación de ridículo a otra. La respuesta es sí. Esa es la razón por la que hemos de tener mucho cuidado de no hacer suposiciones sobre qué causa vergüenza a la gente. Para ilustrar este punto, me valdré de un ejemplo bastante inocuo: recordar el cumpleaños de alguien. En algunas épocas de mi vida, olvidar el cumpleaños de alguna persona —en especial de algún miembro de mi familia o de un amigo cercano— me resultaba muy embarazoso («¡No puedo creer que lo haya olvidado!»). Pero me recuperaba enseguida con una simple llamada telefónica. «Me siento fatal por haberme olvidado de tu cumpleaños; espero que te lo hayas pasado en grande».

Después, en otras épocas, empecé a sentirme muy culpable, porque olvidar felicitar a alguien por su cumpleaños no reflejaba simplemente un descuido o una «metedura de pata», sino una clara falta de prioridades, prioridades con las que yo no me sentía a gusto y deseaba cambiar.

Sin embargo, cuando me reincorporé al trabajo después de haber tenido a mi hija Ellen, cosas tan pequeñas como olvidar enviar una felicitación de cumpleaños o llamar para confirmar mi asistencia a una fiesta me provocaban una vergüenza tan intensa que a veces me descubría inventándome enormes mentiras que justificaran por qué se me había pasado llamar o enviar un regalo. Durante esa etapa de mi vida me parecía que todo lo que hacía era muy poco brillante. Me sentía mediocre en la facultad, mediocre como madre y esposa, mediocre como amiga y mediocre como hermana e hija. Así que cuando me sucedía algo como olvidar un cumpleaños, no se me ocurría pensar: «Vaya, hombre, no puedo creer que me haya olvidado», sino que directamente me lanzaba al: «Dios, qué estúpida soy; no puedo hacer nada bien».

Ellen tiene ahora siete años y acabo de reincorporarme otra vez al trabajo después de pasar varios meses en casa con mi segundo bebé, Charlie. Todavía me esfuerzo al máximo por recordar los cumpleaños, y a veces me siento abrumada y mediocre; pero he conseguido quedarme en la culpa y no ir a más. Sé que recordar cumpleaños es importante para mí, pero también he aprendido que mantener el equilibrio entre el trabajo y la maternidad requiere mucha flexibilidad y una planificación por adelantado. Así que ahora me aprovisiono de felicitaciones de cumpleaños normales y también acumulo felicitaciones atrasadas. Como ves, podemos experimentar bochorno, culpa o vergüenza por las mismas situaciones, solo que nuestras reacciones dependen del momento que estemos atravesando en nuestra vida.

Humillación es otra palabra que solemos confundir con *vergüenza*. Donald Klein capta las diferencias entre vergüenza y humillación cuando explica: «La gente cree que merece la vergüenza, pero no la humillación». Si repasas las definiciones iniciales de las mujeres que participaron en mi investigación, verás que uno de los temas que se repite es el concepto de *merecer*. Una mujer dijo: «La vergüenza es odiarte a ti misma y entender por qué los demás te odian también». Otra empleó directamente la palabra *merecer* cuando dijo: «La vergüenza es como una prisión. Pero una prisión en la que mereces estar, porque algo en ti no va bien».

Ahora te daré un ejemplo sobre la diferencia entre vergüenza y humillación, surgido de mis recientes investigaciones sobre cómo se utiliza la vergüenza en el ámbito parental y educativo. Si una maestra anuncia frente a toda la clase que un niño no pasará de curso y lo llama «estúpido», es muy probable que el chico sienta alguna de estas dos emociones: vergüenza o humillación. Si considera que el anuncio de la maestra y el insulto son injustos e inmerecidos, casi con toda probabilidad ese chico se sentirá humillado en lugar de avergonzado. Si, por el contrario, asimila el mensaje de que es estúpido y que, por consiguiente, merece ser insultado frente a sus compañeros, lo que sentirá entonces es vergüenza.

Basándome en el estudio que estoy llevando a cabo sobre el impacto de la vergüenza como herramienta para educar a los niños y disciplinarlos en las escuelas, creo que la vergüenza suele ser más destructiva que la humillación por dos motivos. Primero, ya es suficientemente malo que un niño sea catalogado de «estúpido» en el entorno escolar, pero resulta mucho más perjudicial aún que *crea* que realmente es estúpido. Si alguien avergüenza al chico para inducirlo a creer que es estúpido, posiblemente está encauzándolo hacia una vida repleta de problemas.

Segundo, estoy descubriendo que el niño que experimenta humillación en lugar de vergüenza es mucho más propenso a volver a casa y relatar la experiencia a su padre, su madre o a su cuidador, que el niño que siente vergüenza. Si nuestro hijo nos cuenta su experiencia humillante, tendremos la oportunidad de ayudarle a superarla y de abordar el tema con los profesores y autoridades escolares. Pero si el niño siente vergüenza, acaba internalizando los mensajes negativos y con frecuencia empieza a comportarse mal o a cerrarse en sí mismo.

Desde luego, tenemos que comprender que la humillación reiterada suele convertirse en vergüenza. Si una persona a la que el niño admira, como un maestro o uno de sus padres, repetidamente le llama estúpido, es muy probable que al final se lo crea. De hecho, todos somos muy susceptibles de que nuestras experiencias humillantes se conviertan en vergüenza, en especial cuando el individuo que nos menosprecia es alguien con quien mantenemos una relación importante para nosotros o una persona que consideramos más poderosa, como un jefe, un médico o un miembro del clero.

Una vez que aprendemos a diferenciar la sensación de ridículo, culpa, vergüenza y humillación podemos comenzar a vislumbrar por qué sentimos vergüenza y de qué manera nos afecta esta emoción. Comprender el «cómo y el porqué» de la vergüenza resulta sumamente importante, porque desarrollar resiliencia a la vergüenza implica mucho más que salir airoso de un momento abrumador. Si queremos controlar nuestra vergüenza, tenemos que entender por qué la sentimos y de qué manera afecta a nuestra vida, y eso incluye los comportamientos, pensamientos y sentimientos con los que lidiamos día a día.

LA TELARAÑA DE LA VERGÜENZA

En los años que he pasado inmersa en esta investigación, una de las preguntas más difíciles que me ha tocado responder es: «En lo que a la vergüenza se refiere, ¿qué conexión existe entre las experiencias de estas mujeres?». Las participantes en el estudio eran muy distintas en lo referente a raza, etnia, edad, orientación sexual, religión o fe, salud física y mental y roles familiares. Aproximadamente el 41 por 100 de las mujeres se identificaron a sí mismas como caucásicas, el 26 por 100 como afroamericanas, el 25 por 100 como latinas y el 8 por 100 como asiáticas norteamericanas. Las edades de todas ellas oscilaban entre los dieciocho y los ochenta y dos, y la edad promedio era aproximadamente cuarenta años.

Mientras leía las entrevistas, analizando todas sus historias y experiencias, lo que yo buscaba eran conexiones. Me quedó claro desde el principio que lo que desencadena la vergüenza en algunas de nosotras no tiene ningún impacto en otras. Lo que unas consideramos devastador puede parecer ligeramente molesto a otras. Sin embargo, cuando lees las descripciones y oyes las historias de cientos de mujeres, salta a la vista que hay un punto común entre las experiencias de vergüenza de todas.

Esto es lo que descubrí:

Las mujeres, con mucha frecuencia, vivimos la vergüenza como una enmarañada red de expectativas contradictorias e incompatibles que se nos imponen desde fuera, desde la sociedad y la comunidad. Esas expectativas dictan:

- quiénes deberíamos ser
- qué deberíamos ser
- cómo deberíamos ser.

Una vez atrapadas en esta especie de telaraña, no podemos evitar sentir miedo, culpa y desconexión; no creo equivocarme al afirmar que cada uno de estos tres conceptos resulta abrumador en sí mismo. Sin embargo, si tomamos conciencia de que el miedo, la culpa y la desconexión se entrelazan y enredan entre sí para dar lugar a la vergüenza, entenderemos más claramente por qué esta emoción ostenta tanto poder, resulta tan compleja y cuesta tanto superarla.

Las expectativas que forman la telaraña de la que hablamos suelen basarse en características como la raza, la clase social, la orientación sexual, la edad o la identidad religiosa. Pueden ser específicas de los diferentes roles que desempeñamos como madres, empleadas, parejas sexuales, hermanas o miembros de un determinado grupo; pero, en esencia, se centran específicamente en lo que se espera de nosotras como **mujeres**. La vergüenza se organiza por género. Las expectativas que sustentan la vergüenza femenina se basan en nuestra percepción cultural sobre lo que resulta aceptable para nosotras. En la nueva investigación que estoy llevando a cabo sobre los hombres, estoy aprendiendo que las expectativas que alimentan la vergüenza masculina parten de la percepción cultural de la masculinidad, es decir, de lo que un hombre debería ser, del aspecto que debería tener y de la manera en que debería actuar.

Si bien estas expectativas de género suelen originarse en la sociedad general, pueden filtrarse en nuestras distintas comunidades de diferentes maneras. Por esta razón las llamo «expectativas de carácter social y comunitario». El aspecto físico, por ejemplo, genera un amplio abanico de expectativas sociales para las mujeres: de nosotras se espera que seamos jóvenes, hermosas, seductoras, etcétera. Sin embargo, así como en mi comunidad particular no hay expectativas en cuanto al tipo de pelo o el color de la piel, en otros grupos esta cuestión sí adquiere mucha más relevancia. Hace poco recibí una carta de una mujer que me contaba: «Como soy afroamericana de piel oscura y estoy criando hijos de diferentes razas, he experimentado dolorosos enfrentamientos en relación con los estándares de raza, color de piel y belleza de la comunidad afroamericana. Tu trabajo reconoce y expresa en palabras los sentimientos que me abruman durante esos incómodos momentos en los que tengo que explicar a mis hijos que la belleza está en todo el mundo, independientemente de su color de piel, de su color de ojos o del tipo de pelo».

Otro ejemplo podría ser la salud mental. Una serie de expectativas sociales generales limitan el nivel de «locura» que la sociedad tolera o acepta. Sin embargo, así como en ciertas comunidades puede resultar vergonzoso trasladar cualquier problema mental fuera del ámbito de la familia, en otras todo el mundo tiene terapeuta.

Me parece importante destacar que nuestras comunidades no solo están delimitadas por una cuestión geográfica; en efecto, la mayoría de nosotros formamos parte de comunidades construidas a partir de parámetros más amplios, como la raza, la etnia, la clase social, la pertenencia a determinados grupos, la ideología, la fe, la política, etc.

VERGÜENZA Y MIEDO

La vergüenza nace del miedo. Como he explicado en la introducción, desde el punto de vista biológico, emocional, social y cognitivo los humanos hemos sido creados para establecer conexiones; de hecho, hay mucha gente que incluso experimenta una profunda necesidad de conexión espiritual. Y la vergüenza tiene mucho que ver con el miedo a la desconexión. Cuando sentimos vergüenza acabamos hundidos en un pozo de miedo: miedo a que los demás nos ridiculicen, nos menosprecien o nos consideren «defectuosos». Tem000s haber dejado a la vista o revelado alguna parte de nosotros capaz de entorpecer nuestra conexión y de arrebatarnos esa aceptación de la que nos sentimos merecedores.

El miedo del que hablamos se alimenta de la sensación de que, de alguna manera, nuestra vergüenza ha conseguido atraparnos e inmovilizarnos. ¿Y de dónde surge tanto temor? Pues de una ilógica proporción entre expectativas y opciones. En la telaraña de la vergüenza vemos primero que sobre las mujeres recae un número irracional de expectativas, muchas de las cuales ni siquiera son viables o realistas. Y, en segundo lugar, notamos que disponemos de un número muy limitado de opciones en cuanto a la forma en que podemos cumplir con dichas expectativas. A fin de que nos hagamos una idea mucho más tangible de la telaraña de la vergüenza, me valdré de un ejemplo que para la mayoría de nosotras resulta relevante: la imagen corporal. Incluso a pesar de que somos muy conscientes de la manipulación de los medios y del azote de los trastornos alimentarios, esta cuestión no parece mejorar. De hecho, para aproximadamente el 90 por 100 de las mujeres a las que entrevisté, la imagen corporal y el peso eran temas vergonzosos.

Como puedes ver en la ilustración de la telaraña, la pareja, la familia, los amigos y la mujer misma se encuentran en las áreas más próximas al centro. Eso quiere decir que lo que más tememos es la desconexión con las personas más cercanas a nosotras. En otras palabras, la vergüenza es mucho más intensa cuando la expectativa nos la imponemos nosotras mismas o nuestras personas más cercanas (como nuestra pareja, familiares o amigos). Desde el centro hacia fuera, aparecen los profesionales que pueden ayudarnos (médicos, terapeutas, etc.), los miembros de nuestra comunidad, los grupos a los que pertenecemos, los educadores, los colegas y las agrupaciones religiosas.

Si fuimos criadas en familias que valoraban unas fisonomías corporales inalcanzables, es muy probable que continuemos imponiéndonos esa expectativa irracional a nosotras mismas, incluso aunque hayamos encontrado una pareja que nos acepta tal cual somos y desesperadamente desea que nos sintamos a gusto con nuestro cuerpo. También existe la posibilidad de que sea nuestra pareja quien tenga expectativas muy estrictas y las vuelque sobre nosotras, en cuyo caso pueden suceder dos cosas: que nuestros amigos nos apoyen o, por el contrario, que se hagan una mala idea de nosotras, porque nos consideran excesivamente preocupadas por hacer dieta. En cualquier caso, e incluso frente a expectativas tan opuestas, la realidad es que seguimos deseando que estos grupos nos acepten y nos quieran, así que hacemos lo imposible por encontrar la manera de agradarles a todos y luego sentimos vergüenza cuando no conseguimos cumplir con unas exigencias tan estrictas.

Las capas más externas de la telaraña reflejan la posibilidad de que ciertos médicos, colegas o miembros de nuestro grupo nos hagan sentir vergüenza. Y más allá de estos grupos aparecen cuestiones sistémicas incluso más amplias e insidiosas a las que también debemos hacer frente. Por ejemplo, las investigaciones demuestran que las mujeres obesas y con sobrepeso tienen ingresos inferiores (6.700 dólares menos al año) y tasas superiores de pobreza (un 10 por 100 más elevadas) que las mujeres no obesas.

Ahora observa el perímetro de la telaraña: notarás que ahí aparecen los medios de comunicación. El motivo es que la cultura de la vergüenza se alimenta de la televisión, los anuncios y las campañas de *marketing*, y se refleja en lo que vemos en las películas, en las letras de las canciones que oímos y en los artículos que leemos en los periódicos y las revistas. Volviendo a la cuestión de la imagen corporal, no hay ninguna duda de que a la delgadez se le atribuye un inmenso valor. Y para colmo, si bien el «estilo esquelético» y la «heroína chic» que poblaban las revistas de moda de hace unos años se están reciclando, el nuevo cuerpo ideal sigue siendo diminuto excepto en dos zonas concretas: el trasero, que tiene que ser voluptuoso, y los pechos, que deberían alcanzar proporciones enormes. Sin embargo, esta combinación no suele darse con mucha frecuencia en la naturaleza. El cuerpo esquelético, las nalgas grandes y los pechos exagerados suele representar más un «combinado esculpido a medida».

Al margen de lo mucho que nos esforcemos por evitar la influencia de los medios, en nuestra sociedad no tenemos escapatoria. Jean Kilbourne, una de mis escritoras e investigadoras favoritas, es una experta en ayudarnos a identificar y deconstruir los mensajes de los medios, incluso hasta los más sutiles. Según su libro *Can't Buy My Love: How Advertising Changes the Way We Think and Feel*, la mujer norteamericana está expuesta a más de tres mil anuncios al día, y en el curso de toda su vida ve el equivalente a tres años consecutivos de anuncios de televisión. Intentar escapar de la influencia de los medios en la cultura actual es tan factible como intentar protegernos de la polución del aire evitando respirar.

Kilbourne también descodifica los conflictivos mensajes que adornan las portadas de las revistas femeninas, señalando que, si bien estas publicaciones suelen estar plagadas de titulares con gancho, del tipo «Pierde siete kilos en diez días» o «Cómo llegar al verano con un aspecto saludable y resplandeciente», las imágenes que acompañan esos titulares casi nunca encajan con lo que proponen. En efecto, el eslogan de «pierde peso ahora» suele recaer sobre la fotografía de una tarta de mousse de dos tipos de chocolate en lugar de acompañar la imagen de una mujer de 79 kilos que suda mientras entrena sobre una cinta de correr.

Así que, mientras nos preparamos para estar resplandecientes en el verano, tenemos que hacernos un hueco para preparar el «postre del mes» y probar una o dos raciones. Para colmo, como señala Kilbourne, es muy probable que la contraportada de esa misma revista incluya un anuncio de cigarrillos que asocia el tabaquismo con la esbeltez.

Como habrás podido comprobar, las expectativas se superponen, se contradicen y se vuelven incompatibles a una velocidad increíble. Así es como funciona la telaraña de la vergüenza: disponemos de muy pocas opciones realistas que nos permitan cumplir con cualquiera de esas expectativas, y casi todas parecen un «doble ciego». La escritora Marilyn Frye describe el doble ciego como «una situación en la cual las opciones son muy limitadas y todas ellas nos exponen al castigo, la censura o la privación».

Cuando nuestras opciones son limitadas, cada decisión viola una expectativa y en la mayoría de los casos nos vemos obligadas a elegir entre lo malo o lo peor:

- Ser delgadas, pero no obsesionarnos con el peso.
- Ser perfectas, pero no hacer un escándalo sobre nuestro aspecto ni robar tiempo a nuestra familia, nuestra pareja o nuestro trabajo por alcanzar la perfección. Se nos pide que logremos ser perfectas en un segundo plano, para tener un aspecto genial pero sin que los demás tengan que oír hablar del tema.
- Ser nosotras mismas, porque no hay nada más sexy que la confianza en una misma (siempre que seas joven, delgada, hermosa…).

Si no logramos hacerlo todo —perder peso, preparar la tarta y comérnosla, fumar los cigarrillos y tener un aspecto genial, cuidar nuestra salud y mantener un buen estado físico, comprar todos los productos y, al mismo tiempo, querernos por lo que somos—, ¡maldición!: quedamos atrapadas en la telaraña de la vergüenza. Y es entonces cuando nuestro miedo comienza a convertirse en vergüenza y desconexión.

VERGÜENZA, CULPA Y PODER

Cuando sentimos vergüenza y miedo, la culpa nunca se marcha demasiado lejos. A veces nos «metemos hacia dentro» y nos echamos la culpa de todo, y en otros casos arremetemos contra el mundo y culpamos a los demás. Cuando nos culpamos, solemos encontrarnos en un ciclo de odio hacia nosotras mismas y de vergüenza, lo cual nos lleva a implosionar en silencio desde el punto de vista emocional. Por el contrario, cuando culpamos a los demás en un intento de librarnos del dolor de la vergüenza y el miedo, por lo general explotamos. Atacamos verbalmente a nuestro hijo, a nuestro empleado, a nuestra pareja o incluso al encargado de atención al cliente que tenemos enfrente. (Exploraremos la relación entre la culpa y la ira en el capítulo 8.) En cualquier caso, ya se trate de una implosión o de una explosión, por lo general no somos conscientes de lo que estamos haciendo ni de por qué. Si recurrimos a la culpa es para manejar nuestra sensación de impotencia.

El poder es un tema difícil para las mujeres. A casi todas aquellas con las que hablo les resulta incómoda la idea de una «mujer poderosa». Muchas rápidamente asocian ese concepto con el rechazo de los demás o con la idea de ser una arpía. Por otro lado, ninguna de las mujeres a las que entrevisté dudó en reconocer el miedo y la desesperación que les provoca sentirse impotentes. Esta ambivalencia sobre el poder se convierte en una seria amenaza a nuestra capacidad para dar lo mejor de nosotras mismas.

Una de las cuestiones que alimenta nuestra incertidumbre acerca del poder es el hecho de que existen al menos dos variantes, que yo defino como «poder sobre» y «poder real». Por desgracia, cuando la mayoría de nosotras oímos la palabra *poder* automáticamente nos remitimos al concepto del «poder sobre», es decir, a la idea de que el poder es la habilidad de controlar a otras personas, de aprovecharse de los demás o de ejercer la fuerza sobre alguien o algo. Creemos que el poder es finito: como no hay tanto, si quiero un poco me veo obligada a arrebatártelo a ti.

El «poder sobre» es una forma peligrosa de poder. La doctora Robin Smith, psicóloga y colaboradora del programa de televisión de Oprah Winfrey, ha descrito de la siguiente manera el funcionamiento de una de sus formas más insidiosas: «Definiré quién eres y luego te haré creer que esa es tu propia definición». Tan escalofriante explicación refleja el daño que nos causa la vergüenza: nos obliga a adoptar el corsé del género femenino, luego nos convence de que lo ciñamos a nuestro cuerpo y nos hace creer que disfrutaremos usándolo. El año pasado tuve la ocasión de ver un potente ejemplo de «poder sobre» en el trabajo. Yo hablo con muchos grupos sobre la vergüenza y la imagen corporal. Cuando hace un par de años la marca Dove lanzó una campaña llamada «Belleza real», pregunté a un buen número de mujeres qué les parecía ver a personas «reales» en bragas y sujetador (comparadas con las habituales modelos superdelgadas). Y no me sorprendió oír que a la mitad de ellas no les gustaba. Muchas describieron su reacción de la siguiente manera: «Sé que seguramente todo esto es estupendo, pero tuve una reacción emocional muy negativa cuando vi el anuncio». Algunas aseguraron sentirse «abochornadas por las modelos» y otras explicaron: «No me inspiran a cuidar mi aspecto ni a perder peso».

Básicamente, lo que oí hace dos años es lo que sigo oyendo de boca de las mujeres en la actualidad: «Sé que es motivador y magnífico, pero mi reacción visceral es: *estás demasiado gorda y no eres lo bastante perfecta, así que ponte algo de ropa*». Es importante que entendamos que la mayoría de las mujeres que experimentan una reacción emocional negativa frente a las modelos de Dove parecen, precisamente, modelos de dicha marca. Ese es el «poder sobre» en el trabajo. En sintonía con la definición de la doctora Smith, los medios y la sociedad nos han definido la belleza con tanta frecuencia y de maneras tan insidiosas que ahora apoyamos esa definición y la hemos asumido como si fuese nuestra. Y el resultado es desastroso: no queremos vernos reflejadas en las revistas porque no somos lo bastante perfectas, delgadas ni bonitas como para ser valoradas. Curiosamente, la única manera de librarnos del «poder sobre» es exigir nuestro poder real, el poder de crear y vivir según nuestras propias definiciones.

El diccionario Merrian-Webster define el poder como la «habilidad de actuar o de producir un efecto». El poder real es básicamente la habilidad de cambiar algo si quieres cambiarlo; es la capacidad de hacer posible el cambio. Y como es ilimitado, no tenemos que pelear por él, porque hay mucho a nuestro alrededor. Lo más estupendo del poder real es que podemos crearlo nosotras. El poder real no nos obliga a arrebatárselo a otra persona: es algo que creamos y construimos con los demás.

Cuando hablamos sobre vergüenza e impotencia, en realidad estamos aludiendo a tres componentes específicos del poder real: la consciencia, la decisión y el cambio. Para poder introducir cambios en nuestra vida y abordar nuestros problemas de forma eficaz, primero tenemos que ser conscientes de cuáles son. Segundo, debemos ser capaces de solucionarlos y de identificar las decisiones que podemos tomar para abordarlos. Y una vez que estemos al tanto de los problemas y de nuestras opciones para afrontarlos, hemos de ser capaces de facilitar el cambio, es decir, de actuar a partir de esas decisiones.

Y este es el campo más propicio para presentar a Jillian. Entrevisté a esta mujer en 2002 y luego por segunda vez en 2005. Ahora te contaré nuestra primera entrevista, y más adelante leerás de qué manera cambió su vida en cuanto comenzó a desarrollar resiliencia a la vergüenza. En nuestro primer encuentro, Jillian me habló sobre una experiencia vergonzosa reciente que estaba haciéndole creer que «había perdido el juicio».

La mujer, sus dos hijos y su marido, Scott, habían disfrutado de un domingo inusualmente relajante, y en ese momento los dos adultos se encontraban sentados en el patio mientras los niños jugaban en la parte trasera de la casa. Fue entonces cuando, al revisar el correo de la semana, Jillian encontró una invitación a una fiesta de cumpleaños dirigida a su hijo de cinco años.

En cuanto comenzó a leerla se desencadenaron en ella varias emociones, que describió como «una terrible combinación de miedo, ira y ansiedad». Luego describió su reacción a semejante desbordamiento emocional con estas palabras: «Lo juro. De pronto me puse de pie y comencé a gritar a mis hijos porque estaban haciendo demasiado ruido, y a regañar a mi marido por mantener el garaje tan desordenado. Entré a casa a toda prisa y me encerré en mi habitación dando un portazo». Scott la siguió y se quedó en la puerta del cuarto intentando abrir la puerta, que por supuesto ella había cerrado con llave. Jillian me contó que su marido no dejaba de repetir: «Dios mío, ¿qué te pasa? ¿Es que te has vuelto loca?».

Cuando le pregunté qué había desatado aquel aluvión emocional, respondió: «En realidad no lo supe durante varios días. No podía dejar de pensar que me estaba volviendo loca, porque aquella no había sido la primera vez. Finalmente me di cuenta de que la invitación era para una fiesta en una piscina y especificaba que los padres tenían que bañarse con sus hijos». Y a continuación me explicó que sentía una vergüenza terrible de quedarse en traje de baño frente a esas otras madres «perfectas y delgadas». Y confesó: «A veces, cuando me siento avergonzada, me da miedo hacer alguna locura. Es que me siento perdida. Ni siquiera sé lo que está sucediendo».

Mientras Jillian y yo continuábamos analizando su reacción frente a la invitación de cumpleaños y su miedo a quedarse en traje de baño frente a las «madres perfectas», me explicó que siempre se había sentido incómoda con su cuerpo, pero que después de haber ganado peso tras los embarazos se había vuelto muy vergonzosa. Cuando le pedí que me hablara más sobre la maternidad y la imagen corporal, comenzó a negar con la cabeza y a decir: «No me lo puedo creer».

Me explicó que había estado hojeando una revista de moda mientras esperaba su turno para que le cortaran el pelo, y que había visto una gran fotografía en la que aparecían varias supermodelos y sus hijos en una playa. Al inicio del artículo, una de las modelos decía: «Simplemente por ser madre no debo dejar de cuidarme; a los niños no les gustan las madres gordas y desaliñadas. Mis hijos están orgullosos de mi aspecto». Jillian parecía sorprendida mientras me hablaba de la revista. «Ni siquiera me había dado cuenta de lo mucho que esta cuestión me ha afectado».

Por supuesto, una revista por sí sola posiblemente no baste para desencadenar una vergüenza intensa si no nos encontramos ya en una posición vulnerable. Pero si combinamos esas fotografías con la frase de la modelo y los problemas de imagen corporal con las que casi todas luchamos, pues ahí tenemos una combinación de lo más poderosa. En este ejemplo queda claro que Jillian se sentía con miedo, atrapada e impotente.

Cuando nos avergonzamos, nos resulta muy difícil mantener el poder. En primer lugar, cuando nos asalta la vergüenza, casi ninguna de nosotras es consciente de lo que está sintiendo ni por qué. La vergüenza suele provocar sensaciones abrumadoras y dolorosas de confusión, miedo, ira y crítica, y/o la necesidad de escapar o escondernos de la situación. Es difícil identificar la vergüenza como el problema central cuando estamos intentando manejar todos esos sentimientos tan intensos. En sus entrevistas, muchas mujeres describieron de la siguiente manera la sensación de impotencia que suele asediarnos en momentos vergonzosos:

- «La vergüenza es ese sentimiento que te invade como una ola caliente, y en el momento en que te ataca piensas: "Dios mío, ¿dónde puedo esconderme? ¿Cómo puedo desaparecer?".»
- «La vergüenza es esa sensación que tienes cuando consideras que no mereces que nadie se ocupe de ti ni te quiera. Que eres tan mala persona que ni siquiera puedes culpar a los demás por no pensar en ti. Simplemente quieres que te trague la tierra.»
- «La vergüenza me deja paralizada. Pierdo completamente la capacidad de respuesta.»
- «De repente todo se oscurece y te quedas estancada. No sabes qué está pasando ni tampoco qué tienes que hacer.»
- «Yo simplemente me marcho. Nunca me comporto de forma desagradable con la gente. Pero desaparezco. Si alguien

piensa mal de mí, me hago invisible para que nadie tenga que lidiar conmigo.»
- «Una vez paré en una gasolinera para repostar y mi tarjeta de crédito fue rechazada. El empleado de la gasolinera me hizo pasar un momento realmente malo. Mientras salía de allí, mi hijo de tres años se puso a llorar y yo empecé a gritar: "Cállate, cállate, ¡cállate de una vez!". Me sentía fatal por lo de la tarjeta. Y me volví loca. Luego me avergoncé de haber gritado a mi hijo.»

Cuando estamos pasando vergüenza solemos sumirnos en una crisis. En la mayoría de los casos nos resulta imposible manejar todos los derivados de este sentimiento, que son el miedo, la culpa y la desconexión. De hecho, una nueva investigación sobre el cerebro nos está ayudando a comprender que la vergüenza puede resultar tan abrumadora que, en lugar de ser procesada en el neocórtex —la parte avanzada del cerebro que nos permite pensar, analizar y reaccionar—, puede enviar una señal a nuestro cerebro para que entre en el modo primario de «lucha, huida o paralización».

En dicho estado, el neocórtex queda anulado y nuestro acceso al pensamiento avanzado, racional y sereno, y al procesamiento de la emoción, simplemente desaparece. La parte primitiva del cerebro entra entonces en acción y ese es el momento en que nos volvemos agresivos, deseamos correr para escondernos o nos quedamos paralizados. A veces ni siquiera tenemos una pista de por qué. La buena noticia es que si ponemos en práctica la resiliencia a la vergüenza podemos cambiar esta respuesta. Hablaremos más de este tema en el capítulo 3.

VERGÜENZA Y DESCONEXIÓN

Si sentirnos conectadas implica sentirnos valoradas, aceptadas, dignas de la atención de los demás y seguras de nosotras, sentirnos desconectadas es sinónimo de sentirnos disminuidas, rechazadas, indignas y reducidas. Cuando pregunté a Jillian por qué no quería ponerse un traje de baño frente a sus amigas, lo primero que dijo fue: «No quiero que me menosprecien ni me critiquen. Me avergüenza pensar que puedan estar hablando de mi aspecto a mis espaldas. No podría manejar una situación como esa». Y cuando le pregunté si creía que a las demás les importaría qué aspecto tenía ella, se quedó pensando durante un minuto y respondió: «Probablemente no. Pero no me puedo arriesgar a que me hieran de esa manera. Me sentiría completamente sola».

Si bien afrontar la vergüenza y la sensación de desconexión puede constituir una parte normal del desarrollo y la construcción de relaciones, la desconexión podría convertirse en un problema más grave si se transforma en una sensación de aislamiento. Y al hablar de aislamiento no me refiero a sentirse solo o a estarlo físicamente. Jean Baker Miller e Irene Stiver, teóricas de las relaciones y la cultura del Stone Center de la Universidad Wellesley, han captado maravillosamente el aspecto abrumador del aislamiento. Afirman: «Creemos que la sensación más espantosa y destructiva que puede sentir un individuo es el aislamiento psicológico, que no es lo mismo que estar solo. Es la sensación de haber perdido toda posibilidad de conectar con otros seres humanos y de no disponer de capacidad para cambiar dicha situación. En casos extremos, el aislamiento psicológico puede derivar en una sensación de desesperanza y desesperación. Y entonces la persona hace cualquier cosa por escapar de esta combinación de condena al aislamiento e impotencia».

La parte de esta definición que realmente me parece fundamental para entender la vergüenza es: «la persona hace cualquier cosa por escapar de esta combinación de condena al aislamiento e impotencia». La vergüenza puede llegar a desesperarnos. Y las reacciones a esta desesperada necesidad de escapar del aislamiento y del miedo pueden oscilar entre problemas de mal comportamiento y cuadros de depresión, autolesión, trastornos alimentarios, adicciones, violencia y suicidio.

En lo que a mí respecta, he aprendido que cuando experimento vergüenza suelo comportarme de maneras que se contradicen con lo que aspiro a ser. Una vez más, hablamos de las reacciones de lucha, huida o paralización. Y muchas de las mujeres participantes expresaron este mismo sentimiento en su propio lenguaje:

- «Cuando siento vergüenza me desquicio. Hago y digo cosas que normalmente jamás haría ni diría.»
- «A veces desearía conseguir que los demás se sintieran tan mal como me siento yo. Tengo ganas de arremeter contra alguien y de gritar a todo el mundo.»
- «Me desespera sentir vergüenza. Como si no tuviera adónde ir, a nadie con quien hablar.»
- «Cuando me siento avergonzada me desconecto mental y emocionalmente, incluso de mi familia.»
- «La vergüenza te hace sentir separada del mundo.»

Partiendo del gráfico de la telaraña y de los conceptos de miedo, culpa y desconexión, quiero ampliar nuestra definición anterior para analizar por qué y de qué manera experimentan las mujeres la vergüenza. Esta es la definición completa que usaremos en las próximas páginas:

La vergüenza es la sensación o la idea intensamente dolorosa de que somos imperfectas y, por tanto, no merecedoras de recibir amor ni de encajar. Las mujeres suelen sentir ver-

güenza cuando quedan atrapadas en una telaraña de expectativas de carácter social y comunitario cuya principal característica es que se organizan en estratos y son contradictorias e incompatibles entre sí. La vergüenza provoca sentimientos de miedo, culpa y desconexión.

DOS

La resiliencia a la vergüenza y el poder de la empatía

¿Cómo superamos la vergüenza? ¿Y qué podemos hacer para evitar quedar atrapadas en su telaraña? Por desgracia, no hay manera de deshacernos permanentemente de esta emoción. Siempre que la conexión resulte crítica, la amenaza de desconexión que conduce a la vergüenza también formará parte de nuestra vida.

Sin embargo, hay también una parte buena, y es que todos somos capaces de desarrollar resiliencia a la vergüenza. Explico de nuevo que con resiliencia me refiero a la habilidad de reconocer la vergüenza en cuanto la experimentamos, y de superarla de una manera constructiva que nos permita mantener nuestra autenticidad y crecer a partir de nuestras experiencias. En este proceso de superación consciente de la vergüenza podemos construir conexiones más fuertes y significativas con las personas que forman parte de nuestra vida.

Así como hemos comprendido la vergüenza valiéndonos de definiciones y descripciones, ahora nos toca entender la resiliencia. Primero, la resiliencia a la vergüenza no es una proposición de todo o nada, sino que tiene diferentes grados. Para ilustrarlo, he desarrollado una escala de la resiliencia a la vergüenza.

En el lado izquierdo del gráfico aparece la vergüenza. Debajo, sus efectos secundarios: miedo, culpa y desconexión. Para llegar al coraje, la compasión y la conexión tenemos que descubrir qué nos aleja de la vergüenza para acercarnos a la resiliencia. Y para conseguirlo debemos volver a las entrevistas con las mujeres y a sus experiencias sobre la vergüenza.

Muchas de las entrevistadas compartían ideas y estrategias para superar la vergüenza, así que analicé esa información formulando las siguientes preguntas:

- ¿Qué permite a las mujeres desarrollar resiliencia a la vergüenza?
- ¿De qué manera consiguieron alejarse de la sensación de temor, culpa y desconexión?
- ¿Qué fue lo que les facilitó salir de la vergüenza?

Una y otra vez, todas las mujeres a las que entrevisté me explicaron que la *empatía* es el mejor antídoto contra la vergüenza. Pero no se trata simplemente de satisfacer nuestra necesidad de empatía; la resiliencia a la vergüenza nos exige ser capaces de responder a los demás de forma empática. **Por eso las mujeres con elevados niveles de resiliencia a la vergüenza eran capaces de ofrecer y recibir empatía.**

¿Recuerdas las placas de Petri, esos platitos redondos que usábamos en el laboratorio de ciencias del colegio? Si pones vergüenza en una placa de Petri y la cubres de crítica, silencio y secretismo, crece sin control hasta consumir todo lo que encuentra a su paso; en otras palabras, le estás ofreciendo a la vergüenza el entorno que necesita para prosperar. Por otro lado, si pones vergüenza en una placa de Petri y la empapas de empatía, pierde su poder y empieza a desvanecerse. La empatía crea un entorno hostil para la vergüenza, un medio en el que le resulta imposible sobrevivir.

Cuando pedí a las participantes de mi investigación que ejemplificaran de qué manera se recuperaban de la vergüenza, todas ellas me describieron situaciones en las que conseguían hablar de lo que sentían con alguien que les demostraba empatía, por lo que subrayaron lo importante que resulta oír:

- «Te entiendo; conozco la situación.»
- «A mí también me ha pasado.»
- «No pasa nada, eres normal.»
- «Comprendo lo que se siente.»

Tal como sucede con la vergüenza, las historias de resiliencia comparten un elemento esencial: la empatía.

EMPATÍA: DEL DICHO AL HECHO HAY MUCHO TRECHO

La verdadera empatía requiere más que palabras: exige trabajo. No se trata simplemente de saber qué decirle a alguien que está sintiendo vergüenza, porque las palabras solo resultan eficaces si somos capaces de estar presentes e involucrarnos realmente con la persona que nos está contando su historia.

Yo defino la empatía como la aptitud o la capacidad de recurrir a nuestras propias vivencias para conectar con la experiencia que alguien nos relata. Otra definición que me gusta proviene de un libro sobre terapia de los autores Arn Ivey, Paul Pederson y Mary Ivey. Ellos describen la empatía como «la capacidad de percibir una situación desde la perspectiva de la otra persona. Es ver, oír y sentir el mundo único del otro». Creo que la empatía puede entenderse mejor como una aptitud, porque ser empático, o tener la capacidad de demostrar empatía, no es una cualidad innata ni intuitiva. Podemos ser naturalmente sensibles a lo que les sucede a los demás, pero ser empático requiere mucho más que sensibilidad. A modo de ejemplo, te relataré de qué manera la empática respuesta de mi amiga Dawn me ayudó a superar un momento difícil en el que sentí mucha vergüenza.

De vez en cuando, tal vez tres veces al año, mis mundos chocan entre sí. No se trata de pequeños conflictos, sino de tremendas colisiones que afectan a casi todos mis roles en la vida. Un fin de semana de mayo, hace un par de años, sufrí uno de esos choques. Mi hija participaba en su primera actuación de ballet el mismo fin de semana en que se celebraba la ceremonia de graduación de la universidad. La graduación y la actuación de ballet se solapaban durante dos horas, lo cual suponía un factor de gran estrés para mí, porque había sido elegida por los alumnos para desempeñar un importante papel en la ceremonia.

Pero además de la graduación y de la actuación de ballet, ese domingo era el día de la madre, y toda mi familia y la de mi marido, Steve, venían a festejarlo a casa desde distintas ciudades. El viernes que daba paso a ese fin de semana monstruoso había sido mi último día de clase durante el semestre de primavera, y también el último día de clase de Ellen. Para mí, el último día significa dar las notas a mis alumnos; para Ellen quiere decir Día del Maestro.

Steve y yo nos habíamos comprometido a llevar galletas al colegio para la festividad del maestro. Pero como tenía que entregar las notas, asistir a las prácticas de la ceremonia, llevar a mi hija al ensayo general de ballet con vestuario y preparar la casa para las visitas, me olvidé de las galletas. Steve había dejado a Ellen en el colegio el viernes por la mañana, y cuando yo fui a recogerla, en la puerta del aula todavía estaba pegada la lista de familias y lo que le tocaba llevar a cada una. Al echarle un vistazo encontré mi nombre junto a la palabra «postre» y me dejé llevar por el pánico. La profesora de Ellen me parecía excelente, y la respetaba mucho. ¿Cómo podía haberle hecho algo así?

Miré de reojo a mi alrededor y decidí entrar sigilosamente, coger a Ellen y salir sin que nadie se diera cuenta. Pero mientras caminaba por el vestíbulo, me encontré frente a frente con la maestra de mi hija. De inmediato adopté esa actitud nerviosa que me lleva a hablar en un tono chirriante y dije:

—¿Qué tal, cómo estás? ¿Qué tal ha salido la fiesta?

Y ella me respondió:

—Genial, gracias; fue muy divertido. La comida estuvo fantástica.

¡No! ¿Por qué hacía un comentario sobre la comida? Debía de saberlo. Entonces pasé del modo «voz alta» al modo «mentirosa». Y dije:

—Steve dejó aquí las galletas esta mañana, ¿no?

Y la maestra, un poco aturdida, respondió:

—No estoy segura, yo no estaba cuando trajo a la niña a clase.

Y entonces me puse de puntillas como si estuviese mirando por encima de su hombro, señalé con el dedo hacia el fondo del aula, simulé estar revisando la mesa de la comida y solté:

—Ah, ahí están, ahí mismo… Mmmm, tienen buena pinta. Bueno, me alegro de que mi marido las haya traído a tiempo.

Entonces me miró con amabilidad y complicidad, y dijo:

—Nos vemos dentro de un par de semanas, cuando empiece la sesión de verano. Que tengas buenas vacaciones.

Entonces cogí a Ellen, literalmente repté hasta el coche, le abroché el cinturón del asiento de atrás, me senté en el mío y empecé a llorar. Allí sentada, aferrada al volante, no sabía qué era peor: haberme olvidado de las galletas, haber mentido al asegurar que las había llevado o la vergüenza de saber que la maestra de Ellen debía de estar pensando: «Esta ha sido la peor actuación de madre trabajadora que he visto jamás».

Ellen parecía un poco preocupada, así que le repetí: «No pasa nada; mamá tiene que llorar un poco, pero no es nada grave». Lloré durante todo el trayecto a casa. En cuanto crucé el umbral llamé a mi amiga Dawn, que, al ver el identificador de llamadas, de inmediato lo cogió y me saludó con un «¿Qué tal todo?».

Así que le confesé en voz baja y muy rápido:

—Le robé unas galletas a otros padres del colegio de Ellen y después le mentí a la maestra.

Sin inmutarse, me preguntó:

—¿Qué tipo de galletas?

Y yo le respondí:

—No, en serio, escucha lo que hice.

Así que dejó de bromear y me escuchó.

Cuando terminé de hablar me dijo:

—Mira, haces todo lo que puedes; te espera un fin de semana imposible. Estás intentando no perder el control y no quieres que la maestra de Ellen piense que no la aprecias. Es perfectamente comprensible, porque te cae muy bien y se porta de maravilla con tu hija. No pasa nada.

—¿Estás segura? ¿Estás segura?

Y entonces me explicó:

—Mira, sé que no te crees capaz de poder con todo durante los próximos tres días, pero podrás. Tal vez no te salga todo perfecto, pero lo harás. Sé que seguramente ha sido muy duro para ti, pero a todas nos han sucedido cosas por el estilo y, de verdad, no pasa nada.

En ese instante la vergüenza se convirtió en otra cosa, en algo que yo sí podía manejar. Algo que me alejaba del «Qué estúpida soy, qué madre tan horrible», para acercarme al «Eso fue una estupidez; lo que pasa es que soy una madre agobiada». Mi amiga colocó la cantidad exacta de empatía en mi placa de Petri para conseguir que la vergüenza empezara a desvanecerse. No me juzgó. No me hizo sentir que debía ocultar haber metido la pata. De verdad sentí que me había escuchado y que se había preocupado por mí. Validó mi miedo a «aguantar a duras penas» y reconoció lo bien que me caen las maestras de Ellen. Pero lo más importante fue que vio mi mundo tal como yo lo estaba experimentando y consiguió expresar esa sensación ante mí.

No me dijo que estuviera bien haberle mentido a la profesora de mi hija, pero sí me hizo sentir aceptada y conectada. Cuando siento vergüenza, no puedo ser una buena compañera, ni una buena profesora, ni una buena madre, ni una buena amiga. Si hubiese afrontado aquel fin de semana con la sensación de que era una madre indigna y una mentirosa que robaba galletas de la boca de los bebés, no habría podido superarlo.

Dawn también se aguantó la risa. Ahora puedo reírme, pero mientras me estaba pasando, la situación no me resultaba divertida en absoluto. Mi amiga podría haberse reído y decirme: «Estás haciendo un mundo de algo sin importancia; no pasa nada, no te preocupes». Pero eso no habría sido empatía. Esa reacción habría reflejado cómo se sentía ella, pero desde luego no me habría transmitido que sabía por lo que yo estaba pasando. Una respuesta jocosa podría haberme hecho creer que no me estaba escuchando o que menospreciaba mis sentimientos, e incluso me habría avergonzado todavía más por inducirme a creer que estaba exagerando la cuestión del robo de las galletas.

Yo no me encontraba en posición de decir: «Mira, Dawn, hice algo terrible. Estaba intentando abarcar demasiado, y sé que no soy perfecta». Por el contrario, tenía mucho miedo y me sentía atrapada e impotente. Si mi amiga no me hubiese demostrado tanta empatía, probablemente habría afrontado el fin de semana sintiéndome desconectada. Estoy segura de que a las pocas horas habría culpado a Steve y le habría atacado por la espalda con un «¡No tienes ni idea de lo estresante que es mi vida!». Habríamos discutido y no habríamos empezado con buen pie aquel fin de semana familiar.

EDUCAR EN LA EMPATÍA

Mientras cursaba el posgrado, casi todas mis clases incluían algún componente destinado a mejorar la aptitud empática. La mayoría de las personas que están cursando posgrados en carreras como Psicología, Trabajo Social, Terapia Individual y Terapia de Pareja y Familiar reciben este tipo de capacitación.

Gracias al creciente volumen de investigaciones sobre la empatía del que disponemos, estamos descubriendo que los líderes que más triunfan son aquellos que suelen mostrar perfiles empáticos más marcados; que la empatía está relacionada con el éxito académico y profesional; que puede reducir la agresión y el prejuicio, y aumentar el altruismo. Diversos estudios muestran también que se trata de un componente vital de los matrimonios prósperos y de las organizaciones eficaces. La conclusión, entonces, es que la empatía resulta esencial para construir relaciones significativas de confianza, que es algo que todos queremos y necesitamos. Dado su poder para derrotar a la vergüenza y el papel fundamental que desempeña a la hora de establecer distintos tipos de conexiones, resulta evidente que la empatía es algo que todos deberíamos aprender y practicar.

Por fortuna, es también algo que se puede aprender. Teresa Wiseman, enfermera e investigadora de Inglaterra, identifica los cuatro atributos que definen la empatía, que son: (1) tener la capacidad de ver el mundo como lo ven los demás, (2) no juzgar, (3) entender lo que siente la otra persona y (4) comunicar a esa persona que entiendes lo que siente.

A fin de percibir más claramente la complejidad de la empatía, te propongo que analicemos cada atributo por separado, puesto que de esa manera comprobaremos que demostrar empatía real es una aptitud increíble que requiere compromiso y práctica.

Tener la capacidad de ver el mundo como lo ven los demás. En algunos casos, la habilidad de ver el mundo con los ojos de los demás es descrita como «cambiar de punto de vista». Y para entender lo que significa, me parece muy útil recurrir a la metáfora de las lentes. Todos vemos el mundo a través de distintas lentes, que representan quiénes somos y las perspectivas desde las cuales percibimos la realidad. Algunas de estas lentes cambian constantemente y otras nos acompañan desde el día en que nacemos. Si pensamos que veinte personas pueden ser testigos del mismo acontecimiento, oír la misma noticia o analizar la misma situación, pero veinte pares distintos de lentes harán que vean, oigan y deduzcan cosas muy diferentes, resulta bastante sencillo entender la esencia del conflicto.

Para ser empáticos tenemos que estar dispuestos a reconocer y admitir nuestra propia lente e intentar ver la situación que alguien está experimentando desde la suya. Por ejemplo, como soy investigadora, mi obligación es comprender cómo ven el mundo las participantes que entrevisto. Y debo esforzarme mucho por no ver sus historias desde mis lentes, sino limitarme a escuchar la descripción de lo que ellas ven, sienten y experimentan. En el ejemplo de las galletas, Dawn consiguió asumir mi perspectiva de la situación y responder con empatía desde allí.

Los niños son muy receptivos a la hora de aprender a cambiar de punto de vista. Demuestran una curiosidad natural sobre el mundo y sobre la forma en que la gente actúa en él, y también están mucho menos convencidos de que su perspectiva sea «la buena». Quienes hemos aprendido a cambiar de punto de vista de pequeños estamos en deuda con nuestros padres y les debemos eterna gratitud. Quienes no hemos tenido la ocasión de conocer dichas aptitudes en la infancia tendremos que esforzarnos más para adquirirlas en la adultez.

Por mucho que nos esforcemos, todos somos humanos y en ciertas ocasiones vemos la vida y las historias de otras personas desde nuestras propias lentes en lugar de honrar lo que ellas ven a través de las suyas. Por desgracia, a la hora de responder con empatía a alguien que está experimentando la emoción de la vergüenza, lo más probable es que nos aferremos a nuestra propia perspectiva si sufrimos problemas similares en ese ámbito. Volviendo al ejemplo de las galletas, si Dawn por aquel entonces hubiese sufrido su propia «vergüenza de madre» no habría podido «anular» su lente durante el tiempo suficiente como para ver a través de la mía, y mi historia le habría sonado demasiado familiar. A los efectos de cambiar de punto de vista, identificarse en exceso con la experiencia de otra persona puede resultar tan contraproducente como no identificarse en absoluto.

Desde luego, no resulta nada fácil cambiar de punto de vista, pero tampoco es imposible. Requiere compromiso, esfuerzo, el valor de cometer muchos errores y la voluntad de reconocerlos. También exige creer que lo que vemos es *una* visión del mundo, y no *la única*.

No juzgar. Uno de los mayores retos que tendremos que afrontar en este camino hacia el desarrollo de la empatía será superar el hábito de juzgar a los demás. Todos juzgamos, y casi todos lo hacemos constantemente. Juzgar se ha convertido en una parte tan básica de nuestros patrones de pensamiento que rara vez somos conscientes de por qué y cómo juzgamos. Reconocer un hábito tan arraigado requiere un gran ejercicio de consciencia.

Con frecuencia, nuestra propensión a juzgar al prójimo surge de una profunda necesidad de evaluar nuestras propias habilidades, creencias y valores. Según la investigación dirigida por Sidney Shrauger y Marion Patterson, juzgar a los demás nos permite analizar nuestras habilidades, creencias y valores, y compararlos con los de otras personas. Esto explica por qué casi siempre juzgamos a terceros sobre temas que nos resultan importantes a nosotros.

Durante mis entrevistas a mujeres, por ejemplo, en infinidad de ocasiones les oí decir que se sienten permanentemente juzgadas por otras en cuestiones como el aspecto físico y la maternidad. Por otro lado, todos los hombres a los que entrevisté me explicaron que entre ellos comparan sus respectivos niveles de éxito económico, intelecto y fuerza física, que consideran medidas de poder. A veces, cuando los rígidos ideales de género que propone nuestra cultura nos asfixian, erróneamente creemos que podemos escapar de la presión juzgando a otras personas: «Mira: comparada con ella, estoy genial».

La vergüenza, el miedo y la ansiedad son importantes incubadoras de juicio. Cuando sentimos vergüenza sobre una cuestión determinada, o cuando un tema nos provoca ansiedad, temor o nos hace sentir amenazados, dejar de juzgar se nos hace imposible. En mis entrevistas surgieron tres temas que en todo momento generaron juicios dolorosamente duros por parte de las participantes. Y para mi sorpresa no se trató del aborto, la política, la religión ni ninguno de los grandes temas de la actualidad, sino de cuestiones mucho más cotidianas: la adicción, la crianza de los hijos y las aventuras amorosas. En otras áreas, las mujeres sentían remordimientos por ser tan críticas frente a las demás, pero en lo referente a estos temas consideraban absolutamente justificado exponer juicios cargados de enfado.

Por ejemplo, una de las mujeres con las que hablé me contó lo vergonzoso que resulta para ella que sus padres critiquen la forma en que cría a sus hijos. «Cuando hablamos de criar a los hijos, todo mundo se vuelve crítico. Muy pocas personas te dicen lo que estás haciendo bien; por lo contrario, encuentran defectos en todas tus acciones», me explicó. También me contó que está trabajando con un asesor en cuestiones educativas y que lee muchos libros, y realmente se está esforzando mucho, razón por la cual le gustaría que alguien reconociera todo lo que hace en ese sentido. Luego continuó: «La cuestión es la siguiente: yo trabajo duro para ser una buena madre. Intento no enfadarme ni gritar. Trato de no perder la paciencia. Pero cuando la pierdo y me enfado, me siento realmente mal. Yo nunca pego ni hago comentarios odiosos, pero a veces me enfado. Hago todo lo posible por ser una buena madre. Si tú eres de esas madres que pegan, agarran con fuerza, empujan o tiran de sus hijos de mala manera, no quiero saber nada de ti. Si les pegas a tus hijos, probablemente no tenemos nada en común. Si les dices cosas feas o hirientes, no quiero oírlo ni quiero saber nada del tema».

Dada su propia sensibilidad a ser juzgada, resultaría fácil calificar de «santurronería» su crítica a los demás; pero no creo que sea ese el caso, al menos no en este ejemplo. En ella detecté más miedo y vergüenza que ira.

El círculo vicioso es el siguiente: cuando alguien nos critica nos sentimos heridos y avergonzados, y entonces juzgamos a otros para sentirnos un poco mejor. Cuantas más mujeres entrevistaba sobre este fenómeno, más cuenta me daba de que para dejar de juzgar debemos ser muy conscientes de lo que estamos pensando, sintiendo y diciendo. No podemos dejar de juzgar «de mentira». Se nos nota en los ojos, en la voz y en el lenguaje corporal. La verdadera empatía exige no juzgar, y eso resulta muy difícil si no nos conocemos bien. Debemos conocernos y comprendernos a nosotros mismos antes de conocer y comprender a los demás.

Entender lo que siente la otra persona. Para conseguirlo debemos estar al tanto de nuestros propios sentimientos y emociones, y sentirnos a gusto en el mundo de la emoción y el sentimiento en general. Para muchos, este mundo del que hablo es totalmente desconocido, un universo complejo compuesto por un lenguaje y una forma de pensar completamente nuevos. Piensa en lo siguiente: si somos incapaces de reconocer en nosotros mismos las sutiles pero importantes diferencias entre decepción e ira, es virtualmente imposible que lo hagamos en los demás. Si somos incapaces de reconocer y verbalizar el miedo cuando lo estamos sintiendo, ¿cómo lograremos conectar empáticamente con alguien que esté atemorizado?

Las emociones suelen ser difíciles de reconocer, e incluso más difíciles todavía de expresar con palabras. Y se nota especialmente si en nuestra infancia nadie nos enseñó el vocabulario ni las aptitudes requeridas para surcar este mundo emocional; por desgracia, esto es lo que nos sucede a casi todos.

En el ejemplo de mi charla con Dawn, ella me dejó bien claro que sabía lo que yo estaba sintiendo cuando dijo: «Estás intentando no perder el control» y «Mira, sé que no te crees capaz de poder con todo». No tuvo que decir: «Entiendo que estás padeciendo altos niveles de ansiedad, unidos al miedo de decepcionar a otras personas». Podría haberlo dicho —es trabajadora social—, pero no le hizo falta, y la verdad es que no creo que en esos términos sus palabras hubiesen resultado tan poderosas para mí. Lo que ella debía hacer era transmitir que comprendía mi perspectiva y mis sentimientos sobre aquella situación.

Comunicar a esa persona que entiendes lo que siente. Para mí, este último paso resulta a veces un tanto arriesgado. Sé que cuando enseño a desarrollar la empatía a los estudiantes de posgrado, es ahí donde suelen trastabillar (en realidad, donde trastabillamos todos). Imaginemos que Dawn hubiese malinterpretado mis sentimientos o no hubiese comprendido exactamente mi perspectiva, y que su respuesta hubiese sido más o menos así: «Lo sé, es muy frustrante. Steve podría haberse acordado de llevar las malditas galletas al colegio. ¿Por qué tenemos que ser siempre nosotras las que se acuerden de todo?». ¿Una reacción de ese tipo habría dañado de forma permanente la oportunidad de establecer un intercambio empático? Rotundamente no. Repito una vez más que la empatía no solo es una cuestión de palabras, sino de involucrarse por completo con alguien y de comprenderle. Si yo hubiese sabido que Dawn se implicaba con mi situación pero no comprendía exactamente mi problema, probablemente le habría dicho algo como: «No. No estoy enfadada con Steve. Si he perdido los papeles es porque la he fastidiado… y el fin de semana ni siquiera ha empezado todavía».

Ahora bien, si Dawn no se hubiese implicado y de verdad no me hubiese escuchado, ni siquiera me habría molestado en mantener la conexión con ella ni en seguir buscando lo que necesitaba oírle decir. Simplemente habría aceptado su comentario sobre mi marido, añadiendo: «Sí. Todas las madres sufrimos una presión constante», y hubiese pasado a otra cosa. Pero cuando le dije que la situación no me parecía divertida, se quedó en silencio, y entonces supe que estaba escuchándome y que deseaba oírme hablar.

EMPATÍA, CORAJE Y COMPASIÓN

Las historias necesitan voces que las expresen y oídos que las escuchen. Las historias solo fomentan la conexión cuando hay una persona que habla y otra que escucha. Mi intención al divulgar mi trabajo sobre las mujeres y la vergüenza es conseguir ambas cosas: dar voz a los que no la tienen y dar oídos a quienes no escuchan. Mi primer objetivo es dar a conocer las complejas e importantes historias que las mujeres suelen reservarse por una cuestión de vergüenza. Quiero difundir esas voces porque sus historias son las nuestras y merecen ser contadas. Mi segundo objetivo es transmitirlas de un modo que nos permita oírlas. Lo más habitual es que el problema no esté en las voces, sino en nuestros oídos. Las voces suelen manifestarse —cantamos, gritamos, deseamos ser escuchadas—, pero no las oímos, porque el miedo y la culpa mitigan los sonidos.

El coraje nos da voz y la compasión nos da oídos. Sin estos dos elementos no existe ninguna oportunidad para la empatía y la conexión. Repito que no estoy hablando de valentía ni heroicidad, sino del coraje común y corriente, del coraje de contar nuestra historia desde el corazón. A mí, llamar a Dawn y relatarle la historia de las galletas me supuso armarme de valor. Y ella tuvo que practicar la compasión; tuvo que estar dispuesta a hacerme un hueco en su mundo para dar cabida a mi dolorosa experiencia. En las próximas dos secciones exploraremos estas ideas del coraje y la compasión por separado, pero primero quiero enfatizar la importancia de su actuación conjunta.

EMPATÍA Y CORAJE

En la introducción mencioné la importante historia de la palabra *coraje*. Si bien no es inusual que los significados de las palabras cambien con el paso del tiempo, muchos creen que las variaciones en la definición de *coraje* reflejan un cambio cultural que ha reducido el valor de las voces y las historias femeninas. A finales de los años noventa, ciento cincuenta terapeutas se reunieron en Vermont para hablar del coraje y de la evolución del mundo. Elizabeth Bernstein, terapeuta y una de las organizadoras de la conferencia, explicó que el coraje no solo tiene que ver con «matar al dragón», sino con ser sincero con uno mismo y hablar con franqueza.

La reverenda Jane Spahr, ministra presbiteriana y activista por los derechos de gais y lesbianas, también asistió a la conferencia y contó las historias de San Jorge y Santa Marta para ilustrar las diferentes formas en que interpretamos el coraje. Explicó que San Jorge mató al dragón porque el dragón era malo, pero que Santa Marta lo domesticó y se hizo su amiga. Y continuó explicando: «Este es uno de los mitos feministas que hemos perdido. Demostrar coraje podría significar matar al dragón, ¿pero no podría hacer referencia también a amansar nuestros miedos?».

Mientras oía las historias que Susan, Kayla, Theresa, Sondra y Jillian me contaban durante las entrevistas, me llamó la atención lo abiertas que se mostraban frente a mí. Sin embargo, al escucharlas con atención me di cuenta de que aquello era mucho más que apertura: era coraje. Todas las mujeres que participaron en mi investigación estuvieron dispuestas a asumir sus miedos para que las demás aprendiéramos. Porque cuando contamos nuestras historias cambiamos el mundo. Sé que suena drástico, pero así es para mí. Nunca sabremos hasta qué punto nuestras historias podrían cambiar la vida de otra persona, ya sean nuestros hijos, nuestros amigos, nuestros padres, nuestra pareja o quizás algún extraño que pudiera oírla en algún momento de su vida o leerla en un libro.

Ahora bien: el coraje, en especial el coraje común y corriente, que tanta falta nos hace expresar, no es algo simple ni se obtiene de forma sencilla. Con frecuencia oímos reclamos del tipo: «¡Cuenta tu historia!» o «¡Habla con franqueza!»; pero es mucho más complicado que eso. A veces, cuando decimos lo que pensamos o contamos nuestras historias, nos enfrentamos a amenazas y consecuencias reales. De hecho, en cuanto comiences a familiarizarte con los cuatro elementos de la resiliencia a la vergüenza verás que casi todos tenemos que trabajar arduamente para conseguir abrirnos y compartir nuestras historias. A veces la compasión es escuchar la historia de alguien, y otras veces es sentarse junto a esa persona a pesar de su miedo a no estar preparada para contar lo que le sucede.

En su artículo sobre el coraje común en la vida de las jóvenes y las mujeres, Annie Rogers explica: «Una manera de comprender la etimología de la palabra *coraje* consiste en considerar su historia con una serie de pérdidas. En el transcurso de cinco siglos, desde 1051 a 1490, el coraje fue desprovisto de sus raíces en el tiempo, en el corazón y en los sentimientos. En otras palabras, fue poco a poco disociado de lo que la cultura occidental tradicional considera cualidades femeninas, y llegó a significar "esa cualidad de la mente que se aprecia al afrontar el peligro sin miedo ni cobardía", una definición asociada a la valentía y el heroísmo de hombres y muchachos. El patrón de pérdidas en esta historia del término *coraje* parece reflejar una creciente invisibilidad del coraje de las jóvenes y las mujeres en la cultura occidental».

Sin coraje no podemos contar nuestras historias. Y cuando no contamos nuestras historias, perdemos la oportunidad de experimentar empatía y avanzar hacia la resiliencia a la vergüenza.

Empatía y compasión

Si la empatía es la habilidad o la actitud de acceder a nuestras propias experiencias para poder conectar con la experiencia que otra persona nos está relatando, la compasión es la voluntad de abrirnos a dicho proceso. Para preparar este libro, leí todo el material que pude encontrar acerca de la compasión. Y descubrí una poderosa conexión entre las historias que yo oía en las entrevistas y la obra de la monja budista norteamericana Pema Chödrön. En su libro titulado *The Places That Scare You*, explica: «Cuando practicamos la compasión, debemos estar preparados para experimentar el miedo a nuestro dolor. La práctica de la compasión es una osadía. Supone aprender a relajarnos y permitirnos avanzar poco a poco hacia lo que nos atemoriza. El truco para conseguirlo es aceptar el sufrimiento emocional sin que la aversión nos tense; es dejar que el miedo nos ablande, en lugar de oponerle resistencia y acabar endurecidos».

Cuando oímos y observamos a alguien contar la historia que ha desencadenado su vergüenza, ¿somos capaces de aproximarnos al malestar de su dolor? Cuando Allison, la joven cuya madre se suicidó, nos habla de esa muerte terrible y de lo que ha significado para ella, ¿somos capaces de acompañarla en el dolor que siente? Cuando la mujer cuyo hijo tiene problemas de adicción nos cuenta su sufrimiento, ¿somos capaces de estar junto a ella en su vergüenza? ¿O sentimos la necesidad de pasar a un tema «mejor» o de redirigir la conversación? Si estamos dispuestos a abrirnos y a estar presentes, estamos dispuestos a practicar la compasión.

Uso la palabra *practicar* porque creo que la compasión es un compromiso que requiere una práctica constante. Chödrön nos enseña que debemos ser sinceros y flexibles acerca de cuándo y cómo nos cerramos. «Sin justificarnos ni condenarnos, emprendemos el valiente trabajo de abrirnos al sufrimiento. Puede tratarse del dolor que sentimos al erigir barreras o del que experimentamos al abrir el corazón a nuestra propia pena o a la de otro ser humano. Aprendemos a hacerlo tanto a partir de nuestros propios fracasos como de nuestros éxitos. Al cultivar la compasión nos alimentamos de nuestra experiencia completa: nuestro sufrimiento, nuestra empatía y nuestra crueldad y terror. Tiene que ser así. La compasión no es una relación entre el sanador y el herido. Es una relación entre iguales. Solo cuando conocemos bien nuestra propia oscuridad conseguimos estar presentes en la oscuridad de los demás. La compasión se vuelve real cuando reconocemos nuestra humanidad compartida.»

MÁS VALE TARDE QUE NUNCA

Con bastante frecuencia me preguntan si creo que alguna vez es demasiado tarde para expresar empatía. ¿Podemos volver atrás cuando nos perdemos la oportunidad de ser empáticos? Resulta interesante comprobar que muchas mujeres se refirieron a esta cuestión durante las entrevistas y que la respuesta rotunda siempre fue «Más vale tarde que nunca». El impacto de la «empatía tardía» puede ser diferente del que experimentaríamos si alguien respondiera de forma empática al instante, pero las posibilidades de que la relación acabe fortalecida siguen ahí. Permíteme ofrecerte un ejemplo personal.

Hace un tiempo quedé para cenar con una amiga que tuvo un bebé prácticamente al mismo tiempo que yo, solo que ella había decidido continuar en casa con el recién nacido y su otro hijo pequeño, y yo me estaba preparando para volver al trabajo. Mi amiga me contaba que se sentía terriblemente triste por el hecho de que ella y su marido habían acordado no tener más hijos. Y me explicaba que, a pesar de que tener dos niños pequeños a veces le resultaba agobiante, siempre había querido tener tres o cuatro hijos, y que le estaba costando bastante deshacerse de esa idea de familia.

Mientras ella hablaba, yo la escuchaba; sin embargo, las voces de mi cabeza ahogaban sus palabras: «Dios mío, ¿pero en qué está pensando? Dos es genial. Yo soy tan feliz; para mí es perfecto».

Así que la respuesta que le ofrecí fue más o menos:

—Dos está perfecto. La situación se complica mucho más cuando empiezan la primaria. Además, podrías volver o hacer un posgrado o algo.

Noté en su mirada que le sorprendía mi respuesta y le costaba encontrar las palabras adecuadas:

—Pues mira, yo ahora estoy disfrutando mucho quedándome

en casa con ellos. Y si tuviese otro bebé, eso no me impediría volver a estudiar o trabajar… si alguna vez quisiera hacerlo. A mí no me da miedo trabajar o seguir estudiando con tres o cuatro hijos.

Mofándome un poco repliqué:

—Pues debería dártelo.

Ella enseguida cambió de tema y, después de mantener una incómoda charla superficial durante los diez minutos siguientes, las dos nos montamos en nuestros respectivos coches para volver a casa. Yo me sentía fatal. Dos minutos después de salir del parking, la llamé al móvil y le pregunté:

—¿Dónde estás?

En su voz se reflejaba la sorpresa:

—En la esquina. ¿Por qué? ¿Estás bien?

Entonces le dije que tenía que hablar con ella y le pedí si podía parar en la gasolinera que estaba enfrente.

Estacioné detrás de ella y caminé hasta su coche. Mi amiga salió y me preguntó:

—¿Qué pasa…?

Y le expliqué:

—Necesito disculparme por lo que dije… y por lo que no dije. Cuando me contaste que te estaba resultando muy dura la idea de no volver a tener más hijos, no te ayudé. Lo siento mucho. Quiero entenderte y acompañarte. Se nota que estás triste de verdad. ¿Me darás otra oportunidad?

Tengo mucha suerte; ella demostró ser muy valiente. Empezó a llorar y dijo:

—Sí, lo que dijiste me sentó mal. Y estoy triste de verdad. Todo esto es increíblemente duro para mí.

Y yo también me puse a llorar. Hablamos un poco más del tema y nos abrazamos. Ella me agradeció que hubiera detenido el coche para hablar con ella, y yo le agradecí que aceptara mis disculpas y, sobre todo, que me diera otra oportunidad.

Requiere mucho coraje compartir tu dolor con alguien. Y exige todavía más hacerlo dos veces, en especial si en la primera ocasión no te escucharon.

Después de reflexionar sobre esta situación, al final me di cuenta de que cuando ella comenzó a hablarme sobre la posibilidad de no tener más hijos, yo instantáneamente oí pena en su voz, y eso me asustó. De hecho, cerró por completo mi compasión. Podría haber manejado la ira o el miedo, o incluso, tal vez, la vergüenza. Pero no la angustia. Yo estaba experimentando elevados niveles de estrés y ansiedad, porque se acercaba la fecha de entrega de mi libro; y también estaba sufriendo por el tiempo que pasaría lejos de mi bebé recién nacido cuando empezara a trabajar, así que filtré su historia a través de mis emociones. En otras palabras, mis propios problemas obstaculizaron mi compasión.

Hay ocasiones en las que perdemos la oportunidad de ser empáticos; en esos casos, los especialistas en salud mental hablan de «fallos empáticos». También puede darse la circunstancia de que las personas que nos rodean no sean a veces capaces de darnos lo que necesitamos. Si esto sucede de vez en cuando, la mayoría de nuestras relaciones consigue sobrevivir (e incluso prosperar) siempre que nos esforcemos por reparar los fallos empáticos. Sin embargo, casi ninguna relación soporta una sucesión de intentos de empatía fallidos. Se nota especialmente si nos descubrimos racionalizando constantemente y justificando por qué no podemos ser empáticos con alguien o por qué alguien no nos ofrece la empatía que necesitamos.

Yo podría haberme dicho a mí misma: «¿Sabes qué?, ella necesitaba oír eso. Está loca si piensa tener otro bebé tan pronto. Lo siento si he herido sus sentimientos, pero alguien tiene que decirle las cosas a la cara». Y mi amiga podría haber respondido a mi solicitud de una segunda oportunidad diciendo: «No. Tampoco es tan importante; estoy bien».

Desarrollar aptitudes empáticas no es fácil. La vergüenza es un problema complejo que requiere una solución compleja. Cada uno de los cuatro atributos de la empatía requiere que nos conozcamos, que actuemos de forma auténtica y nos involucremos con otras personas desde la mente y el corazón. Y ese acto de empatía produce resiliencia a la vergüenza, contrarrestando el miedo y la desconexión.

EMPATÍA Y CONEXIÓN

Para las mujeres, la conexión es una cuestión de apoyo mutuo, experiencias compartidas, aceptación y sensación de pertenencia. Como ves en la figura que aparece a continuación, los individuos y los grupos que en un área determinada quizá impongan expectativas que causan vergüenza pueden llegar a convertirse en una valiosa fuente de conexión en otra.

En el ámbito de las relaciones se nos ofrecen hilos. Con ellos podemos tejer redes que atrapen a otros o, por el contrario, fabricar mantas de apoyo. Depende de nosotros, es nuestra elección. Te pongo un ejemplo: así como una colega nuestra puede llegar a convertirse en una tremenda fuente de conexión de cara a las experiencias vergonzosas surgidas en el ámbito profesional, también podría hacer comentarios negativos o reforzar estereotipos que disparen nuestra vergüenza en otras áreas, como la maternidad o la orientación sexual.

Según un concepto desarrollado por las investigadoras y activistas Lorraine Gutiérrez y Edith Anne Lewis, la conexión tiene la capacidad de contrarrestar los mensajes, expectativas y estereotipos que conforman la telaraña de la vergüenza. Así lo explican: «La conexión cumple dos objetivos: el desarrollo de redes de apoyo social y la creación de poder a través de la interacción. Involucrarse con otras personas que se encuentran en situaciones

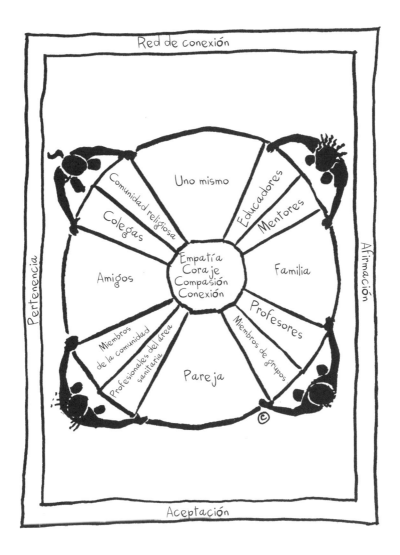

similares aporta un medio para adquirir y ofrecer ayuda, la oportunidad de aprender nuevas aptitudes a través de los modelos de rol, una serie de estrategias para hacer frente a posibles represalias institucionales y una potencial base de poder para futuras acciones».

Cuando desarrollamos y practicamos la empatía, el coraje y la compasión, pasamos de la desconexión a la conexión. Y gracias a ellos nos sentimos lo suficientemente liberados como para disfrutar de las cosas que nos resultan más valiosas, en lugar de quedar atrapados en lo que los demás esperan de nosotros. Una vez que estamos listos para comenzar a practicar la empatía, deberíamos hacerlo con nuestra relación más importante, que es la que mantenemos con nuestro «yo». En el capítulo 9 me referiré a la autoempatía, pero también quiero tocar este tema aquí. Es importante que comprendamos que no podemos practicar la empatía con los demás a menos que seamos empáticos con nosotros mismos.

Si, por ejemplo, nos juzgamos con mucha dureza y somos incapaces de reconocer nuestras propias emociones o no estamos dispuestos a hacerlo, nos costará mucho mantener relaciones adecuadas con los demás. Si cometemos un error y nuestra voz interior nos dice: «Soy tan estúpido. No puedo hacer nada bien», es muy probable que cuando nuestro hijo o nuestra pareja cometan un error les transmitamos los mismos sentimientos (si no se los espetamos en voz alta). La empatía y la conexión nos exigen conocernos y aceptarnos antes de conocer y aceptar a los demás.

LAS BARRERAS A LA EMPATÍA

Conmiseración frente a empatía

Cuando hablamos de empatía solemos confundirla con conmiseración. Sin embargo, durante las entrevistas, las mujeres tenían muy clara la diferencia entre ambos conceptos. Cuando hablaban sobre su capacidad para superar la vergüenza, claramente apuntaban a la empatía: hablaban de compartir sus sentimientos con alguien que las comprendiera y pudiera involucrarse con lo que ellas estaban diciendo. Por el contrario, para describir lo que pensaban sobre buscar conmiseración o pedirla, empleaban palabras como *odiar*, *despreciar* y *no soportar*.

La búsqueda de empatía está impulsada por la necesidad de saber que no estamos solos. Necesitamos tener la certeza de que otras personas han experimentado sentimientos similares y que nuestras experiencias no impedirán que los demás nos acepten y valoren. La empatía nos ayuda a alejarnos de la vergüenza para acercarnos a la resiliencia. La conmiseración, por otro lado, puede incluso exacerbar la vergüenza.

Para ilustrar la diferencia entre conmiseración y empatía, volvamos a la historia de las galletas. Alrededor de una semana después de mi conversación con Dawn, Steve y yo estábamos cenando con unos amigos que realmente parecían ser unos superpadres trabajadores, y durante la cena nos contaron la historia de otros padres que habían tenido la desfachatez de llevar chucherías «de tienda» en bolsas de plástico a la fiesta escolar de su hijo de siete años.

Por supuesto, yo no tengo nada en contra de las «sorpresas» compradas; ¡soy una ladrona de galletas! Así que reaccioné a su historia diciendo:

—Pues yo, cuando me acuerdo de llevar algo de comer al cole para invitar a los compañeros de mi hija, desde luego lo compro en alguna tienda; rara vez tengo tiempo para preparar algo casero.

Los dos sonrieron mirándome de arriba abajo con expresión casi amigable, como si estuviesen pensando: «Mmmm, un dato interesante».

Y entonces, por alguna razón que desconozco, esa respuesta me obligó a contar la historia de la apropiación de las galletas. En realidad, es posible que yo estuviera tanteando el terreno: dados sus comentarios sobre las golosinas compradas, ¿había alguna posibilidad de que mi familia y yo perteneciésemos a su club?

Dawn había demostrado empatía, pero por aquel entonces todavía no tenía hijos. Tal vez lo que yo buscaba en aquellos Superpadres era la redención: si ellos podían entenderme, me quedaba tranquila.

Fue una de esas ocasiones en las que empiezas a contar una historia con entusiasmo y con la clara intención de resultar genuina, pero, a mitad del relato, cuando te das cuenta de que la cosa no está saliendo bien, te obligas a omitir los peores detalles y a intentar zanjar el tema lo más rápido posible. No sé qué esperaba yo en realidad, pero desde luego no me imaginé que literalmente ahogarían un gritito y se llevarían las manos a los ojos (como si mirarme les pudiera dejar ciegos). Cuando acabé, negaron con la cabeza al unísono y me miraron con expresión de pena. Ella se inclinó hacia mí y dijo: «Ay, Dios mío, es terrible. No puedo imaginarme haciendo algo así. Lo siento mucho».

Su conmiseración me abofeteó. Porque, como toda conmiseración, venía a decir: «Yo estoy aquí y tú estás allí. Lo siento por ti y también estoy triste por ti. Pero te aclaro una cosa: si bien me apena lo que te ha sucedido, no te confundas: yo estoy aquí». Eso no es compasión.

En la mayoría de los casos, cuando lo que ofrecemos es conmiseración, no nos abrimos de par en par para comprender el mundo tal como lo ven los demás. Miramos a esas personas desde nuestro mundo y nos limitamos a sentirnos apenados o tristes por ellos. Una frase que refleja claramente la conmiseración es: «Yo no entiendo tu mundo, pero desde aquí las cosas tienen bastante mala pinta». Si analizo aquella conversación, creo que lo peor que me dijo aquella mujer fue, probablemente, «No puedo imaginarme haciendo algo así».

En cuanto pronunció esas palabras, me quedó muy claro que ella no veía el mundo como lo veía yo, sino que interpretaba mi experiencia desde su mundo. Y, lo repito una vez más, eso no es empatía. En segundo lugar, a todas luces me sentí juzgada. No oí nada que revelara que ella entendía mis sentimientos, ni en ningún momento se preocupó por darme a entender que comprendía mi experiencia. Cuando nuestra necesidad de empatía se topa con conmiseración, suele sumergirnos aún más en la vergüenza, dejándonos todavía más solos y separados. La empatía tiene que ver con la conexión; la conmiseración, con la separación.

La búsqueda de conmiseración

En la cara opuesta de este modo de responder a la búsqueda de empatía con conmiseración aparece el complejo tema de intentar expresar empatía cuando lo único que una persona quiere es conmiseración. En esos casos, el mensaje subyacente es: «Siente pena de mí, porque soy la única persona a la que le está pasando esto», o «Mi situación es peor que la de los demás». Y, naturalmente, eso crea desconexión y separación. Las personas que buscan conmiseración no quieren empatía ni les interesa la evidencia de las experiencias compartidas: lo que persiguen es la confirmación de que su caso es único.

Cuando en los talleres expongo el tema de la búsqueda de conmiseración, los participantes suelen dar signos de nerviosismo y mal humor. Pero he aprendido a suavizar la situación simplemente preguntando: «¿Cuántos de vosotros conocéis a alguien que busca conmiseración y estáis pensando en esa persona ahora mismo, mientras yo describo el concepto?». Sin excepción, todo el mundo levanta la mano porque desean hablar del individuo que están visualizando y lo irritante que les resulta.

Muchas personas me dicen que se sienten manipuladas y controladas por quienes buscan conmiseración. Incluso oigo estas mismas descripciones de boca de terapeutas que suelen sentirse atascados cuando trabajan con gente que lo único que pretende es provocar pena.

No es nada extraño sentir resentimiento o desdén por quien solo busca que le tengamos lástima, porque en esos casos se crea una situación sin salida: por un lado la persona nos cuenta que lo que le pasa es lo peor de todo y que nadie puede comprenderle, y por otro busca nuestra validación.

Entrevisté a una mujer que me contó: «En mi familia, mi marido es el único que tiene derecho a pasarlo mal. Incluso aunque yo esté pasando por una situación como la suya o peor, él tiene que recibir toda la atención. No me pide ayuda; simplemente quiere que le diga que su vida es difícil e injusta y, sobre todo, peor que la mía. Cree que trabaja más, duerme menos y hace más que yo. Y te prometo que no es así».

A veces lo mejor que podemos hacer con alguien que busca conmiseración es simular un: «Sí, eso sí que es duro» o «Vaya, suena fatal». Pero por dentro seguramente estaremos pensando: «Por favor, acaba de una vez» o «Venga ya, eso no es nada» o «Ya basta con este festival de la pena». En ocasiones esta petición de conmiseración nos provoca tanto enfado y resentimiento que ni siquiera podemos armarnos de valor para crear una respuesta benigna. Se expresen como se expresen, resulta fácil ver que estos intercambios rara vez producen una conexión y un entendimiento reales.

Así como buscar conmiseración suele tener que ver con mostrar que somos «los únicos», también es perfectamente posible comunicar que nos «sentimos solos» y «nos parece que somos los únicos a los que les pasa» sin buscar conmiseración. Lo que separa la conmiseración de la empatía es nuestra motivación por compartir las dificultades. Y, curiosamente, nuestra motivación a la hora de buscar conmiseración es casi siempre la vergüenza.

Durante mi primer año en el doctorado, busqué mucho la conmiseración de los demás. Y como era de esperar, cuanto más la buscaba más sola me sentía. Estaba demasiado abrumada con mis clases, y la vergüenza y el miedo a un posible fracaso me resultaban tan reales e inmanentes que me impedían decir: «Me estoy ahogando. Esta situación es muy difícil para mí y, si abandono o fracaso, mi vida se termina». Si bien casi todos los que me rodean conocen esa sensación, yo no me encontraba en condiciones de comprender claramente, y mucho menos de expresar, mis verdaderos sentimientos.

Decía: «No tienes ni idea de la presión que siento; no tiene nada que ver con una licenciatura ni con trabajar en un despacho». Para quienes me rodean, esta frase significaba: «Esto es más importante que ninguna otra cosa que vosotros hayáis hecho nunca, así que, por favor, sentid pena de mí». Cuando mis amigos y familiares respondían a mi ruego con una conmiseración poco entusiasta, me hundía todavía más pensando: «¡Lo sabía! Se nota que ninguno de ellos está haciendo un doctorado».

Cuando buscamos conmiseración, resulta muy conveniente que demos un paso atrás y pensemos qué estamos sintiendo de verdad, qué pretendemos conseguir y qué necesitamos realmente. Y, por el contrario, cuando alguien nos pide conmiseración tenemos que decidir si simplemente estamos dispuestos a ofrecerla y seguir nuestro camino o si lo que nos interesa en realidad es tratar de conectar y entablar un vínculo de empatía.

Si queremos desarrollar la conexión y el entendimiento, a veces la mejor manera de practicar la compasión consiste en decir: «Parece que lo estás pasando mal; cuéntame un poco más» o «Tienes razón; no sé cómo es eso. ¿Por qué no me lo cuentas? Ayúdame a entenderte».

En algunos casos, cuando dinamizo grupos, a algunas personas llego incluso a decirles: «Nos estás diciendo que nadie te entiende, y sin embargo nos estás pidiendo que te entendamos. ¿Qué deberíamos hacer? Queremos conectar, pero tú nos dices que es imposible». En la mayoría de los casos, un diálogo basado en estas preguntas puede conducir a un vínculo genuino de empatía y conexión.

Amañar la baraja

Otra barrera que impide desarrollar la empatía es un fenómeno que yo denomino «amañar la baraja», y que en muchos aspectos se relaciona con la búsqueda de conmiseración. Una y otra vez las mujeres de mis entrevistas describieron lo devastadas que se sintieron después de que, tras reunir suficiente coraje como para hablar con alguien, la respuesta a su historia fuera la carta del «crees que lo tienes mal»:

- Veo tu «madre alcohólica» y subo una «hermana drogadicta».
- Veo tu «soltera a los treinta» y subo una «madre soltera».

Cuando competimos para ver qué situación es peor, que opresión es más real o qué «ismo» es más grave, perdemos de vista el hecho de que la mayor parte de nuestras dificultades surgen del mismo lugar: de la impotencia y la desconexión.

Si invertimos nuestros recursos en intentar superarnos mutuamente, compitiendo por el «último lugar» o pisándonos unos a otros para escapar de la vergüenza, lo que prevalece siempre es justamente la vergüenza. Y el motivo es que, cuando oímos a alguien decir «Eso no es nada», muchas veces acabamos sintiendo que en realidad los que «no somos nada» somos nosotros. Casi todos alimentamos la vergüenza con nuestro silencio antes de arriesgarnos a contar algo que tememos que no resultará tan malo como la situación de otra persona, o no lo bastante malo como para garantizarnos la empatía ajena.

Lorraine, una mujer de poco más de veinte años, me habló sobre la vergüenza que le produjo sincerarse finalmente con su compañera de habitación en la universidad y contarle que su hermano adolescente era esquizofrénico y había tenido un historial de violencia antes de que sus médicos le pusieran un tratamiento farmacológico para estabilizarlo. «Ella me había preguntado por mi hermano varias veces. Al final le conté lo que le pasaba y me puse a llorar. Le expliqué que no me avergüenzo de él, pero que sí me da vergüenza que mis padres lo tengan viviendo en un centro de tratamiento. Pero ella no me respondió nada.»

Entonces quise saber qué sucedió a continuación en la conversación, y Lorraine me respondió: «Mi compañera de habitación simplemente se levantó y dijo: "Eso no es nada. La hermanita de Kendall [la otra chica con la que compartían habitación] murió en un accidente de coche. Eso tiene que ser mucho peor". Y después se metió en el baño. Yo me sentí insignificante. Deseé no haberle contado nada».

No sabemos por qué la compañera de habitación de Lorraine fue incapaz de responder empáticamente o no quiso hacerlo. Quizás le daba miedo el grado de emoción que percibió en Lorraine, o tal vez sencillamente no quería saber nada más. Hay muchas razones. Analicemos un par de respuestas comunes más, como ejemplos de lo sencillo que resulta saltarse la empatía.

«Creo que mi matrimonio se está haciendo trizas delante de mis ojos.»

Respuesta A: «Claro que no. Tim y tú formáis una pareja estupenda; estoy segura de que todo irá bien».

Esta respuesta indica «NO te he escuchado» y «mejor no hablemos de eso».

Respuesta B: «Al menos tienes un matrimonio. John y yo llevamos años sin ser un matrimonio de verdad».

A esta respuesta yo la llamo «Lo mío es peor». No demuestra ningún interés ni empatía. No existen muchas reglas estrictas acerca de la empatía, pero esta podría ser una: «Al menos» no es un buen encabezamiento para una respuesta empática:

«He tenido un aborto.» «Al menos sabes que puedes quedarte embarazada.»

«Me han diagnosticado cáncer.» «Al menos lo pillaste a tiempo.»

«Mi hermana lo está pasando realmente mal con su problema de alcoholismo.» «Al menos no se droga.»

Esta respuesta de «al menos» refleja principalmente nuestro propio malestar. Hablar en esos términos a otra persona es equivalente a cortarle la posibilidad de que se exprese.

Respuesta C: «Lo siento de veras; debes de sentirte muy sola. ¿Hay algo que pueda hacer para ayudarte?». Esta respuesta demuestra empatía. No juzga. Es un intento de ponerse en la piel de la otra persona. E incluso aunque no se sienta sola, le estás ofreciendo la posibilidad de responder y sabe que estás intentando entender su mundo.

La presión de «entender bien» o de «decir la frase perfecta» puede ser la mayor barrera frente a la empatía y la compasión. Empezamos a sentir ansiedad por decir lo correcto y antes de que nos demos cuenta habremos desperdiciado la oportunidad de mostrarnos empáticos y compasivos. Restamos importancia al tema, hablamos de otra cosa o nos marchamos. La compañera de habitación de Lorraine, por ejemplo, no estaba obligada a decir nada mágico. Simplemente podría haber comentado: «Dios, debe de ser muy duro para toda tu familia» o «Para mí también sería muy difícil; ¿qué tal le va a tu hermano en ese centro?».

Con frecuencia, el mero hecho de oír alguna experiencia vergonzosa de otra persona nos impulsa a protegernos. No queremos oír nada de lo que nos cuentan; nos resulta demasiado doloroso. Si la empatía y la compasión son tan poderosas, es, entre otras razones, porque reflejan la siguiente idea: «Puedo oírlo. Es difícil, pero puedo compartir este espacio contigo».

Indagar en lo más profundo de nosotros

Otra de las formas en que evitamos la conexión empática es convenciéndonos de que en realidad no podemos comprender experiencias por las que no hemos pasado. La compañera de cuarto de Lorraine podría haber pensado: «No tengo ni idea de lo que significa tener un hermano con una enfermedad mental; ¿cómo voy a saber qué decir?». Pero tenemos que pensar lo siguiente: si queremos construir redes de conexión —redes que realmente nos ayuden a pasar de la vergüenza a la empatía—, no podemos reservar nuestra empatía para esos pocos elegidos cuyas experiencias reflejan las nuestras. Debemos aprender a no detenernos en las situaciones y los acontecimientos que las personas nos están describiendo, para así acercarnos a los sentimientos y las emociones que están experimentando.

Por ejemplo, una de las participantes habló de lo difícil que le resulta ser una estudiante afroamericana de Medicina. Y describió su experiencia de la siguiente manera:

> Para mí, la vergüenza es ser demasiado negra en la universidad y demasiado blanca para mi familia y mis amigos en casa. En la facultad de Medicina todo el mundo me mira como si yo no encajara allí. Me da la sensación de que se preguntan si soy uno de esos casos de «discriminación positiva». No es solo una cuestión de raza; también provengo de una familia de muy bajos recursos. Hago una carrera universitaria gracias a una serie de becas. La mayoría de mis amigos ni siquiera han acabado la secundaria. Cuando estoy en la facultad, está claro que soy

diferente, y cuando estoy en casa me lo hacen pasar mal. Una vez mi abuela dijo: «Deja esa bata blanca y esa actitud blanca al otro lado de la puerta. Aquí no te creas Marcus Welby». Y es que a pesar de que actúo igual, suponen que me creo mejor que ellos. Pero no es así. Yo solo quiero sentirme integrada en alguna parte.

Me aventuraría a decir que la mayoría de los que estamos leyendo estas palabras no somos estudiantes de Medicina negros ni conocemos la experiencia de vivir a horcajadas entre el mundo masculino y sumamente blanco de la medicina y la vida de una familia negra. Si leemos lo que le sucede a esta mujer y nos marchamos pensando: «Vaya, eso sí que suena difícil, pero en realidad no puedo identificarme con su situación», significa que hemos desaprovechado una clara oportunidad de demostrar empatía. Y es muy grave, porque nuestro nivel de resiliencia a la vergüenza depende en igual medida de nuestra habilidad para recibir empatía que de nuestra capacidad de demostrarla frente a otra persona.

Sobre la cuestión de desaprovechar la oportunidad de demostrar empatía, Jean Baker Miller e Irene Stiver (investigadoras y terapeutas del Stone Center) explican: «El fenómeno de la empatía es básico en todas nuestras relaciones, y dado que en la interacción con otras personas inevitablemente surgen sentimientos, tenemos la posibilidad de abordarlos acercándonos a esas personas o bien alejándonos. Si nos alejamos de ellas sin reconocer la existencia de sus sentimientos, inevitablemente les haremos sentir menospreciadas en mayor o menor grado. E inevitablemente también desaprovecharemos la ocasión de sumergirnos por completo en nuestra propia experiencia, porque la abordaremos de un modo que dista mucho de ser óptimo, es decir, desde el aislamiento».

Si rebuscamos en nuestras propias experiencias, casi todos entendemos lo que significa mantener un pie en un mundo y otro pie en otro; casi todos sabemos lo que se siente. En cuanto me abro para escuchar a otra persona hablar de las dificultades de conciliar los estudios de Medicina con la vida familiar, de inmediato pienso en lo que implica mantener un pie en el mundo de la maternidad y otro pie en el mundo académico, tan masculinamente definido.

Cuando me encuentro en uno de esos mundos, el mensaje es: «Nos parece estupendo que seas madre, pero en realidad no queremos ver ninguna prueba de tu maternidad por aquí. Si tus hijos están enfermos, tienes que venir a trabajar de todas maneras; y si cierra la guardería, preferiríamos que no trajeras a los niños a la oficina». Así que tengo un pie en este mundo, en el que se me permite ser madre siempre y cuando esa faceta no distraiga mi atención como académica, y el otro pie en la maternidad, donde está muy bien que yo trabaje por alcanzar algo que considero importante siempre y cuando no altere nada de lo que sucede en casa.

Algunos días consigo mantener el equilibrio. Otros, me da miedo que los mundos se distancien tanto entre sí que al final no pueda pisar ninguno de los dos. Para mí, lo peor es la sensación de que soy la única persona a punto de partirse por la mitad.

Yo no soy una estudiante afroamericana de Medicina, pero he vivido experiencias similares en cuanto a intentar equilibrar dos mundos que parecen excluirse mutuamente. Esta experiencia me hace sentir sola, indigna y, de alguna manera, «defectuosa». Así que cuando leo la definición de vergüenza de esta chica, si bien, desde luego, no quiero proyectar mis experiencias sobre ella, sí deseo ser capaz de tocar, dentro de mí, algunas de las emociones que esta joven podría estar sintiendo, para así intentar conectar con lo que me está contando.

No tengo que contarle mi historia. Desde luego, no le diría «Sé perfectamente de lo que hablas», porque no lo sé. Tal vez sí estoy al tanto de lo que supone intentar equilibrar diferentes roles, pero no conozco el dolor que produce el racismo. No sé lo agotador que debe de ser tener que cambiar constantemente de una cultura a otra para poder «encajar». No creo que podamos comprender completamente el racismo, el sexismo, la homofobia, la discriminación por edad ni ninguna otra forma de opresión a menos que la hayamos experimentado. Sin embargo, sí creo que todos somos responsables de procurar entender en todo momento la opresión y de reconocer el papel que asumimos al perpetuarla. La empatía es un magnífico punto de partida.

Suelo notar que nuestra sensación de privilegio inmerecido mata la empatía. Y por privilegio inmerecido me refiero a las concesiones que se nos hacen simplemente porque somos blancos o heterosexuales o miembros de determinados grupos. Nos quedamos estancados en lo que yo llamo «vergüenza del privilegio», que es muy diferente de la «culpa del privilegio» (o culpa blanca). Sentirse culpable por enviar un correo electrónico racista o por hacer una broma hiriente resulta muy adecuado, porque la culpa puede motivar el cambio. La culpa nos ayuda a conciliar nuestras decisiones con nuestros valores.

Pero la vergüenza no ayuda. Si nos sentimos avergonzados porque no sabemos relacionarnos con alguien que es diferente o ignoramos cómo conectar con quien sufre una discriminación injusta, nos quedamos estancados. Si pensamos «Soy una mala persona porque no me puedo relacionar con ella» o «Soy una mala persona porque yo tengo esto y ellos no», nos quedamos paralizados. En mi caso, he llegado a un punto en la vida en el que desaprender el prejuicio me resulta más importante que evitar situaciones en las que podría ser acusada de decir o hacer lo incorrecto. He aprendido que es mejor para mí aceptar que muchas de las parcialidades aprendidas a las que me enfrento son las mismas a las que se enfrentan otras personas, lo cual me ha permitido dedicar mi energía a desaprender y cambiar mis prejuicios, en lugar de demostrar que no tengo ninguno.

Cuando somos sinceros respecto a nuestras dificultades, es mucho menos probable que nos quedemos estancados en la vergüenza. **Y eso es fundamental, porque la vergüenza disminuye nuestra capacidad para practicar la empatía.** En última instancia, sentir vergüenza sobre el privilegio realmente perpetúa el racismo, el sexismo, el heterosexismo, el clasismo, la discriminación por edad, etc. No es necesario que yo sepa «exactamente cómo te sientes»; simplemente tengo que entrar en contacto con una parte de mi vida que me permita abrirme y oír tu experiencia. Si consigo entrar en contacto con esa parte de mí, no juzgaré y podré abrirme con empatía. Y aquí es donde es posible comenzar la curación personal y social.

Imagina lo que sucedería si solo pudiésemos relacionarnos con personas que han vivido exactamente las mismas experiencias que nosotros. Estaríamos todos mucho más solos. Las experiencias de vida son como las huellas digitales: no hay dos exactamente iguales. Además, aunque hayamos vivido lo que a nuestro entender es exactamente la misma experiencia que la de otra persona, nunca podemos saber a ciencia cierta cómo se siente ella o él. Volviendo a la metáfora de las lentes, existen demasiadas variables para que podamos experimentar algo exactamente de la misma manera.

A continuación encontrarás varias experiencias de vergüenza más, recopiladas durante mi investigación. Debajo de cada una he incluido la clasificación de algunas de las emociones que detecté en las entrevistas, además de una serie de preguntas de empatía que podrían ayudarnos a conectar con cada experiencia.

Experiencia: Cuando pienso en la vergüenza me remito a haber sufrido abuso sexual cuando era niña. Pienso en lo que eso provocó en mi vida y en cómo lo ha cambiado todo. Y no se trata simplemente del abuso. También es todo lo que tienes que afrontar durante el resto de tu vida. Es como si te sintieses siempre diferente de los demás; nunca nada es normal para ti. Todo se remite al abuso. No se me permite llevar una vida normal. Eso es lo que me convirtió en quien soy, y lo que mancha todo. Eso es la vergüenza para mí.

Emociones: sensación de estar marcada, disminuida, malinterpretada y reducida. Podría incluir angustia, pérdida, frustración e ira.

Indagación profunda: ¿Alguna vez te han definido a partir de una experiencia? ¿Te diste cuenta de que te resultaba imposible deshacerte de una determinada reputación o de un «incidente» en particular? ¿Alguna vez te han catalogado injustamente? ¿Alguna vez alguien ha atribuido tus comportamientos a una identidad que no mereces? ¿Alguna vez has luchado por superar algo y has descubierto que las otras personas no están dispuestas a olvidarlo?

Experiencia: Estoy avergonzada porque odio mi vida constantemente. No importa lo que tenga ni en qué cantidad: al final mi vida me decepciona. Siempre pienso: «Si tuviera esto o aquello sería feliz». Y consigo eso o aquello, pero aun así no soy feliz. Es una parte horrible de mí y no sé cómo hacerla desaparecer. No puedo sacar este tema frente a nadie, porque todo el mundo está harto de oírme hablar de lo decepcionada que estoy siempre con todo. Eso es lo que me da vergüenza. Nunca puedo aclararme y encontrar la felicidad.

Emociones: estancamiento, ira, agobio, decepción, confusión, sensación de pérdida, soledad.

Indagación profunda: ¿Alguna vez te ha parecido que tienes la felicidad al alcance de la mano? ¿Alguna vez te has planteado que serás feliz en cuanto pierdas nueve kilos, te compres una casa nueva, tengas otro bebé o te asciendan en el trabajo? ¿Defines el éxito a partir de lo que no tienes? ¿Alguna vez menosprecias lo que sí tienes porque crees que no debe de ser tan fabuloso si lo has conseguido tú? ¿Alguna vez sientes que la gente está harta de oír tus quejas o de verte dar rienda suelta a tu ira?

Experiencia: Sentí vergüenza cuando mi marido me dejó por otra mujer y mi hijo me dijo que era porque yo tenía «el culo gordo». Tiene solo catorce años y no creo que lo dijera con mala intención, o al menos espero que no haya sido así. Lo que pasa es que está acostumbrado a oírselo decir a su padre. Además, está enfadado y quizá cree que la culpa es mía. A lo mejor también lo creo yo.
Emociones: dolor, sensación de pérdida, ira, miedo, angustia, culpabilidad, confusión, aislamiento, sensación de estar atrapada.
Indagación profunda: ¿Alguna vez te ha costado no culparte? ¿Alguna vez has sido el blanco de la ira y de la angustia de otra persona? ¿Alguna vez has tenido que cuidar de alguien cuando apenas podías cuidar de ti misma? ¿Alguna vez un hijo tuyo ha imitado los insultos de tu pareja?

Experiencia: Cuando me convertí en socia del bufete caí en una terrible depresión. Todo aquello por lo que había trabajado me parecía inservible. Todos los días iba al despacho pensando: «Dios, ¿cuándo se darán cuenta de que en realidad no sé lo que estoy haciendo? No me merecía este ascenso; no merezco ser socia. Descubrirán que en realidad no soy buena». La presión era tanta que finalmente tuve que dejar el cargo. Creo que ya nadie me respeta. Pero no podía seguir. No sé si realmente era tan buena y merecía el ascenso o si en realidad nunca había destacado y era una farsante. Todo aquello me resultaba demasiado confuso.

Emociones: miedo, culpabilidad, confusión, agobio, aislamiento, inseguridad, sensación de pérdida, decepción.

Indagación profunda: ¿Alguna vez te has sentido una impostora o has hecho creer a la gente que tu capacidad es mayor de la que tienes en realidad? ¿Alguna vez has temido que «te pillaran» cuando no estabas haciendo nada malo? ¿Alguna vez has sentido la presión de decepcionar a otros? ¿O a ti?

Es fácil pensar que resulta más seguro distanciarnos que buscar empatía, pero, como explica la trabajadora social Marki McMillan: «La empatía es un don de validación que, por mucho que lo ofrezcamos, siempre nos hace regresar a nuestra propia verdad. La empatía ayuda a la otra persona exactamente en el mismo momento en que me está curando a mí».

¿No necesitamos un poco de vergüenza para mantenernos a raya?

Otra de las barreras a la empatía gira en torno a nuestras ideas sobre la vergüenza. Si creemos que la vergüenza es una emoción constructiva, podría no interesarnos ser empáticos. Escucharíamos la experiencia de una persona y de inmediato pensaríamos: «¡Debería darle vergüenza!».

Cuando comencé mi investigación no estaba segura de que existiera una vergüenza buena y otra mala, tal como se afirma en ciertos círculos. En efecto, un reducido grupo de investigadores, en especial aquellos que trabajan desde una perspectiva evolutiva o biológica, creen que la vergüenza tiene consecuencias positivas y negativas. La consecuencia positiva, esgrimen, es que actúa como una brújula de comportamiento moral. En otras palabras, estos estudiosos consideran que la vergüenza nos mantiene a raya. Pero yo, después de pasar siete años cotejando la idea de que la vergüenza no puede ser utilizada para cambiar a la gente, aunque sin contar con datos reales que apoyaran esa aseveración, tenía mis dudas, aunque prefería que la investigación hablara por sí misma.

No me llevó demasiado tiempo llegar a la conclusión de que la vergüenza no tiene nada de positivo. En cualquiera de sus formas, en cualquier contexto y a través de cualquier sistema de expresión, la vergüenza resulta destructiva. La idea de que existan dos variedades —la vergüenza sana y la vergüenza tóxica— no se correspondía con los resultados que arrojaba mi investigación.

Cuando comenté a las participantes de mi estudio que existía la posibilidad de que la vergüenza tuviera resultados positivos o que actuara como una especie de guía hacia el buen comportamiento, ellas no dudaron en refutarlo, argumentando que dicha emoción resulta tan abrumadora y dolorosa que, independientemente de su propósito, en ningún caso conseguía más que alejarlas de su capacidad de crecer, cambiar y responder de forma genuina o auténtica. La culpa, por otro lado, solía ser para ellas un fuerte motivador de cambio.

También en esta cuestión hay investigadores que se muestran en desacuerdo y continúan creyendo en un concepto de vergüenza sana, si bien en la actualidad la evidencia que refuta esa idea es cada vez mayor. Uno de los libros más exhaustivos sobre la investigación de la vergüenza es *Shame and Guilt*, de June Price Tangney y Ronda L. Dearing. En él, las autoras ofrecen un excelente repaso de la literatura relativa a la vergüenza y la culpa, y exponen algunos originales hallazgos sobre ambas emociones.

En una sección de su libro titulada «¿Cumple la vergüenza alguna función adaptativa?», Tangney y Dearing aseguran que las primeras conceptualizaciones de la vergüenza posiblemente no tuvieron en consideración la forma actual en que la gente se autoevalúa y relaciona entre sí. Explican: «Dado que los humanos modernos mostramos estilos atributivos y aptitudes para tomar perspectiva cada vez más complejas, somos capaces de establecer la diferencia entre el yo y el comportamiento, de asumir el punto de vista de otra persona y de empatizar con la angustia de terceros. Si bien los antiguos objetivos morales se centraban en reducir una agresión potencialmente letal, esclarecer el rango social y mejorar el cumplimiento de las normas sociales, la moralidad moderna se centra en la habilidad de reconocer que hemos cometido un acto incorrecto, aceptar dicha responsabilidad y poner en práctica una acción reparadora. En este sentido, la culpa puede ser considerada la emoción moral del nuevo milenio».

Si te interesa leer más sobre la vergüenza —la diferencia entre vergüenza y culpa, y de qué manera se cuantifica la vergüenza en las investigaciones—, te recomiendo este libro, si bien para algunos lectores podría resultar excesivamente técnico. Y ahora, a fin de intentar aclarar la diferencia entre vergüenza y culpa en relación con los resultados que puede aportar el comportamiento positivo, me gustaría hablarte de dos importantes estudios descritos en el libro.

El primero es un estudio de ocho años de duración llevado a cabo por Tangney y Dearing sobre las emociones morales, durante el cual siguieron la evolución de un grupo de casi cuatrocientos niños. Valiéndose de un instrumento de medición que destacaba las situaciones potencialmente vergonzosas o causantes de culpa, descubrieron que la propensión a la vergüenza (es decir, la susceptibilidad a esta emoción) en los alumnos de quinto curso de primaria era un fuerte indicador de suspenso escolar, consumo de drogas (incluidas anfetaminas, depresivos, alucinógenos y heroína) e intentos de suicidio en el futuro. Por otro lado, al observar a los niños con propensión a la culpa, comprobaron que sus probabilidades de cursar estudios universitarios y de participar en actividades de servicio comunitario eran superiores. De hecho, estos niños resultaron menos proclives a los intentos de suicidio, al consumo de heroína o a la conducción bajo la influencia del alcohol o las drogas, y comenzaron a mantener relaciones sexuales a una edad más avanzada.

El segundo estudio, llevado a cabo por Dearing, Stuewig y Tangney, se centra en el abuso de sustancias estupefacientes. Los investigadores descubrieron que cuando la propensión a la vergüenza aumenta, el problema del abuso se incrementa también. Además, en el mismo estudio descubrieron que la propensión a la culpa puede producir un efecto protector frente al desarrollo de patrones problemáticos de consumo de alcohol y drogas. Explicaré este estudio más detalladamente en el capítulo 9.

Ya que cada vez aprendemos más sobre los aspectos positivos de la culpa, creo que es importante recordar que sentirse culpable solo produce efectos adaptativos si somos nosotros los responsables de un resultado, acontecimiento o comportamiento específico. Con mucha frecuencia, nuestra sociedad culpa a las mujeres de que no asumen ninguna responsabilidad y las incita a ser responsables de cosas que en realidad no les corresponden. En su libro titulado *Changing Course: Healing from Loss, Abandonment and Fear*, la doctora Claudia Black describe este tipo de culpa como «falsa». Y así lo explica: «Sentirse culpable por los comportamientos y acciones de otras personas es experimentar una "culpa falsa". Asumir la culpa de cosas sobre las que no se tiene ningún control también demuestra "culpa falsa". La vida está repleta de cosas de las que nos responsabilizamos y que, por consiguiente, nos permiten experimentar "culpa falsa"».

Esto no significa que debamos criar niños propensos a la culpa; más que nada, estos descubrimientos aportan una evidencia adicional que pone gravemente en duda el hecho de que la vergüenza pueda generar un buen comportamiento. Creo que todos podemos recordar alguna ocasión de profunda vergüenza en nuestra vida. En lo que a mí respecta, con total sinceridad puedo decir que en esos momentos vergonzosos en los que me he sentido rechazada, indigna y degradada, he estado mucho más cerca de adoptar un comportamiento inadecuado que de elegir esos comportamientos más sanos que *sí* me parecen naturales cuando me siento aceptada y satisfecha conmigo misma.

Comenzar a explorar el concepto de que toda la vergüenza es mala y destructiva nos obliga en realidad a reevaluar cómo utilizamos esta emoción para criar a nuestros hijos, para discutir con nuestra pareja o, a nivel comunitario y social, para castigar. En un mundo que sigue apoyándose en el «¡Deberías avergonzarte!», «¡Qué vergüenza!» y «¿No te da vergüenza?», ha llegado el momento de estudiar la posibilidad de crear una sociedad más segura en la que las personas no queden atrapadas en la vergüenza.

Para ayudarte a reflexionar sobre estos conceptos te invito a comparar las siguientes dos formas de abordar la violencia doméstica. Como soy trabajadora social, este es para mí un tema de gran importancia, al que dedico mucho tiempo y energía para intentar comprenderlo. En el libro de Harriet Lerner titulado *The Dance of Connection*, la autora narra la historia de Ron, un hombre que pega a su esposa, Sharon, en la cara y el estómago, y está obligado a asistir a sesiones de terapia por orden de un juez. La doctora Lerner explica que Ron se resiste a formar parte de un grupo de maltratadores, pero está dispuesto, e incluso le interesa, unirse a un grupo de hombres que tienen dificultades para controlar su ira.

Lerner explica: «Ron se negaba a aceptar que su delito lo definiera como persona. Se podría argumentar que Ron es un maltratador y que ningún lenguaje que suavice u oculte este hecho le hace menos culpable de sus actos, pero es mucho más probable que este hombre acepte su responsabilidad y sienta remordimientos si se visualiza como algo más que un maltratador. Para que la gente reconozca sus actos dañinos y asuma sinceramente su responsabilidad debe erigirse sobre una plataforma de autoestima. Quienes agreden a otras personas solo ven su caso en perspectiva desde un nivel superior. Solo desde esa ventajosa situación consiguen disculparse».

La doctora Lerner continúa explicando que el hecho de que un individuo se niegue a asumir una identidad definida por sus acciones más reprobables es un acto sano de resistencia. Si la identidad de Ron como persona es identificada con sus actos violentos, el hombre no aceptará su responsabilidad ni experimentará sentimientos sinceros de pena y remordimiento, porque podría hacerle sentir indigno. La doctora Lerner concluye la sección de su libro apuntando: «Cuando nuestra identidad queda definida o limitada por nuestro peor comportamiento, no podemos sobrevivir. Todo ser humano debe ser capaz de entender su yo como un ente complejo y multidimensional. Pero cuando no es posible, la persona se envuelve en capas de negación para poder sobrevivir. ¿Cómo vamos a disculparnos por algo que somos, en lugar de por algo que hemos hecho?».

Ahora contrastemos las ideas de Harriet Lerner sobre el maltrato y la necesidad de autoestima con la visión del juez Ted Poe, que en la actualidad es miembro de la Cámara de Representantes de Estados Unidos y ha sido centro de gran atención local y nacional por el «castigo mediante la vergüenza y la humillación» que impone a los criminales. En dos casos diferentes, el juez Poe ordenó a unos hombres que habían atacado a sus esposas que se disculparan públicamente frente a la Corte de Familia de Houston.

Las disculpas fueron presentadas frente a cientos de empleados de la zona a la hora del almuerzo. En un editorial escrito por Poe y publicado por el *Houston Chronicle*, el juez defiende sus acciones de la siguiente manera: «Debemos dejar que quienes maltratan a sus esposas, roban a los vecinos y abusan de niños sientan el aguijón de la intolerancia comunitaria, oigan sus nombres en nuestros labios y paguen el precio a la vista del público. Ellos deberían estar avergonzados, y también nosotros».

Te planteo ahora las siguientes preguntas. Si tu marido te pegara y fuese obligado a disculparse en las escaleras del Ayuntamiento frente a cientos de personas, ¿te gustaría ser esa mujer que le espera en casa después de ese día de vergüenza pública? A partir de lo que sabemos sobre la vergüenza y la manera en que nos afecta, ¿estaremos más seguras con él si está avergonzado o si está intentando reparar la vergüenza? ¿Utilizamos la vergüenza como un castigo porque creemos que operará un cambio real en las personas? ¿O avergonzamos a otros porque nos gusta hacerles sufrir cuando somos presa del miedo, la ira o la crítica?

DESARROLLAR RESILIENCIA A LA VERGÜENZA

Desarrollar resiliencia a la vergüenza —que es la habilidad de acercarnos a la empatía cuando nos enfrentamos a la vergüenza— no es un proceso sencillo. Si lo fuera, la vergüenza no sería una fuerza tan prevalente y destructiva en nuestra vida. Uno de los peores problemas que surgen a la hora de desarrollar resiliencia a la vergüenza es que esta emoción nos impide dar o recibir empatía. La vergüenza se protege a sí misma dificultándonos acceder a su antídoto. Cuando sentimos vergüenza, buscar empatía nos resulta muy peligroso y arriesgado; y cuando estamos avergonzados y alguien se nos acerca, nos cuesta mucho indagar en lo más profundo de nosotros y encontrar algo que no sea miedo, ira y culpabilidad.

Mientras leía las entrevistas que realicé a estas valientes mujeres, mi propósito era identificar las cualidades que les ayudaban a desarrollar resiliencia a la vergüenza. Las que conseguían superar las experiencias vergonzosas ¿tenían algo en común? Las que eran capaces de dar y recibir empatía ¿disponían de información o aptitudes diferentes de las de quienes tenían más dificultades para gestionar su vergüenza?

La respuesta a ambas preguntas es sí. Noté que todas las mujeres que demostraban elevados niveles de resiliencia a la vergüenza compartían los siguientes cuatro elementos:

1 capacidad de reconocer y comprender los desencadenantes de su vergüenza;
2 altos niveles de conciencia crítica sobre su telaraña de vergüenza;
3 voluntad de abrirse a otras personas;
4 habilidad para hablar de la vergüenza.

Por cuestiones de organización, los cuatro elementos aparecen en una disposición lineal (1-4) y los presento en el orden que refleja lo que más oí en las entrevistas. Sin embargo, es importante comprender que en cada persona la situación cambia. Algunas mujeres comienzan por el cuarto elemento, el de hablar. Otras, por el segundo o el tercero. Tú eres quien mejor se conoce, así que analiza la información de este libro en el contexto de tu propia vida y experiencias, y empieza a desarrollar la resiliencia a la vergüenza o a practicar la empatía en las áreas en las que te encuentres más a gusto. El éxito en ese terreno seguramente te aportará confianza para comenzar a trabajar en los ámbitos que consideras más difíciles.

En los capítulos que describen los cuatro elementos de la resiliencia a la vergüenza he incluido además algunos ejercicios escritos. Los he probado en miles de mujeres, y la mayoría los consideran sumamente útiles para comenzar el proceso. Si lo deseas, puedes hacerlos e incluirlos en tu propio diario, o bien leerlos solamente y reflexionar sobre ellos. Si visitas mi página web (www.brenebrown.com), puedes descargarte los ejercicios preformateados.

Muchas personas me han contado que practican los ejercicios con amigos, con hermanos o en grupo, y he hablado asimismo con un gran número de mujeres que los leen como parte de su terapia grupal. En realidad, creo que afrontar el proceso con otras personas es una de las formas más eficaces de desarrollar resiliencia a la vergüenza. La vergüenza surge entre personas y desaparece también entre personas. Por eso es importante que mantengas un cierto nivel de confianza y seguridad en tu relación para que te sientas segura mientras exploras estas ideas.

También creo que escribir, leer y reflexionar sobre lo que pensamos resulta sumamente eficaz. Todos los ejercicios fueron desarrollados pensando en la escritura. Pero, repito, puedes leerlos simplemente y reflexionar sobre ellos, o bien escribirlos todos: de lo que se trata aquí es de que encuentres un método que te resulte útil.

TRES

El primer elemento: reconocer la vergüenza y entender cuáles son sus desencadenantes

S I NUESTRO OBJETIVO ES DESARROLLAR resiliencia a la vergüenza, tenemos que empezar por reconocer e identificar esta emoción. Como la vergüenza nos inunda de sentimientos intensos como el miedo y la culpa, solemos no reconocer lo que está sucediendo hasta que ya hemos reaccionado de una forma que nos aleja de nuestra autenticidad y, en algunos casos, exacerba nuestra vergüenza.

Por ejemplo, la madre a la que rechazaron la tarjeta de crédito estaba abrumada por la vergüenza y lo pagó con su hijo, que no dejaba de llorar. Casi todas las mujeres que tenemos hijos conocemos este fenómeno. Se produce en una décima de segundo. El objetivo es aprender a reconocer rápidamente en qué momento estamos experimentando vergüenza, para evitar descargarnos en quienes nos rodean. O si sucede, como en este ejemplo, que ya hemos gritado a nuestro hijo, tenemos que aprender a dejar de hacerlo de inmediato, calmarnos, respirar hondo y corregir la situación.

Paradójicamente, nuestro cuerpo suele reaccionar a la vergüenza antes que nuestra mente consciente. A todo el mundo le extraña que yo le pregunte dónde y cómo siente la vergüenza físicamente, pero es que en la mayoría de nosotros la vergüenza se manifiesta como una sensación tanto física como emocional. Por eso siempre aludo a la vergüenza como a una emoción de «completa implicación». Las mujeres de mi estudio han descrito varias reacciones físicas a la vergüenza, como por ejemplo tensión en el estómago, náuseas, temblores, oleadas de calor en el rostro y el pecho, muecas de dolor y sensación de insignificancia. Lo importante de reconocer nuestras respuestas físicas es que a veces nos permite limitar la impotencia que nos abruma cuando estamos avergonzadas.

En el inicio de este proyecto de investigación, yo no era consciente de mis propias respuestas físicas a la vergüenza. Solo comencé a investigarlas después de haber entrevistado a las primeras cincuenta mujeres. A esas alturas de la investigación, me quedó completamente claro que quienes mostraban elevados niveles de resiliencia a la vergüenza reconocían y podían describir sus reacciones físicas frente a esta emoción. Una de las mujeres me contó: «Se me seca muchísimo la boca y me parece que no puedo tragar. Intento reconocerla y ponerle nombre de inmediato». Y cuando le pregunté de qué manera lo hacía, me respondió que murmuraba: «Dolor, dolor, dolor, dolor, dolor, dolor». Y me explicó además que, una vez que consigue reconocer lo que está sucediendo, toma mejores decisiones en cuanto a la mejor manera de afrontar la vergüenza.

La verdad es que todo aquello me pareció un poco extraño… hasta que lo probé. Dudo que funcione para todo el mundo, pero creo que demuestra magníficamente que reconocer un indicio físico de la vergüenza incrementa nuestra oportunidad de asumirla y de reaccionar a ella de forma consciente.

Las preguntas que aparecen a continuación tienen el objetivo de ayudarnos a reconocer nuestra reacción física a la vergüenza. Dedica un tiempo a pensar en ellas o a responderlas en papel. Algunas te resultarán de utilidad y probablemente otras no.

Siento físicamente la vergüenza en mi ....
Me provoca ....
Sé que estoy avergonzada cuando siento ....
Si pudiese saborear la vergüenza, me sabría a ....
Si pudiese oler la vergüenza, la percibiría como ....
Si pudiese tocar la vergüenza, la sentiría como ....

El reconocimiento de la vergüenza es una importante herramienta para la recuperación del poder personal. Yo, por ejemplo, sé que necesito estar sola durante al menos quince o veinte minutos cuando me siento avergonzada. Ahora que reconozco los síntomas físicos, suelo tomarlos como pie para una rápida salida, y una vez a solas experimento mis sentimientos en privado. Puedo llorar o respirar profundamente. La mayoría de las mujeres a las que entrevisté hablaron de la importancia de estar solas durante unos minutos para poder «recomponerse» o «analizar lo que sentían». Algunas incluso me dijeron que les gustaba salir a correr, a dar un paseo o simplemente disfrutar del aire libre.

Cuando sabemos de qué manera se manifiesta la vergüenza, disponemos de una importante herramienta de resiliencia. Con frecuencia nos sentimos avergonzadas antes incluso de pensar en lo que nos pasa, así que reconocer nuestra vergüenza nos ayuda a encontrar un espacio para procesar la experiencia y alcanzar cierta claridad antes de expresarnos o cerrarnos. El siguiente paso en el análisis de nuestras experiencias es la comprensión de los desencadenantes de la vergüenza.

DESENCADENANTES DE LA VERGÜENZA

Cuando comencé la investigación, uno de mis objetivos fue desarrollar una lista de desencadenantes de la vergüenza. Mi pensamiento era bastante simple: si sabíamos qué temas desataban esa emoción, podíamos estar alerta y, aunque no lográramos evitarlos del todo, al menos podríamos tomar más conciencia de que corríamos el riesgo de sentir vergüenza. Por supuesto, no me llevó mucho darme cuenta de que la vergüenza es una experiencia sumamente individualizada y no existen desencadenantes universales. Junto con otros investigadores, descubrí que las cuestiones y experiencias que desatan la vergüenza parecen ser tan individuales y diferentes como las mujeres mismas, sus relaciones y sus culturas. También entendí que afrontamos la vergüenza a diario, y que por mucho que podamos reconocer nuestros desencadenantes, no podemos evitarla.

Sin embargo, mientras hablaba con las mujeres durante las entrevistas, noté que surgía un patrón muy preciso: *quienes muestran elevados niveles de resiliencia a la vergüenza reconocen esta emoción y comprenden los factores que la desencadenan*. En efecto, cuando las mujeres con una gran resiliencia hablaban de la vergüenza, sin lugar a dudas sabían lo que la desencadenaba y por qué algunas cuestiones la exacerbaban más que otras.

Reconocer y entender nuestros desencadenantes no es algo que sepamos hacer de manera instintiva. Es un proceso. La historia de Sylvia es un excelente ejemplo de este primer elemento de la resiliencia en acción.

Sylvia, una mujer de poco más de treinta años que se dedicaba a planificar eventos, se zambulló en nuestra entrevista diciendo: «Ojalá me hubieses entrevistado hace seis meses. Yo era una persona diferente. No podía librarme de la vergüenza, que me tenía atrapada». Cuando le pregunté a qué se refería, me explicó que había oído hablar de mi investigación a través de una amiga suya y se había presentado voluntaria a las entrevistas porque sentía que su vida había cambiado por culpa de la vergüenza. Poco tiempo antes había hecho un importante descubrimiento al encontrar su nombre en la «lista de perdedores» de su trabajo.

Al parecer, después de dos años que su jefe había descrito

como de trabajo «destacable, ganador», Sylvia había cometido su primer gran error. Y la equivocación había costado a la agencia un cliente importante. La respuesta de su jefe fue entonces incluirla en la «lista de perdedores», y esto fue lo que la mujer sintió: «De un minuto a otro pasé de formar parte de los ganadores a ocupar el primer puesto de la lista de perdedores». Supongo que debo de haber hecho una mueca al oír lo de la «lista de perdedores», porque sin que yo hiciera ningún comentario, Sylvia añadió: «Lo sé, es terrible. Mi jefe tiene dos pizarras blancas fuera de su despacho: una es para la lista de ganadores y la otra para la de perdedores». Luego me confesó que durante semanas no pudo trabajar bien; había perdido la confianza en sí misma y empezaba a faltar al trabajo. La vergüenza, la ansiedad y el miedo se habían apoderado de ella.

Entonces, una tarde, mientras Sylvia hablaba con su hermana por teléfono sobre la pizarra de los «perdedores», todo empezó a tener sentido para ella. Ambas habían sido atletas muy competitivas en el instituto. A ella, de hecho, le habían ofrecido una beca, pero la había rechazado. Mientras charlaban, su hermana le recordó que el padre de ambas usaba siempre la palabra *perdedor* en frases como «A nadie le gustan los perdedores» o «Los perdedores nunca cambian». Además, el hombre solía pegar las marcas de velocidad de sus hijas en la puerta de la nevera con notitas que ponían cosas como «¡Sé una ganadora!».

Sylvia continuó: «Colgué el teléfono, me puse a llorar y empecé a escribir mi *curriculum vitae*. Me di cuenta de que ya no podía continuar trabajando allí. No es solo la palabra *perdedor* lo que me avergüenza, sino la idea de creer que eres buena o mala. No puedes ser buena y tener un mal día, o tomar decisiones equivocadas. No puedes ser una buena corredora y hacer una mala carrera. Me resulta embarazoso, o creo que en realidad me avergüenza, haber sido así. Yo me reía de las personas que aparecían en la lista de perdedores... hasta que pasé a formar parte de ella. Me reía de los perdedores, al igual que se reían mi padre y mi jefe. Me arrepentí de no haber competido en la universidad; podría haber ido a una mejor gracias a la beca. Pero ahora sé que no lo hice porque no siempre habría sido una ganadora con ese nivel de competitividad tan exigente. Ahora me da miedo no ser perfecta, y mi hermana todavía está luchando por superar un trastorno alimentario. Así de malo era ser una perdedora en mi familia». Sylvia, más adelante, me contó que ella y su hermana hicieron el pacto de llamarse por teléfono cada vez que sintieran lo que ellas llamaban «la vergüenza de la perdedora».

¿Significa esto que Sylvia ya no está expuesta a sentir vergüenza por fracasar o ser considerada una perdedora? Absolutamente no. Ningún nivel de resiliencia a la vergüenza nos dota de inmunidad. Lo que significa es que Sylvia será mucho más consciente de sus sentimientos cuando algo así vuelva a pasarle. Este proceso le aportará mejores herramientas para dar un paso atrás y pensar en lo sucedido y las razones que lo provocaron. Y entonces podrá comenzar a salir de dicha situación… de forma constructiva.

Identidades indeseadas

Para iniciar el proceso de reconocimiento de nuestros desencadenantes de la vergüenza tenemos que analizar el concepto de las *identidades indeseadas*. En el curso de las entrevistas surgieron doce categorías o áreas en las que las mujeres tienen más vergüenza. Estas categorías son: el aspecto físico y la imagen corporal, la maternidad, la familia, la crianza de los hijos, el dinero y el trabajo, la salud mental y física, el sexo, el envejecimiento, la religión, los estereotipos y las «etiquetas», la expresión de las propias opiniones y la capacidad de superar acontecimientos traumáticos.

Lo que nos expone a sentir vergüenza en estas áreas son las «identidades indeseadas» asociadas a cada uno de estos temas. Por ejemplo, muchas mujeres recurren a adjetivos como *bocazas* y *prepotente* para describir la identidad indeseada asociada a la expresión. Estas identidades indeseadas específicas salieron a la superficie durante las entrevistas mientras las participantes describían la dificultad de asimilar todos esos mensajes y estereotipos que las disuaden de tomar una postura poco popular sobre un tema o de expresar opiniones que a otras personas podrían incomodarlas.

Los investigadores Tamara Ferguson, Heidi Eyre y Michael Ashbaker argumentan que la «identidad indeseada» es el desencadenante de la vergüenza por excelencia, y explican que las identidades indeseadas son características que socavan la forma en que vemos nuestro «yo» ideal. A veces percibimos que son los demás quienes nos asignan esas identidades, pero en otras ocasiones nos las asignamos nosotras solas. Yo, por ejemplo, no creo que ninguna de nosotras se describa a sí misma como una bocazas prepotente, ni que quiera ser retratada en esos términos. Estereotipos tan dolorosos suelen ser utilizados (con éxito, debo añadir) para silenciar a las mujeres. Y lo peor es que ni siquiera tenemos que ser bocazas o escandalosas para temer estas descripciones: la sociedad nos las ha impuesto.

¿Y de dónde provienen entonces las identidades indeseadas? Los mensajes y estereotipos más poderosos son aquellos que hemos aprendido de nuestra familia de origen. El término *familia de origen* define a la familia en la que nos criamos. En mis entrevistas tanto con hombres como con mujeres, resultó obvio que muchas de las «identidades indeseadas» que nos hacen sentir vergüenza nacen de los mensajes que oímos mientras crecíamos y de los estereotipos que nuestros padres o cuidadores inmediatos nos enseñaron. En algunos casos, nuestros maestros, algunos miembros del clero y otros adultos importantes de nuestra vida pueden habernos ayudado a formar nuestro pensamiento; sin embargo, los padres y los cuidadores son, con mucho, las figuras más influyentes. Me aventuraría a decir que, en lo relativo a las doce categorías de la vergüenza, toda familia tiene identidades que valoran y también identidades indeseadas que son consideradas vergonzosas, inaceptables o indignas.

Por ejemplo, en mi familia, estar «enfermo» era una identidad indeseada. En realidad nunca hablábamos de enfermedades. Jamás oí a mis padres decir nada negativo sobre las enfermedades ni los problemas de salud; sin embargo, crecí creyendo que la enfermedad era sinónimo de debilidad. Curiosamente, mis padres no nos avergonzaban por «estar enfermos», y se mostraban empáticos y colaboradores con los vecinos o familiares que sí sufrían alguna dolencia. Pero eran muy duros consigo mismos cuando enfermaban, algo que, por otra parte, sucedía con muy poca frecuencia. Si estaban malos, lo aguantaban estoicamente. No reducían su ritmo. Si tenían que operarse, casi de inmediato volvían a llevar a los niños al colegio o se reincorporaban al trabajo sin demora.

Así que, si combinas este tipo de educación con una cultura que desprecia a los enfermos, entenderás que estar mala se convirtió en una poderosa identidad indeseada para mí. Pero nunca me supuso ningún problema… hasta que enfermé gravemente durante un embarazo. No solo enfermé, sino que me diagnosticaron hiperémesis gravídica, un trastorno gestacional caracterizado por la presencia de náuseas, vómitos y deshidratación extrema. Así que ahí estaba yo, vomitando veinticinco veces al día, incapaz de retener ni siquiera virutas de hielo, hospitalizada por deshidratación grave y dedicando la mínima energía de la que disponía para averiguar si alguna de las habitaciones del hospital tenía conexión a Internet o si tal vez Steve podía grabarme en vídeo dando clase desde la cama para que el decano no tuviera que designar a otro profesor que se hiciera cargo de mi clase.

Cuando hablaba con Steve, no dejaba de repetir: «Esto no puede estar pasando. Soy fuerte. Yo no enfermo». Por fin, presa de la frustración, me cogió la cara con las manos y dijo: «Bueno, al parecer sí enfermas. Y ahora mismo no eres tan fuerte. Eres humana, como el resto de nosotros. Así que tienes que aceptarlo: no vas a volver a trabajar hasta dentro de un par de meses. Esto es grave. Y ahora mismo tienes que aplicarte algunas de tus propias medicinas para la vergüenza».

Cuesta mucho deshacerse de los mensajes familiares, que a veces son de lo más insidiosos. Los mensajes forman parte del entramado de la familia a la que pertenecemos, y hasta que reconocemos y entendemos por qué y cómo influyen sobre nosotros, simplemente los respetamos e incluso los transmitimos a la siguiente generación. No creo que mis padres conscientemente introdujeran los mensajes sobre la enfermedad y la debilidad en nuestra familia. De hecho, a medida que pasan los años consigo mirar atrás con mayor claridad y perspectiva. Estoy segura de que ellos también eran prisioneros de este mensaje. Los dos fueron criados en familias donde las ideas de resistencia y debilidad parecían codificadas en sus genes. Creo, en todo caso, que nos las transmitieron sin darse cuenta.

He tenido que esforzarme mucho para romper el ciclo con mis hijos. Y como demuestran mis experiencias, caer enferma no tiene nada que ver con lo que pueda decir ni con la forma en que pueda tratar a los demás. Cuando me siento mal tengo que vigilar lo que hago y la manera en que me trato a mí misma. Estar casada con un médico muy compasivo me ayuda mucho; él siempre me recuerda que «ser fuerte» tiene en realidad más que ver con tener suerte, porque cuando aparece una enfermedad, la «dureza» no vale para nada. Todos somos vulnerables.

Claro que las familias no actúan en el vacío. Al igual que los individuos, reciben la influencia de la cultura y de la historia. Deidre, una mujer de alrededor de sesenta años a la que entrevisté, me contó que durante años su madre le había hecho pasar vergüenza por cuestiones relacionadas con el dinero y el «comportamiento indulgente». Deidre me explicó que su casa era bonita, aunque no «desmesurada», pero que aun así, cada vez que su madre la visitaba, recorría la casa cogiendo distintos objetos y exclamando: «¡Pero mira este sitio! ¿Quién te crees que eres? ¿La reina de Saba? Lo único que haces es gastar, gastar y gastar. Tienes unos hijos malcriados y vives como si no hubiera un mañana. No puedo creer que seas mi hija». La madre de Deidre había crecido en los años de la Depresión y para ella cualquier posesión material que no fuese de primera necesidad resultaba extravagante, un derroche. Y tanto la extravagancia como el derroche eran importantes identidades indeseadas con las que solía avergonzar a su hija.

Además de los mensajes y estereotipos transmitidos por nuestras familias de origen, también vivimos en un mundo con parejas, colegas, amigos y miembros de nuestra comunidad, en el que la televisión y las revistas no hacen más que marcar expectativas y definir lo que es aceptable y lo que no. No quiero pasar por alto el importante papel que todos estos factores desempeñan en nuestra vida; sin embargo, en mi investigación resultó dolorosamente claro que las heridas vergonzosas infligidas en nuestras primeras familias suelen preparar el camino para nuestros mayores problemas con la vergüenza.

En muchas ocasiones me han preguntado si creo que solo es posible experimentar vergüenza en áreas en las que nuestros padres o cuidadores nos han avergonzado durante la infancia, pero en mi opinión no es así. Estoy convencida de que todos somos muy vulnerables a los desencadenantes de la vergüenza desarrollados en nuestra familia de origen, pero, tal como me han demostrado mis entrevistas, muchas personas sienten también vergüenza por cuestiones originadas en otros ámbitos, concretamente en los mensajes y los estereotipos culturales. Resulta particularmente obvio en las mujeres y los hombres de menos de cuarenta años: para muchos miembros de ese grupo, los medios se han convertido en sus principales narradores de historias. Además de sus familias, es la televisión la que está estableciendo sus expectativas y definiendo sus identidades indeseadas.

LA FUERZA DE LA VULNERABILIDAD

Cuando comencé a escribir sobre la vergüenza, al referirme a este elemento de la resiliencia hablé de «reconocimiento de nuestra vulnerabilidad» en lugar de «comprensión de nuestros desencadenantes de la vergüenza». Pero después cambié por un par de razones. Primero, porque en los últimos dos años he recibido cientos de cartas y correos electrónicos de personas que están poniendo en práctica las estrategias para desarrollar resiliencia a la vergüenza que detallo en este libro. En la gran mayoría de esas cartas, la gente habla del poder de «descubrir los desencadenantes de la vergüenza», lo que me lleva a creer que, en muchos sentidos, el término *desencadenantes de la vergüenza* parece más real que el término *reconocimiento de la vulnerabilidad*. Segundo, porque creo que la gente todavía lucha contra el término *vulnerabilidad*. Equiparamos la vulnerabilidad con la debilidad y, en nuestra cultura, pocas cosas aborrecemos más que lo débil.

Al margen de las palabras que elijamos, reconocer y comprender nuestros desencadenantes es esencialmente lo mismo que reconocer y comprender nuestras vulnerabilidades, lo que a su vez se convierte en una fuente de fortaleza. La vulnerabilidad no es debilidad. A veces tememos que reconocer que algo existe acabará empeorándolo. Por ejemplo, si reconozco que ser considerada una buena madre me parece realmente importante y acepto el hecho de que la maternidad es para mí un tema en el que me siento vulnerable, ¿crecerá mi vergüenza en relación con este tema? No. Las cosas no funcionan así en absoluto. Cuando una experiencia nos avergüenza, solemos percibir una abrumadora combinación de confusión, miedo y temor a ser juzgadas. Si sucede en un área en la que sabemos que somos vulnerables, es mucho más probable que ese combinado de confusión, miedo y temor al juicio de los demás nos haga captar de forma instintiva lo que sentimos y lo que necesitamos hacer para encontrar apoyo.

Una vez más, mi historia sobre el robo de las galletas se convierte en un ejemplo claro. Quiero ser una buena madre y quiero ser considerada una buena madre. Así que cuando alguien me dice algo, o cuando hago o siento algo que amenaza mi condición de «buena madre», mi vergüenza se desencadena. No me sorprende acabar abrumada por la vergüenza en relación a este tema. Sin embargo, aunque siga sintiendo dolor, confusión, miedo y temor a ser juzgada, ahora dispongo de suficiente información como para reaccionar un poco más rápido de lo que reaccionaría si estuviese moviéndome en un área de vulnerabilidad no reconocida, es decir, si no supiese que la maternidad es para mí un desencadenante de la vergüenza.

Cuando experimentamos vergüenza solemos sentirnos confundidas, atemorizadas y juzgadas, todo lo cual nos dificulta en gran medida tomar conciencia de nuestra situación y evaluar nuestras decisiones. Quedamos sumergidas en la niebla. Así es como la vergüenza nos hace sentir impotentes. Después de mi conversación con la maestra de Ellen, supe que tenía que hablar con alguien de mi red de conexión, aunque de todas maneras me resultó muy difícil hacer esa llamada. A continuación transcribo las palabras con que cuatro mujeres describieron la importancia de reconocer sus desencadenantes o sus vulnerabilidades:

- Solo veo a mi terapeuta tres o cuatro veces al año, que coinciden con las visitas que hago a mis padres. Sé que ellos me quieren, pero también sé que utilizan la vergüenza y me juzgan por ser gorda y soltera. Preparo los viajes para toda la familia, pero después tengo que ver al terapeuta.
- Si algo he aprendido es que nunca debo hablar de dinero en presencia de mi suegra. Si empieza a preocuparse por mí y mi marido, de inmediato nos culpa por comprar demasiado. Me llevó varios años entenderlo, pero la diferencia es abismal: ya no discutimos y yo he dejado de evitarla como la peste.
- Durante el segundo año en que sufrí problemas de fertilidad, acepté por fin el hecho de que no podía ir a esas «fiestas del bebé» que se celebran antes del nacimiento. Lo peor del caso es que cuando tienes alrededor de treinta años parece que la gente celebrara una de esas reuniones cada fin de semana. Yo notaba que si asistía me ponía en ridículo. Hablaba de lo genial que era disponer de libertad y flexibilidad por no tener hijos, o hacía preguntas estúpidas sobre los horrores del parto. La única persona que sabía que yo estaba intentando quedar embarazada era mi mejor amiga. Después de una fiesta particularmente triste, me habló a la cara. Me dijo que estaba actuando «con maldad, algo que no era propio de mí», y me preguntó si todo aquello tenía que ver con mis problemas de fertilidad. Cuando me di cuenta de que así era, sufrí una fuerte crisis nerviosa. Ella me ayudó a salir, y también a entender que era muy adecuado para mí evitar las fiestas prenatales.
- Unos años después de que mi marido muriera, comencé a salir con un hombre de nuestro club de dominó. Unos seis meses después de que comenzáramos a pasar bastante tiempo juntos, pregunté a mi hija si podía hablar con ella sobre sexo. No buscaba una conversación sobre «cómo vie-

nen los niños al mundo»; era evidente que el hecho de que ella existiera demostraba que yo sabía cómo funcionaban las cosas. Como ella es profesora de salud en una escuela secundaria, yo le había oído hablar del sida. Y la cuestión era que mi amigo había recibido una transfusión de sangre hacía algunos años y yo quería conocer cuáles eran los riesgos a los que me exponía. Cuando me senté con ella y empecé a explicarle mis dudas, me dijo: «¡Debes de estar de broma, mamá! ¡Qué desagradable! No quiero que volvamos a hablar de esto». Me sentí completamente mortificada. «¿A qué te refieres con desagradable?» Y entonces me respondió que yo estaba siendo desagradable por pensar en mantener relaciones sexuales con alguien a mi edad. Hasta ese minuto no había reflexionado mucho sobre el tema; pensaba que era natural. Y también creía que era bueno hacer las preguntas adecuadas. Por eso, cuando ella me soltó todo aquello, cuando me llamó desagradable, me pareció denigrante. Perdí completamente la seguridad; podríamos decir que viví una regresión. Llegué a plantearme: «¿Pero qué estoy pensando, qué estoy haciendo?». Sin embargo, sé que mi hija realmente puede sacarme de quicio; suele hacerse la puritana, igual que su padre. Afortunadamente tengo muchas buenas amigas, así que les conté lo que me pasaba y ellas me ayudaron a ordenar mi cabeza. Seguí adelante con mis planes, pero a mi hija la mantengo al margen. Podría decirse que seguimos la política del «ojos que no ven, corazón que no siente».

Cuando reconocemos nuestras vulnerabilidades no solo crece la resiliencia a la vergüenza. Muchos otros estudios de campo, incluida la psicología de la salud y la psicología social, han generado evidencia sumamente convincente sobre lo importante que resulta reconocer las vulnerabilidades. En el área de la psicología de la salud, varios estudios demuestran que la vulnerabilidad percibida, es decir, la habilidad para reconocer que estamos en situación de riesgo, incrementa en gran medida nuestras posibilidades de seguir algún régimen positivo de salud. Te pongo un ejemplo: podemos saberlo todo sobre una enfermedad; podemos responder a la perfección un cuestionario de cien preguntas y podemos conocer a personas que padezcan esa dolencia; sin embargo, si no creemos que somos vulnerables a sufrirla, no haremos nada por evitar su aparición. Los investigadores del campo de la psicología de la salud han determinado que para conseguir que los pacientes cumplan con las rutinas preventivas deben trabajar sobre su vulnerabilidad percibida. Y tal como sucede con la resiliencia a la vergüenza, la cuestión esencial no tiene que ver con nuestro nivel de vulnerabilidad, sino con el grado en que reconocemos nuestras vulnerabilidades.

Desde la perspectiva de la psicología social, un grupo de investigadores especializados en la influencia y la persuasión han estudiado la vulnerabilidad personal. Se trata de profesionales que se dedican a analizar la influencia y la capacidad de persuasión de la publicidad y el marketing sobre el público. En una muy interesante serie de estudios se descubrió que los participantes que no se creían susceptibles o vulnerables a la publicidad engañosa eran, de hecho, los más vulnerables. Los investigadores explican: «Lejos de convertirse en un escudo eficaz, la ilusión de la invulnerabilidad socava la respuesta que habría podido aportar una protección genuina».

Una vez más, se trata de un concepto muy contraintuitivo, porque desafía todo lo que creemos sobre la vulnerabilidad. Judith Jordan, teórica de las relaciones y la cultura del Stone Center de la Universidad Wellesley, señala otra dificultad a la hora de reconocer la vulnerabilidad personal. En sus palabras: «Reconocer la vulnerabilidad es posible únicamente si sentimos que podemos buscar ayuda. Y para hacerlo debemos percibir ciertas aptitudes en nuestras relaciones». Esto quiere decir que la probabilidad de que encontremos la claridad y el valor para reconocer nuestras vulnerabilidades personales depende de nuestra capacidad para darlas a conocer y hablar de ellas con alguien en quien confiemos y con quien nos sintamos a salvo.

Si no tenemos en quien confiar en la vida o aún no hemos construido ese tipo de relaciones, debemos salir de nuestra red de conexiones, formada por amigos y familiares, y buscar ayuda profesional. Los terapeutas y asesores dedican gran parte de su práctica profesional a ayudar a las personas a identificar y comprender sus vulnerabilidades, y como resultado suelen ser capaces de incentivar a sus clientes a construir o identificar relaciones que puedan actuar como redes de conexión.

Para que podamos comenzar a reconocer y entender acertadamente nuestros desencadenantes de la vergüenza, primero tenemos que aceptar que asumir nuestras vulnerabilidades es un acto de coraje. Debemos estar muy atentas para no caer en el error de interpretar nuestras vulnerabilidades como signos de debilidad. Yo tengo mucha suerte en esta difícil cuestión, porque mi madre me dio una tremenda lección sobre la vulnerabilidad y el coraje. A finales de los años ochenta, el único hermano de mi madre, mi tío Ronnie, fue asesinado en un violento tiroteo. Y unos meses después de su muerte, mi abuela básicamente se desconectó desde el punto de vista mental y emocional. Tras haber sido alcohólica durante la mayor parte de su vida, no contaba con los recursos emocionales que necesitaba para superar una pérdida tan traumática como aquella, y durante semanas deambuló por el barrio, preguntando una y otra vez a personas que elegía al azar si se habían enterado de la muerte de su hijo.

Un día, inmediatamente después de una misa en memoria de mi tío, mi madre se desmoronó por completo. Yo la había visto llorar una o dos veces, pero desde luego nunca la había visto llorar sin control. Como mis hermanas y yo teníamos miedo, también empezamos a sollozar, sobre todo porque nos asustaba verla así, hasta que en un momento confesé a mi madre que no sabíamos qué hacer, porque jamás la habíamos visto «tan débil». Ella entonces nos miró y nos dijo con voz cariñosa pero contundente: «No soy débil. Soy más fuerte de lo que podéis imaginar, solo que ahora me encuentro muy vulnerable. Si fuese débil, estaría muerta». En esa milésima de segundo supe que mi madre era probablemente la mujer más fuerte y valiente que habría de conocer jamás. En aquel momento ella hizo mucho más que permitirnos usar la palabra *vulnerable:* nos enseñó que reconocer nuestra vulnerabilidad es un verdadero acto de coraje, de coraje corriente.

Las preguntas sobre los desencadenantes de la vergüenza

¿De qué manera comenzamos a reconocer nuestros desencadenantes de la vergüenza? ¿Qué necesitamos hacer para empezar a asumir nuestras vulnerabilidades? Creo que empezamos por analizar cada una de las categorías de la vergüenza para luego tratar de desenterrar las identidades indeseadas que nos avergüenzan. Al entrevistar tanto a hombres como a mujeres, una y otra vez surgieron las mismas frases, esas que he oído incesantemente, como «No quiero que me consideren...» y «No quiero que la gente piense que soy...». Por supuesto, aparecieron muchas variantes, como: «Me moriría si la gente pensara que soy...» o «No podría soportar que la gente creyera que soy...».

Tal como indican todas estas expresiones, la vergüenza tiene que ver con la percepción. La vergüenza es cómo nos vemos a nosotros mismos a través de los ojos de los demás. Cuando entrevisté a las mujeres acerca de sus experiencias con la vergüenza, la cuestión siempre tenía que ver con «cómo me ven los demás» o «qué piensan los otros». Y con frecuencia existe incluso una desconexión entre quiénes queremos ser y cómo queremos que nos vean. Por ejemplo, una mujer de unos setenta años me confesó: «Me siento bien cuando estoy sola. Sé que estoy cambiando. Sé que las cosas están yendo más lentas y nada es como era. Y no puedo soportar la idea de que los demás lo noten y me desprecien como persona. Es vergonzoso que te desprecien».

Otro buen ejemplo es la imagen corporal. Podríamos situarnos frente al espejo, desnudas, y opinar: «Bueno, no es perfecto pero está bien». Sin embargo, en cuanto pensamos que alguien podría estar viéndonos —en particular alguna persona crítica— percibimos la cálida oleada de la vergüenza. Incluso aunque estemos completamente solas, corremos a cubrirnos. Y una vez que estamos cubiertas, luchamos por alejar de nuestra cabeza la idea de «quedar expuestas». Eso es la vergüenza.

Para empezar a reconocer algunos de nuestros desencadenantes, echemos un vistazo a las técnicas que aplico en mis talleres. El primer ejercicio consiste en completar las siguientes afirmaciones por separado, en relación con cada una de las categorías de la vergüenza:

Quiero que me vean como _____, _____, _____, y _____.

NO quiero que me vean como _____, _____, _____, ni _____.

Como ves, se trata de afirmaciones bastante simples; sin embargo, cuando comienzas a pensar en ellas en función de las doce categorías de la vergüenza, se convierten en una forma muy inquisitiva y poderosa de iniciar el proceso. De todas formas, es importante recordar que solo se trata de un primer paso. Como he explicado a lo largo del libro, las respuestas fáciles y los arreglos rápidos no existen.

El siguiente paso consiste en intentar descubrir el origen de esos desencadenantes. Cuando las mujeres que participaron en la investigación hablaban de sus desencadenantes de la vergüenza, conseguían expresar y comprender cómo y por qué aparecían estos factores en su vida. La historia de Sylvia es un buen ejemplo; para ella, la dinámica ganador/perdedor es un desencadenante de la vergüenza, y el origen de este desencadenante se remonta a la enorme presión a la que la sometía su padre cuando era una atleta competitiva.

Si analizamos nuestras identidades indeseadas, hay tres preguntas que pueden ayudarnos a descubrir sus orígenes:

1 ¿Qué significan esas percepciones para nosotros?
2 ¿Por qué son tan indeseadas?
3 ¿De dónde provienen los mensajes que alimentan esas identidades?

Cuando hablamos de vergüenza, la comprensión del concepto es un requisito fundamental para el cambio. No podemos tomar la decisión consciente de modificar nuestro comportamiento si primero no tomamos conciencia de lo que estamos pensando y de por qué lo hacemos. Antes de que comprendiera el origen de su vergüenza, Sylvia en realidad se valía del marco «ganador/perdedor» para avergonzar a los demás. Cambiar ese comportamiento le supuso reconocer el poder que este ejercía sobre su propia vida y comprender el origen de dicho poder.

En la introducción conocimos a Susan, Kayla, Theresa y Sondra. Echemos ahora un vistazo a los desencadenantes de la vergüenza que ellas describen y el papel que desempeñaban esas identidades indeseadas en sus experiencias.

- Susan estaba considerando la idea de volver a trabajar, hasta que tuvo una conversación con su hermana que le hizo sentir vergüenza. En este ejercicio, Susan se centró en percepciones relacionadas con la maternidad. Escribió: «Quiero que me vean como una mujer dedicada a su hijo, que antepone la maternidad a cualquier otra cosa; una mujer segura y agradable. No quiero que me vean como una mujer egoísta, demasiado ambiciosa, insensible o nerviosa». Susan me contó que, después de pasar algún tiempo leyendo lo que había escrito, no se sorprendió lo más mínimo de que el comentario de su hermana le hubiese provocado vergüenza: «Ella pintó una imagen de mí que apuntaba directamente a mis peores temores. Mis padres no creen que las madres deban trabajar; de hecho, ellos atribuyen los problemas mundiales al desmoronamiento de la familia tradicional. Supongo que ahora mi hermana ha adoptado esa misma postura. Si combinas las ideas de mi familia con toda esta mentalidad "madres trabajadoras contra madres que se quedan en casa", pues no hay más que hablar».

- Después de confiar a su jefa que se dedicaría a cuidar de su padre, Kayla recibió muchas críticas en su trabajo por estar siempre inmersa en algún «drama familiar». Y esto es lo que escribió sobre cómo le gustaría que la viesen en el trabajo: «Quiero que me vean como una mujer competente, fuerte, fiable, centrada y comprometida. No quiero que me vean como una persona dispersa, indigna de confianza, demasiado emotiva, histérica o excéntrica». Mientras estudiaba lo que había escrito, llegó a una importante conclusión, que expresó de la siguiente manera: «Cuando pienso en las personas con las que he trabajado, que normalmente son muy profesionales pero en ocasiones parecen dispersas y se muestran emotivas en el trabajo, las critico duramente. Nunca me he molestado en descubrir qué les sucede ni por qué lo están pasando mal. Mi actitud siempre ha sido: "Venga, deja tus problemas personales al otro lado de la puerta. Aquí tenemos mucho trabajo". No tengo muy claro de dónde vienen estos mensajes; creo que de todos lados. A nadie le gustan los vagos ni tampoco esas personas que llevan sus cuestiones personales al trabajo. Tanto mi padre como mi madre se dedicaban al negocio de los periódicos, así que en casa esa era la prioridad. Tampoco les gustaban las personas abiertamente emotivas. Pienso también que el entorno laboral es muy competitivo; las mujeres tenemos que esforzarnos el doble. Nancy, mi jefa, es la peor. Sobrevive en nuestra agencia atacando a las mujeres que trasladan sus cuestiones familiares al trabajo. Sus métodos de desprecio favoritos son llamarte «reina del drama» o decirte «No te pongas tan histérica».

- La idea de Theresa de conseguir el cuerpo perfecto, la casa perfecta y la familia perfecta acabaron en un colapso que presenció su propio hijo. Así fue como analizó ella sus identidades en relación con su familia. «Quiero que mi familia sea considerada divertida, relajada, organizada, feliz y atractiva. No quiero que la gente crea que siempre estamos estresados, separados, en pleno caos, ni que somos infelices». A esta mujer le costó mucho hablar de sus percepciones «ideales», pero finalmente confesó: «No puedo creer haberle dado tanta importancia al aspecto exterior de mi familia. Es horrible pensar así. Pero es que hay familias en las que todos visten bien, nadie tiene ni una arruga en la ropa ni hay nada fuera de su sitio; familias en las que las madres son bonitas, los padres son guapos, los niños son monísimos, y tienen casas que parecen salidas de una revista de decoración. Entonces te miras a ti y a tus hijos, y te preguntas cómo lo consiguen los demás. ¿Qué es lo que hacen que tú ignoras? Nosotros siempre llegamos tarde a todos lados. Cuando termino de vestir al último niño, el primero ya se ha manchado toda la ropa». Le pregunté entonces si conocía a alguna familia que cumpliera con todos esos «ideales», y después de pensarlo me contestó: «Sí. La familia en la que crecí». Y acto seguido me contó que su familia tenía un aspecto perfecto por fuera y que todo el mundo felicitaba siempre a su madre por lo impecablemente vestidos que iban sus hijos y lo bien que se portaban. Además, me contó que su madre prestaba mucha atención al aspecto físico y que siempre controlaba su peso y vestía a la última. Theresa se puso a llorar mientras confesaba: «Sin embargo, todo tenía un precio. Después de arroparnos todas las noches, mi madre empezaba a beber. Mis padres siempre han sido un matrimonio frío y silencioso. Ella logró dejar la bebida hace unos años, pero no hablamos demasiado. Y, desde luego, jamás hemos tocado este tema».

- Sondra consiguió identificar sus desencadenantes rápidamente. Tenía un bloc frente a ella y escribió: «No quiero que la gente vea a alguien estúpido que siempre dice lo inadecuado, ni a una persona desinformada o carente de educación. Quiero que la gente vea a una mujer fuerte que es lista, leída, culta, inteligente, que sabe expresarse y es capaz de equilibrar su pasión con su conocimiento». Luego me explicó: «En cuanto mi marido me dijo que le avergonzaba que yo hablara de política y religión con Don, supe que jamás volvería a abrir la boca. Él era perfectamente consciente del daño que me haría con ese comentario. Lo hizo adrede». Se quedo pensando durante unos instantes y añadió: «Quizá por intentar demostrarle algo a él me estoy haciendo daño a mí, pero ahora mismo esa es la situación». Me explicó luego que sus padres la habían educado para «vivir orgullosa y expresarse», pero que no la habían preparado para las consecuencias de seguir dichas premisas. Me dijo que durante su infancia sus profesores le hacían pasar vergüenza, el pastor de la Iglesia le decía que hablaba demasiado y sin sentido, su marido siempre intentaba hacerle «moderar el tono» e incluso su familia política la criticaba por ser excesivamente excitable y obstinada.

Mientras analizas los desencadenantes de la vergüenza de estas mujeres (y tal vez repasas los tuyos), me gustaría hablarte de las cuestiones que indefectiblemente salen a la superficie cada vez que hago este ejercicio en los talleres. Primero, que somos muy duras con nosotras mismas; cuando identificamos estas identidades deseadas e indeseadas, nos damos muy poco margen para ser humanas. Segundo, que no podemos negar el poder de los mensajes que oímos durante nuestro crecimiento. Y, por último, que casi todas juzgamos a aquellas personas en las que percibimos características que no nos gustan de nosotras mismas.

Cuando las participantes realizan estos ejercicios en grupos numerosos, suelo preguntar cuántas han tenido dificultades con la frase «quiero que me vean como» y cuántas han tenido más problemas con el ítem «no quiero que me vean como». Y el resultado siempre es 50 y 50. Las personas a las que les cuesta más reconocer las «percepciones ideales» suelen explicar que se sienten mal por conceder tanto valor a esas identidades y que a veces les avergüenza pensar que alguien pueda verlas de esa forma. Por su parte, quienes tienen más problemas para hablar de las identidades indeseadas suelen comentar que el mero hecho de mirar la lista les resulta «doloroso» y «atemorizante».

Existe un tercer grupo de planteamientos que resultan de suma importancia para este ejercicio. Analiza tu lista de identidades indeseadas y pregúntate: «Si la gente me reduce a esta lista, ¿qué cosas importantes y magníficas se perderán de mí?». Por ejemplo, si todos los colegas de Kayla la consideran una compañera de trabajo «dispersa, indigna de confianza, demasiado emocional y excéntrica», dejarán de apreciar el hecho de que ella se dedica mucho a su trabajo, tiene talento y es una hija comprometida y cariñosa que hace todo lo que está en sus manos para gestionar una experiencia estresante y dolorosa como la enfermedad de su padre. Es muy importante que reconozcamos que somos personas complejas y vulnerables con fortalezas y desafíos que afrontar, porque eso es lo que nos hace humanas y reales.

Casi todo el mundo concuerda en la importancia de hacer estos ejercicios por escrito. Yo sé, por mi experiencia, que escribir este tipo de palabras y contemplarlas sobre un trozo de papel es muy duro. Pero también sé que resulta mucho más significativo, porque me permite entenderlas, relajarme y reflexionar.

A veces creemos que reconocer nuestros desencadenantes los empeorarán. Nos convencemos de que si simulamos que no existen, de alguna manera facilitaremos las cosas. Pero no es así. Nuestros sentimientos, creencias y acciones están motivados por estos desencadenantes, independientemente de si los escribimos y los reconocemos o, por el contrario, simulamos que no existen. De todas maneras, tenemos que entender que reconocerlos y entenderlos es el único camino hacia el cambio.

En la próxima sección presentaré el concepto de las cortinas de humo contra la vergüenza. Como refleja la ilustración, cuando no reconocemos la vergüenza ni entendemos los mensajes y ex-

pectativas que la desencadenan, solemos recurrir a estas pantallas para protegernos. Pero, como verás, esta estrategia no solo resulta ineficaz, sino que suele inducir a la vergüenza.

LAS CORTINAS DE HUMO CONTRA LA VERGÜENZA

El término *cortinas de humo contra la vergüenza* se me ocurrió después de analizar los datos de las primeras cien entrevistas. Mientras las mujeres detallaban las formas impredecibles y en ocasiones inconscientes en las que reaccionaban frente a la vergüenza, me di cuenta de que todas las experiencias apuntaban a un elemento en común: que cuando estamos avergonzadas solemos sentir la abrumadora necesidad de escondernos o de protegernos por cualquier medio. Y mientras pensaba en las reacciones con las que intentamos protegernos de la vergüenza, la primera imagen que me vino a la cabeza fue la de las cortinas de humo, esos botes de humo denso que usan los militares para ocultar sus actividades al enemigo.

Pero, por desgracia, las cortinas de humo contra la vergüenza no funcionan. Aquí no estamos hablando de tanques e infantería tras las líneas enemigas, sino de personas y relaciones. ¿No sería fantástico poder llevar uno de esos botes enganchado al cinturón para que cuando alguien hiriera nuestros sentimientos, nos avergonzara o nos hiciera enfadar, pudiésemos cogerlo, lanzar una densa capa de humo a la cara de nuestro enemigo y echar a correr? O incluso podríamos quedarnos allí mismo, detrás de la cortina de humo, y hacer gestos obscenos. ¡Por favor! Me pediría una caja entera si tuviera la certeza de que funcionan. Pero, lamentablemente, no podemos hacer nada de eso. La realidad es que cuando lanzamos una cortina de humo contra la vergüenza, los que primero acabamos asfixiados solemos ser nosotros.

Cuando sentimos vergüenza, por lo general nuestra primera capa de defensa aparece de forma involuntaria y retomamos nuestras respuestas básicas de huida, lucha y paralización. La doctora Shelley Uram, psiquiatra graduada en Harvard y actualmente jefa de terapia de The Meadows, una institución especializada en el tratamiento de adicciones y traumas, explica que casi todos creemos que los acontecimientos traumáticos son «grandes» (como accidentes de coche o desastres naturales), y que tendemos a no reconocer los pequeños y silenciosos traumas que suelen desencadenar una reacción de supervivencia cerebral idéntica. Después de estudiar el trabajo de la doctora Uram, creo que es posible que muchas de nuestras primeras experiencias de vergüenza, en especial con nuestros padres y cuidadores, queden almacenadas en nuestros cerebros como traumas. Y esta sería la razón por la que solemos experimentar reacciones corporales tan sumamente dolorosas cuando nos sentimos criticadas, ridiculizadas, rechazadas y avergonzadas. La doctora Uram explica que el cerebro no diferencia «trauma grande» de «trauma pequeño y silencioso», sino que registra el acontecimiento como «una amenaza que no podemos controlar».

En su trabajo sobre los conceptos opuestos de «recordar la herida» y «convertirnos en la herida», la doctora Uram afirma que, en la mayoría de los casos, cuando recuperamos un recuerdo somos conscientes de que nos encontramos en el presente recordando algo del pasado, pero que cuando experimentamos algo en el presente que desencadena el recuerdo de un antiguo trauma, volvemos a experimentar la *sensación* del acontecimiento traumático original. Así que en lugar de recordar la herida, nos convertimos en la herida. Este planteamiento resulta particularmente válido cuando pensamos en la frecuencia con que acabamos sumidas en un pozo de insignificancia e impotencia cuando nos sentimos avergonzadas.

Después de la respuesta física de lucha, huida o paralización, una serie de «estrategias de desconexión» nos aportan una capa más compleja de cortinas de humo contra la vergüenza. La doctora Linda Hartling, teórica de las relaciones y la cultura, se basa en conceptos de Karen Horney de **avanzar, enfrentarse** y **apartarse** para detallar las estrategias de desconexión que utilizamos para lidiar con la vergüenza. Según la doctora Hartling, para poder controlar la vergüenza algunos nos *apartamos* retrayéndonos, escondiéndonos, silenciándonos y guardando secretos. Otros *avanzamos* buscando tranquilizar y agradar. Y otros tantos nos *enfrentamos* intentando ganar poder sobre los demás, actuando de manera agresiva y recurriendo a la vergüenza para combatir la vergüenza.

Hace poco, durante un taller, estaba presentando estas estrategias de desconexión, que aparecían listadas con las letras a, b y c, y una mujer levantó la mano y preguntó: «¿No hay una "d" que englobe todo lo anterior?». Todas nos echamos a reír.

Creo que la mayoría somos una "d", es decir, un combinado de las tres estrategias de desconexión. Yo sé que las utilizo todas, dependiendo de por qué y en qué grado me sienta avergonzada, y de con quién me encuentre. Cuando aparece un diferencial de poder (jefes, médicos) o pretendo impresionar a alguien (nuevos amigos, colegas) es menos probable que me enfrente. En tales situaciones lo más factible es que avance o me aparte.

Por desgracia, creo que reservo la táctica del enfrentamiento para aquellas personas con las que siento una conexión más profunda: los miembros de mi familia y mis amigos más cercanos. Es con ellos con quienes suele resultarnos más seguro expresar nuestra ira y nuestro temor.

Tardamos años en desarrollar nuestras cortinas de humo contra la vergüenza. A veces, nuestra manera de gestionar esta emoción se enraíza tanto en nosotras que no podemos ni siquiera verla; y en otras ocasiones, leer o escuchar historias de otras personas nos ayuda a reconocer nuestros propios patrones. En cualquier caso, necesitamos mucho más que leer un libro para cambiar nuestra forma de sentir, actuar y creer.

Gracias a un libro podemos aprender y saber más sobre quiénes somos y cómo nos comportamos, pero necesitamos poner esas ideas en práctica. El proceso de cambio se remite al contexto de nuestras relaciones con otras personas, y se materializa a través de estos vínculos. A veces podemos cambiar con el apoyo de amigos y familiares, y otras necesitamos a un terapeuta o asesor que nos acompañe durante el proceso. Se trata de un viaje único e individual, y la forma en que lleguemos depende de nosotros.

Otra cosa que hemos de tener en cuenta es que la resiliencia no es una cura inmediata; no creas que, después de haber dedicado todo este tiempo y energía a diseccionar mis experiencias, el resultado ha sido: «Basta de cortinas de humo contra la vergüenza para mí». En absoluto. He de reconocer que todavía recurro a estas ineficaces pantallas; lo hago continuamente. Soy mucho más propensa a dejar atrás el tema enseguida y con la menor cantidad posible de víctimas.

El próximo ejercicio consiste en identificar nuestras cortinas de humo contra la vergüenza. Mientras piensas en cada una de las categorías de la vergüenza y los desencadenantes asociados a ellas, intenta identificar una experiencia vergonzosa específica. ¿Cuál fue tu respuesta? ¿Sigues un patrón? ¿Cómo te proteges en esas situaciones?

Veamos qué les sucede a Susan, Kayla, Theresa, Sondra y Jillian.

Susan: Sin lugar a dudas soy una persona que se aparta o avanza. No me gusta el conflicto. No me vuelvo agresiva ni malvada; simplemente intento hacer feliz a todo el mundo. Por supuesto, nunca funciona y suelo acabar resentida. Me resultará muy difícil decir a mi madre y a mi hermana que sus comentarios me hacen sentir vergüenza. Todavía no estoy preparada, pero creo que al final lo conseguiré.

Kayla: Debería haber una que se llame «copia», porque creo que miro a Nancy e imito todo lo que ella dice. Así es como trato con ella: si no puedes contra ellos, únete a ellos. Nunca me había dado cuenta de lo mucho que duele recibir golpes. Creo que me decanto por una combinación de avanzar y enfrentarme. Cuando estoy con ella me aguanto y confío en ella cuando no debería. Luego, avergüenzo a otros compañeros de trabajo por las mismas cosas que ella usa para avergonzarme a mí. Esa es mi cortina de humo contra la vergüenza.

Theresa: Definitivamente, yo avanzo. Quiero agradar y cumplir con las expectativas.

Sondra: Yo lo hago todo. Me cierro, me comporto mal, simulo…: ponle el nombre que quieras. En este caso, me cerré hasta que empecé a darme cuenta de lo que estaba sucediendo. No podía dar ese ejemplo a mis hijas; es demasiado peligroso. Mi tendencia es a apartarme, en especial con mi marido. Es una especie de castigo, porque sé que echa de menos mi alborotadora forma de ser habitual.

En el próximo capítulo analizaremos la importancia de comprobar si nuestros desencadenantes de la vergüenza se ajustan a la realidad. Eso nos ayudará a desarrollar resiliencia, conectando nuestras propias identidades indeseadas con las grandes expectativas sociales que desatan la vergüenza. Y es esencial que nos convirtamos en personas resilientes, porque, por muy solas que la vergüenza pueda hacernos sentir, lo cierto es que todas vamos en el mismo barco.

CUATRO

EL SEGUNDO ELEMENTO: PRACTICAR LA CONCIENCIA CRÍTICA

Hace un par de años di una conferencia a mediodía frente a un numeroso grupo de alumnos de Medicina, residentes y miembros de dicha facultad. Durante este tipo de conferencias diarias, las empresas farmacéuticas y otros patrocinadores suelen invitar a los asistentes a almorzar. Yo ya llevaba unos veinte minutos exponiendo el tema de la vergüenza y la salud, así que comencé a explicar el concepto de la conciencia crítica. Pero enseguida noté una creciente oleada de rostros perdidos. Miré a los asistentes, que casi en su totalidad estaban muy entretenidos comiendo, y abruptamente pregunté: «¿Qué tal está la pizza?». Entonces todo el mundo dejó de masticar, se inclinó hacia delante en sus sillas y me miró con ojos inexpresivos.

Señalé una mesa larga cubierta de cajas de pizza vacías y dije: «Sé que en esa mesa había pizzas y que la mayoría de vosotros cogisteis un par de porciones de camino a vuestros asientos. Eso es la conciencia». Parecieron muy poco impresionados. Entonces continué: «También soy consciente de que tenéis muy poco tiempo para comer y que el representante de ventas de la empresa farmacéutica está ofreciendo el almuerzo como incentivo para que asistáis a esta presentación. Si no hubiera pizza, probablemente no estaríais aquí. Si no estuvieseis aquí no me oiríais hablar; pero lo más importante es que no cogeríais el bolígrafo y el bloc que enseña el último logotipo de la empresa farmacéutica, y los pacientes no os verían portando ese boli, y así sucesivamente. Eso es la conciencia crítica».

Entonces se dieron la vuelta, se miraron unos a otros y volvieron a mirarme. Luego, al unísono, miraron sus platos. Sonreí.

«La conciencia es saber que algo existe, y la conciencia crítica es saber por qué existe, cómo funciona, qué impacto ejerce sobre la sociedad y quién se beneficia». Creo que entonces empezaron entenderlo.

El concepto de la conciencia crítica es conocido también como «perspectiva crítica», y alude a la idea de que podemos incrementar nuestro poder personal comprendiendo el nexo que vincula nuestras experiencias personales con los sistemas sociales más amplios. Cuando analizamos las categorías de la vergüenza —el aspecto físico y la imagen corporal, la maternidad, la familia, la crianza de los hijos, el dinero y el trabajo, la salud mental y física, el sexo, el envejecimiento, la religión, los estereotipos y las «etiquetas», la expresión de las propias opiniones y la capacidad de superar acontecimientos traumáticos— nos damos cuenta de que a casi ninguna de nosotras nos han enseñado jamás a ver la conexión entre nuestras vidas privadas y las influencias sociales, políticas y económicas.

La vergüenza actúa como el zoom de una cámara. Cuando estamos sintiendo vergüenza, la cámara amplía la imagen hasta que lo único que vemos son nuestras imperfecciones y el hecho de que estamos solas y en dificultades. Entonces pensamos: «Soy la única. Algo va mal en mí. Estoy sola».

Pero en cuanto quitamos el zoom, comenzamos a ver una imagen completamente diferente y reconocemos a muchas otras personas en las mismas dificultades. Así que en lugar de pensar «Soy la única», empezamos a decirnos: «¡No puedo creerlo! ¿Tú también? ¿Soy normal? Creía que solo me pasaba a mí». Una vez que tenemos una visión de conjunto, nos resulta mucho más sencillo verificar cuáles son los desencadenantes de la vergüenza en nuestro caso y cuáles las expectativas de carácter social y comunitario que alimentan dicha emoción.

Creo que la mejor manera de aprender lo que significa la conciencia crítica es aplicar los conceptos a una cuestión real. Comencemos por analizar, entonces, el aspecto físico y la imagen corporal. Me gusta poner este tema como ejemplo, porque prácticamente es un desencadenante de vergüenza universal. Para comenzar a entender lo que significa la visión de conjunto debemos formular las siguientes preguntas generales sobre el aspecto físico:

- ¿Cuáles son las expectativas de carácter social y comunitario relativas al aspecto físico?
- ¿Por qué existen estas expectativas?
- ¿Cómo actúan?
- ¿De qué manera influyen sobre nuestra sociedad?
- ¿Quién se beneficia de estas expectativas?

Si bien cada una de nosotras probablemente tendrá sus respuestas específicas a estas preguntas dependiendo de su edad, raza, etnia, etc., a fin de ejemplificar la cuestión las responderé de manera amplia y generalizada.

Primero, ¿cuáles son las expectativas de carácter social y comunitario relativas al aspecto físico? A nivel social, el aspecto físico lo abarca todo, desde el pelo, la piel, el maquillaje, el peso, la vestimenta, el calzado y las uñas, hasta la actitud, la seguridad personal, la edad y el nivel económico. Si incorporaras las expectativas específicas de cada comunidad, tendrías que agregar también factores como la forma y el largo del cabello, el color de la piel, el vello facial y corporal, los dientes, ir o no «hecha una pincel», la vestimenta y las joyas.

¿Por qué existen estas expectativas sobre el aspecto físico? Diría que existen para que nunca dejemos de invertir nuestros recursos más valiosos —dinero, tiempo y energía— en intentar alcanzar algún ideal inalcanzable. Piensa en esto: el pueblo norteamericano invierte más dinero anualmente en productos de belleza que en educación.

¿Cómo actúan estas expectativas? Creo que las expectativas son al mismo tiempo obvias y sutiles; son todo lo que vemos y todo lo que no vemos. Si lees revistas de moda o ves la televisión, sabes el aspecto que «supuestamente» deberías tener y la forma en que «supuestamente» deberías vestir y actuar. Pero si miras con más atención, también verás lo que falta: imágenes de personas reales. Si combinas lo que se ve con lo que no se ve, enseguida llegas a creer que si no tienes un determinado aspecto te vuelves invisible, careces de importancia. ¿Y qué impacto producen estas expectativas? Pues veamos…

- Alrededor de 80 millones de norteamericanas son obesas.
- Aproximadamente 7 millones de jóvenes y mujeres sufren algún trastorno alimentario.
- Hasta el 19 por 100 de las mujeres de edad universitaria son bulímicas.
- Los trastornos alimentarios ocupan el tercer lugar entre las enfermedades crónicas más comunes entre las mujeres.
- Los últimos informes demuestran que las niñas se ponen a dieta a edades cada vez más tempranas, porque se creen gordas y poco atractivas. En un estudio norteamericano, el 81 por 100 de las niñas de diez años ya han hecho dieta al menos una vez.
- Una investigación descubrió que el mayor grupo de estudiantes de nivel secundario que piensan en el suicidio o intentan quitarse la vida son chicas que consideran que tienen exceso de peso.

EL SEGUNDO ELEMENTO: PRACTICAR LA CONCIENCIA CRÍTICA

- Hace veinticinco años, las *top models* y las reinas de belleza pesaban solo un 8 por 100 menos que la mujer estándar; ahora pesan un 23 por 100 menos. El ideal actual que imponen los medios para la mujer es viable para menos del 5 por 100 de la población femenina; y eso únicamente en términos de peso y dimensiones físicas.
- Según varias investigaciones, cuando las mujeres de más de dieciocho años se miran en el espejo, al menos el 80 por 100 de ellas se muestran disconformes con lo que ven. Es probable incluso que muchas ni siquiera estén viendo una imagen real. Seguramente habrás oído que las personas con anorexia se ven más gordas de lo que en realidad son, pero una investigación reciente indica que este tipo de imagen corporal distorsionada en ningún caso se limita a las personas que sufren trastornos alimentarios; de hecho, en algunos estudios, hasta el 80 por 100 de las mujeres exageraban en cuanto a las dimensiones de su cuerpo. Cada vez son más las mujeres que, a pesar de no sufrir ningún problema de peso ni trastorno psicológico clínico, se miran en el espejo y se ven feas y gordas.
- Según la Sociedad Norteamericana de Cirugía Plástica Estética, desde 1997 el número total de procedimientos estéticos se ha incrementado en un 465 por 100.
- Las mujeres se sometieron a casi a 10,7 millones de tratamientos de belleza, el 90 por 100 del total. El número de tratamientos estéticos en mujeres ha subido un 49 por 100 desde 2003.
- Los cinco procedimientos quirúrgicos más solicitados por las mujeres fueron: liposucción, aumento de pecho, cirugía de párpados, abdominoplastia y estiramiento facial.
- Las norteamericanas invirtieron casi 12,5 miles de millones de dólares en cirugía estética en 2004.

¿QUIÉN SE BENEFICIA DE LAS EXPECTATIVAS SOBRE EL ASPECTO FÍSICO?

- La industria capilar, con 38.000 millones.
- La industria dietética, con 33.000 millones.
- La industria del cuidado de la piel, con 24.000 millones.
- La industria del maquillaje, con 18.000 millones.
- La industria del perfume, con 15.000 millones.
- La industria de la cirugía estética, con 13.000 millones.

Un montón de gente depende de que veamos y creamos los mensajes con los que la sociedad y nuestra comunidad nos venden sus expectativas sobre el aspecto físico. Si no creemos que estamos demasiado gordas, feas y viejas, entonces ellos no venden sus productos. Y si ellos no venden sus productos, no pueden pagar sus casas. ¡Cuánta presión!

Al formular y responder estas preguntas, que nos animan a adoptar una visión de conjunto, comenzamos a desarrollar la conciencia crítica. Y el siguiente paso es aprender a utilizar dicha información para comprobar si nuestros desencadenantes de la vergüenza se ajustan a la realidad, si tienen fundamento. ¿Y cómo lo conseguimos? Pues observando dichos desencadenantes y formulando las siguientes seis preguntas de evaluación:

- ¿Hasta qué punto son realistas mis expectativas?
- ¿Puedo ser todas esas cosas permanentemente?
- ¿Estas expectativas se contradicen?
- ¿Estoy describiendo lo que quiero ser o lo que los demás quieren que sea?
- Si alguien detecta en mí esas identidades indeseadas, ¿qué pasará?
- ¿Puedo controlar la forma en que me ve la gente? ¿Cómo?

Durante nuestra segunda entrevista, Jillian me dejó ver lo que había respondido a las preguntas de comprobación. (Las identidades ideales de esta mujer son: delgada, sexy, segura, natural y joven. Y sus identidades indeseadas son: madura, cansada, gorda y desaliñada.) Estas fueron las respuestas:

¿Hasta qué punto son realistas mis expectativas? No son realistas en absoluto. Yo soy una mujer madura y estoy muy cansada. Y aunque no siempre tengo aspecto de cansada, no puedo cambiar mi edad. La verdad es que tampoco voy a lucir delgada y sexy permanentemente. Cuando empecé este proceso pensaba que era realista, pero cuanto más aprendo sobre las expectativas que me propongo alcanzar y sobre las imágenes con las que me comparo, más me doy cuenta de que es literalmente imposible que lo consiga. Las chicas de las revistas tienen 16 años, o 20 como mucho. Podría sentirme sexy y delgada, pero nunca según los parámetros que proponen las películas. Lo cierto es que parecer de cuarenta no está bien visto. No hay problema en tener cuarenta…, siempre y cuando parezcas de veinticinco o treinta. El otro día vi un anuncio en el que la modelo decía: «No me importa tener la edad que tengo. Lo que no quiero es aparentarla». ¿Por qué no? Si ella exclamara: «¡Eh, prestad atención! ¡Esto es tener cuarenta años!», todas querríamos aparentar nuestra edad.

¿Puedo ser todas esas cosas permanentemente? No, no puedo. A veces tengo buen aspecto. De vez en cuando incluso me siento orgullosa porque me veo muy bien. Pero soy muy crítica conmigo porque no luzco estupenda en todo momento. Estoy en casa en bata y zapatillas, con una coleta, y pienso: «Qué pintas». Pero incluso en esas circunstancias, creo que debería llevar lencería de *Victoria's Secret*. Estoy empezando a odiar la televisión.

¿Estas expectativas se contradicen? ¡Sí! Esta fue la pregunta que más me abrió los ojos. No puedo parecer segura de mí si me da pánico que la gente piense que estoy gorda y voy desaliñada.

Y no parezco tan natural cuando la faja no me deja respirar. También pienso en el bronceado artificial. Aquí hace mucho frío durante seis meses al año, y cuando llega la primavera todo mundo quiere estar bronceado. En verano ya todos tienen la piel de color anaranjado brillante por las camas solares. Y eso no es muy natural. No puedes simular ser natural y sentirte segura de ti. Admiro a las mujeres que dicen: «Tengo cincuenta años y este es mi aspecto. Tómalo o déjalo».

¿Estoy describiendo lo que quiero ser o lo que los demás quieren que sea? Un poco de las dos cosas. Quiero estar segura de mí y ser natural, y quiero que la gente me describa de esa manera. No me importa tanto lo de ser sexy y delgada. Prefiero estar sana, pero creo que quiero parecer joven y sexy, porque eso es lo que se supone que tienes que ser. He hablado mucho sobre el tema con mi marido. Él ya ha dejado de hacer comentarios. Cuando le hablé de este tema, se sorprendió de lo mucho que me afecta. Mi suegra sigue siendo bastante crítica.

Si alguien detecta en mí esas identidades indeseadas, ¿qué pasará? En otra época habría dicho que me resultaría embarazoso pensar que la gente me ve gorda, desaliñada y vieja. Ahora sé que eso es la vergüenza. Creo que no sucedería nada. Simplemente me sentiría ridiculizada, o pensaría que se están burlando de mí. Pero, la verdad, no creo que nadie diga eso de mí…, excepto yo misma.

¿Puedo controlar la forma en que me ve la gente? ¿Cómo? Antes de aprender lo que es la vergüenza, pensaba que podía controlar la manera en que me veían los demás. Ahora sé que nadie puede, así que mi respuesta es que hago un poquito de trampa. De verdad, yo estaba convencida de que era posible controlar la percepción de la gente si estaba pendiente de todo. Ahora sé que es imposible. Ya no me esfuerzo tanto como antes, pero de vez en cuando recaigo en esa forma de pensar. Intentaba controlar el tema no metiéndome en situaciones en las que pudieran juzgarme; por ejemplo, no me bañaba en la piscina para poder dejarme los pantalones puestos. Pero, claro, también te juzgan por eso. Hagas lo que hagas, no puedes controlar la opinión que los demás tienen de ti.

Cuando lees las respuestas de Jillian, te das cuenta de que no resulta nada fácil comprobar si nuestros desencadenantes de la vergüenza se ajustan a la realidad. Y la empresa se vuelve prácticamente imposible si no conseguimos desarrollar una visión de conjunto. Jillian, desde luego, ha «alejado el zoom» en lo concerniente a sus problemas con su aspecto físico y los medios, y ahora simplemente no se considera una mujer defectuosa ni incapaz de cumplir ciertas expectativas razonables. Pero sabe lo que se cuece: aquí estamos hablando de todo el colectivo femenino frente a una inmensa industria de la belleza que resulta muy eficiente a la hora de hacernos sentir mal. Lo bueno de Jillian es que parece tener una idea clara de cómo funcionan sus desencadenantes y de qué manera le afectan.

Durante nuestra segunda entrevista me comentó: «Qué agotador. No puedes conocer este tema y pensar en él una o dos veces; tienes que recordártelo constantemente, porque de lo contrario te atrapa. Es duro. En especial cuando las personas que te rodean no lo entienden».

Y lleva toda la razón. Este elemento recibe el nombre de **práctica** de la conciencia crítica. Si solo formulamos y respondemos las preguntas, es muy probable que nos sintamos estancadas, furiosas y abrumadas. Bastante difícil resulta ya soportar la inmensa presión de ser inalcanzablemente hermosas; pero si además nos damos cuenta de que esta presión nace del peso de unas industrias multimillonarias, no es de extrañar que nos sintamos derrotadas y resignadas.

Practicar la conciencia crítica significa vincular nuestras experiencias personales a lo que sacamos en claro de esas preguntas y respuestas, lo cual a su vez nos permite avanzar hacia la resiliencia, porque nos enseña a:

- contextualizar (tengo una visión de conjunto),
- normalizar (no soy la única) y
- desmitificar (contaré lo que sé a otras personas).

Ahora bien: si no conseguimos establecer dichas conexiones, nuestra vergüenza crecerá, porque empezaremos a:

- individualizar (soy la única),
- patologizar (algo va mal en mí) y
- reforzar (debería estar avergonzada).

Los ejemplos siempre me parecen útiles, en especial si estoy intentando entender nuevos conceptos, así que en este capítulo he incluido también lo que respondieron Susan, Kayla, Theresa y Sondra a las preguntas sobre la visión de conjunto y la evaluación de los desencadenantes.

Desarrollar una visión de conjunto y comprender lo que vemos suele exigirnos investigar ciertas cuestiones. Por ejemplo, la lista de datos sobre el mercado de los productos de belleza y las estadísticas que aparecen en páginas anteriores de este mismo

capítulo provienen de libros o de Internet. De verdad te animo a que hagas tu propio trabajo detectivesco: suele resultar muy estimulante. Por supuesto, tienes que asegurarte de estar obteniendo información de fuentes fidedignas —en especial si buscas en Internet—, pero hay muchas personas y organizaciones que realizan un magnífico trabajo sobre el impacto que causan las expectativas de carácter social y comunitario sobre nuestra forma de pensar, sentir y actuar.

En mi propia página web (www.brenebrown.com) ofrezco mucho material para trabajar la conciencia crítica en todas las categorías de la vergüenza, incluidos ejercicios, enlaces y libros recomendados. Durante un taller reciente, una mujer contó al grupo que estaba teniendo graves problemas de vergüenza en relación con el dinero. Y al finalizar el taller, se acercó a mí para anunciarme: «En lugar de salir de compras, voy a invertir mi tiempo en investigar de qué manera las tarjetas de crédito hacen daño a las mujeres». ¡Así se habla!

Veamos ahora cómo aplicaron Susan, Kayla, Theresa y Sondra los principios de la conciencia crítica a sus respectivas situaciones.

Después de que Susan respondiera las preguntas relacionadas con la visión de conjunto y evaluara sus desencadenantes de la vergüenza, escribió: «Me sorprende verme en esta gran guerra sobre la "maternidad". No creí que pudiera afectarme a mí. No soy una persona muy política y realmente no tengo opiniones formadas ni en un sentido ni en otro en relación con trabajar o quedarse en casa. Ignoraba que una decisión tan sumamente personal de volver al trabajo a tiempo parcial pudiera desatar semejante emoción en mi hermana». Y continuó: «No tengo muy claro quién se beneficia con toda esta presión, pero, desde luego, las madres no. Yo no tenía idea, hasta que lo escribí, de lo mucho que me preocupa la opinión de los demás. Sé que soy una buena madre, comprometida. ¿Por qué tiene que importarme entonces si la gente lo ve o no?». En sus pensamientos finales, Susan me reveló que lo más difícil para ella fue desprenderse de la idea de que podía controlar la manera en que la gente la ve, en especial su hermana y su madre. «Sigo esforzándome por convencerlas de que es una buena decisión para mí y mi familia. Quiero hacerles cambiar la forma de ver la situación, y tal vez lo consiga o tal vez no. No tengo ningún control sobre eso y me resulta difícil aceptarlo».

Kayla leyó detenidamente los dos grupos de preguntas sobre la conciencia crítica y escribió una frase simple pero poderosa: «Me he creído todos los mensajes que los demás utilizan para avergonzarme». Me explicó que le importaba lo que su jefa, Nancy, pensaba y decía, porque admiraba su forma de ser y de mezclar negocio y familia. Y continuó: «Nadie se beneficia con esto. Nadie. Todo el mundo tiene una vida fuera del trabajo, y esa vida puede ser difícil. No se trata de que solo sea duro para las mujeres. Un compañero nuestro tenía un hijo enfermo, y el estrés que acabó sufriendo fue tan grande que tuvo que renunciar. Me sentí mal por él cuando sucedió, pero no lo suficiente como para acercarme a decirle nada». Le pregunté si la empresa se beneficia con esta política informal, y después de pensarlo unos instantes respondió: «No, en realidad no. Todo el mundo está demasiado estresado. Ese hombre que renunció para poder cuidar de su hijo era asombroso. Le necesitábamos, y ahora se ha marchado. Quizá la gente crea que todo esto es positivo, pero no es así». Luego me contó que su próximo paso sería considerar la idea de marcharse a otra agencia, y añadió: «Es posible que me encuentre con la misma cultura competitiva allí donde vaya, pero podría empezar de cero con nuevos límites y nuevas expectativas».

Theresa lo pasó mal a la hora de responder las preguntas, y esto fue lo que me explicó: «Sinceramente, no sé si me estoy excusando por la forma en que me siento o si estoy haciendo algo que me hará sentir mejor. No puedo evitar pensar que puedo conseguir una versión mejor y más sólida de lo que tengo». Y continuó: «Una cosa está clara: resulta absolutamente incompatible sufrir el estrés y el agobio al que estoy sometida ahora y tener una familia a la que le gusta la diversión, sabe relajarse y es feliz». Si bien Theresa y su madre mantenían una relación distante, ella cree que en ocasiones juzga a su propia familia a través de los ojos de su madre. «Mi constante decepción en la vida está agotando a mi marido y minando nuestro matrimonio. También es muy duro para mis hijos. Desde luego, a ellos no les importa conseguir algo más perfecto; simplemente quieren que yo sea feliz. Pero yo insisto en esas expectativas. No puedo quitarme a mi madre de la cabeza».

En el caso de Sondra, en cuanto se puso a analizar qué relevancia tenía la expresión de sus opiniones en el marco de su comunidad, se encontró con una complicada intersección de raza y género. Esta fue la manera en que describió la situación: «Por un lado, a las mujeres negras se nos respeta por ser fuertes y firmes, lo cual resulta particularmente evidente cuando tratamos con gente blanca. Pero en lo relativo a los hombres negros, se supone que tenemos que frenarnos. No creo que Don tenga esa idea, pero, desde luego, mi marido y mi familia política consideran que no le estoy demostrando suficiente respeto cuando contradigo sus opiniones». Sondra me explicó a continuación que cree que esta actitud afecta mucho a las mujeres y las jóvenes negras. Y añadió: «No puedo ser una supermujer en algunos casos y frenarme en otros. Me encuentro en una posición intermedia». Tras utilizar estas ideas para comprobar si sus percepciones ideales se ajustaban a la realidad, escribió: «Todas estas expectativas me silencian. Si no soy perfecta, no puedo hablar. Tengo que aceptar que puedo estar equivocada. Necesito tener permiso para decir "No lo sé". Y también me hace falta reafirmarme. A veces es tan difícil llevar la razón como equivocarse».

En las próximas secciones exploraremos las estrategias que nos acercan a la resiliencia y las barreras más comunes que nos bloquean el camino.

CONTEXTUALIZAR FRENTE A INDIVIDUALIZAR

La palabra *contexto* deriva del término latino *contexere*, que significa «entretejer o entrelazar», de lo cual se desprende que comprender el contexto de una experiencia significa ver el panorama general. Esta idea nos remite una vez más al zoom. Cuando sentimos vergüenza, simplemente vemos nuestra propia dificultad, pero si abrimos más la lente empezamos a ver que otras personas tienen problemas similares. Y cuando tomamos perspectiva conseguimos distinguir un panorama incluso más amplio: la manera en que las fuerzas políticas, económicas y sociales moldean nuestras experiencias personales. Por eso, contextualizar resulta fundamental a la hora de establecer la conexión de la vergüenza.

Si yo entiendo de qué manera se benefician las industrias y los individuos de lo mucho que me averguenza mi aspecto físico, ¿eso significa que la vergüenza desaparece? No, por desgracia no es así. Pero identificar los contextos en los que sentimos vergüenza nos ayuda a desarrollar resiliencia. Si sentimos vergüenza porque, a pesar de nuestros mayores esfuerzos, no conseguimos parecernos a la modelo que sale en la portada de una revista, nos ayuda mucho saber que la modelo tampoco tiene precisamente ese aspecto. Le tapan las manchas de la cara, le estiran las piernas mediante un programa informático, le blanquean la sonrisa y encima lleva ropa prestada.

Las revistas ganan dinero vendiendo espacio publicitario, no suscripciones. Su objetivo es que miremos a la mujer de la portada, nos sintamos fatal y salgamos a comprar todas las lociones y brebajes que se anuncian en la revista. Si adquirimos muchos productos, las empresas de cosméticos compran más espacio publicitario en las revistas, y así sucesivamente...

Si nos creemos todo lo que nos cuentan sobre el aspecto que deberíamos tener, y pensamos que no podemos conseguir ese aspecto solo porque carecemos de suficiente voluntad o de una ventaja genética, nos hundimos en la vergüenza. Contextualizar nos ayuda a entender de qué manera las expectativas de la sociedad y la comunidad, la economía y la política están entrelazadas para producir una imagen cohesiva. No podemos desenmarañar la verdad sin reconocer los hilos que la conforman.

Tal como indican las categorías, muchas de nosotras en realidad somos víctimas de los mismos factores causantes de vergüenza y experimentamos reacciones muy similares. Sin embargo, debido a la naturaleza aislante y secretista de esta emoción, nos parece que solo nos está pasando a nosotras y que debemos ocultarla a toda costa. Esto, a su vez, desemboca en la falsa idea de que la vergüenza es un problema personal, o incluso algún tipo de defecto psicológico. Pero no lo es.

Sí, la vergüenza puede conducir a problemas personales e incluso participar en el desarrollo de ciertas enfermedades mentales, pero también es un concepto social: sucede entre personas. La vergüenza es la forma en que me siento cuando me veo a través de los ojos de otra persona. Por eso describo la vergüenza como un concepto psicosocial-cultural.

Y me gusta explicarlo de esta manera: si observas la vergüenza bajo un microscopio psicológico, solo verás una parte de la imagen. Si haces lo mismo con una lente social o una lente cultural, obtendrás idéntico resultado y tan solo verás partes del problema. Sin embargo, si combinas estas tres lentes —la psicológica, la social y la cultural—, obtendrás una imagen completa de la vergüenza. Creo que la visión más peligrosa es aquella que considera la vergüenza como un problema estrictamente personal, porque nos conduce a buscar únicamente soluciones personales y sumamente individualizadas que dejan intactas todas esas capas de expectativas contradictorias e incompatibles entre sí de las que hablábamos.

Si una o dos, o incluso cien mujeres dijeran que sienten vergüenza de sus cuerpos, probablemente esa afirmación no apuntaría a una conexión social mayor. Pero no estoy hablando de unas pocas mujeres, sino de más del 90 por 100 de todas las que entrevisté. Si Sondra hubiese sido la única en hablar de su miedo a experimentar vergüenza cuando planteaba su punto de vista o se explayaba sobre cuestiones públicas o privadas, entonces «la expresión de las propias opiniones» no sería una categoría de la vergüenza. Si se ha erigido como tal es porque a partir de las entrevistas surgió un patrón muy claro que indica que un significativo número de mujeres permanece en silencio en lugar de afrontar su miedo a ser subestimadas y ridiculizadas, o de parecer estúpidas.

EL MITO DE EVADIR Y CULPAR

Muchas personas confunden contextualizar con eludir nuestras responsabilidades personales y «culpar al sistema». Por ejemplo:

- No es culpa mía que no pueda encontrar trabajo; el problema es que soy mujer.
- No es culpa mía que no pueda perder peso, sino de la industria alimentaria.
- No es culpa mía tener tantas deudas, sino de esas malditas empresas que ofrecen tarjetas de crédito.

En mi opinión, contextualizar es lo contrario de culpar y eludir. Cuando las mujeres que entrevisté destacaron la importancia de adquirir una visión de conjunto, en ningún momento hablaron de poner excusas, sino de encontrar el poder necesario para introducir cambios, comprendiendo la situación en su conjunto y teniendo la certeza de que ellas no eran las únicas mujeres con problemas:

- Durante mi último año de instituto, mi madre me obligó a unirme a un grupo de chicas con *trico**. Al principio me molestó mucho. Ni siquiera creía que otras lo tuvieran. Pero en ese grupo descubrí que afecta a varios millones de personas. No lo hizo desaparecer, claro, pero al menos me ha permitido conocer a otra gente; ya no soy una rareza. Incluso había una chica tres años menor que yo, y pude ayudarla contándole cómo les había hablado de este tema a mis amigos.
- Soy una de esas personas que tienen mucho miedo a las violaciones. Soy muy consiente de cosas como la agresión sexual y de que «*no* significa no». Lo apoyo y creo en ello. Pero siento mucha vergüenza, porque cuando pienso en el «sexo ardiente» o cuando imagino algo para que me excite o me incite al sexo, ese es el tipo de fantasías y de escenarios que evoco mentalmente. Pienso en esas escenas de películas en las que la chica dice «No, no, no» y luego acaba teniendo unas relaciones sexuales fabulosas. ¿De qué va esto? ¿Cómo es posible que sea nuestro mayor miedo en la vida real pero también una gran fantasía? Pregunté a mi hermana mayor sobre el tema y ella respondió que es porque en las películas nunca ves relaciones sexuales suaves, cariñosas y cargadas de vulnerabilidad; que si fuera

---

* *Trico* es una abreviatura de *tricotilomanía*, un trastorno de control impulsivo que incita al afectado a arrancarse el pelo (de la piel, la cabeza, las cejas, las pestañas, etc.). Al parecer, ocurre con más frecuencia en la preadolescencia o en los primeros años de la adolescencia. *(N. de la T.)*

así, nadie compraría entradas. Y agregó que la gente quiere ver escenas de sexo prohibido o espantoso, y que después de un rato empiezas a creer que tener buenas relaciones sexuales es precisamente eso. Le pregunté si era normal y me respondió que muchos así lo creen, porque nadie habla del tema, ya que da vergüenza. Y agregó que lo peligroso de todo esto es que los hombres también creen que a las mujeres les gusta que las obliguen a mantener relaciones sexuales.

- Creo que creces sintiendo vergüenza de aquellas cosas sobre las que tus padres no te dejaban hablar cuando eras pequeña. Así que cualquier cosa que un padre te «prohíba» es exactamente la mierda que te volverá loca cuando crezcas. Si quieres que tus hijos sean normales, permíteles hablar de todo, porque así no sentirán vergüenza y todo irá bien. Si creciste con muchas cosas «prohibidas», tienes que hablar con la gente y entender la cuestión a fondo. Cuanto más sabes, más te das cuenta de que no eres la única.

Cuando nos esforzamos por entender el contexto o por adquirir una visión de conjunto, no desatendemos nuestra responsabilidad, sino que la incrementamos. Cuando identificamos un problema personal que tiene sus raíces en cuestiones de mayor trascendencia, deberíamos responsabilizarnos de ambas cosas. Tal vez nuestra tarea no consista en mejorar las cosas solo para nosotros; quizás tengamos la responsabilidad de mejorarlas para nuestros hijos, nuestros amigos o nuestra comunidad.

Si entendemos de qué manera los grandes sistemas acrecientan nuestra vergüenza, pero solo optamos por cambiarnos a nosotras mismas, nos volvemos tan negligentes como la persona que dice: «No voy a cambiar, porque el sistema es malo». El contexto no es el enemigo de la responsabilidad personal. El *individualismo* es el enemigo de la responsabilidad personal.

Un buen ejemplo de la importancia del contexto y la acción colectiva es el cáncer de mama. Para muchas mujeres, es imposible encontrar un tema más personal. Pero por muy personal que sea, de todas formas necesitamos contrastarlo con una visión de conjunto. En la última década se han hecho avances realmente importantes en la investigación sobre esta dolencia. Y esos avances no podrían haber tenido lugar sin personas que reconocieran el contexto político, social y económico de la investigación sanitaria. Estos defensores han empujado el cáncer de mama al primer lugar de la agenda sanitaria norteamericana, han ganado millones de dólares y han incrementado drásticamente los fondos federales para la investigación de este tipo de cáncer. Podríamos ser capaces de tomar decisiones individuales que disminuyeran nuestros riesgos de padecer esta enfermedad, pero sin la acción colectiva no sabríamos cómo gestionar esos riesgos, y desde luego no conseguiríamos el nivel de tratamiento del que disponemos en la actualidad.

Cuando hablamos de poner los problemas en su contexto para incrementar nuestra conciencia crítica y nuestra resiliencia a la vergüenza, debemos darnos cuenta de que quedar atrapadas en sistemas de culpabilidad resulta tan destructivo como culparnos a nosotras mismas. Cuando la forma más eficaz de cambiar una situación es adquirir una visión de conjunto, pero lo que hacemos nosotras es individualizar el problema, hay muy pocas posibilidades de que lo cambiemos.

NORMALIZAR FRENTE A PATOLOGIZAR

A la hora de elevar el nivel de conciencia crítica e incrementar nuestra resiliencia a la vergüenza, las palabras más poderosas que podemos oír son «No estás sola». Cuando los participantes en la investigación hablaron sobre conciencia crítica utilizaron exactamente las palabras «Tienes que descubrir que no estás sola» o «Tienes que saber que no estás sola» o «Necesitas descubrir que no eres la única», al menos en el 80 por 100 de las entrevistas. La vergüenza funciona solo si pensamos que somos las únicas que la sentimos. Si creemos que hay alguien más, un grupo de mujeres, una ciudad llena de mujeres, un país lleno de mujeres, un mundo lleno de mujeres que tienen dificultades con el mismo tema, el concepto de la vergüenza entra en bancarrota.

Sin embargo, a menos que entendamos nuestros desencadenantes de la vergüenza y practiquemos la conciencia crítica, lo más probable es que ni siquiera lleguemos a abrirnos lo suficiente ni con la frecuencia necesaria para que alguien tenga la oportunidad de decirnos: «Eh, que no estás sola».

En el lado opuesto de la normalización se encuentra la patologización. Patologizar significa clasificar algo como anormal o desviado. Sin conciencia crítica, podríamos creer que las expectativas de carácter social y comunitario son viables. Desde el punto de vista individual, nos resulta sencillo creer que somos la única persona que no cumple las expectativas y que, por consiguiente, hay algo anormal o desviado en nosotras. Si pretendemos desarrollar y practicar la conciencia crítica, tenemos que ser capaces de normalizar las experiencias hasta entender que no estamos solas.

LA CUESTIÓN DEL DIVORCIO

Muchas de las mujeres con las que hablé se explayaron sobre la vergüenza del divorcio, bien describiendo sus propias separaciones o hablando de las de sus padres. Noté entonces que uno de los hilos conductores entre las diversas experiencias era la consecuencia económica del divorcio. Para muchas mujeres, el divorcio se cobra un precio muy alto en el área económica, además de afectar al aspecto emocional. He aquí cuatro ejemplos:

- Pasé de ser la madre perfecta y la esposa perfecta a ser una mujer arruinada, sin trabajo y sola. Nadie te llama «pobre» cuando estás casada y te quedas en casa con tus hijos, ni siquiera cuando todo el dinero en realidad pertenece a tu marido. Piensas: «su dinero es nuestro dinero», y cosas por el estilo. Pero un día él se marcha y se lleva todo..., excepto los niños, gracias a Dios. Ni siquiera sabía dónde tenía que pagar la hipoteca. Ahora mis hijos y yo vivimos en casa de mis padres. Cuando tienes poco más de veinte años y vuelves a casa de tus padres, la gente cree que estás perdida e intentando encontrar el camino. Cuando tienes cuarenta y vuelves, todo mundo cree que eres patética. Pero la verdad es que estás perdida e intentas encontrar el camino.
- La gente te dice que no sientas vergüenza por el divorcio de tus padres. Es fácil decirlo. Intenta contar a tu hijo que sus abuelos no vienen a su Bar Mitzvah porque no pueden soportar estar juntos en el mismo lugar. ¿Quién siente esa vergüenza? Y ni hablar de cuando ruegas a tu padre que te dé dinero para poder comprar los medicamentos de tu madre. Él siempre me dice: «Tú estás de su lado». Y lo que no quiere entender es que cuando la abandonó la dejó sin nada. Yo no estoy del lado de nadie, pero, desde luego, voy a cuidar de mi madre.
- Mis padres se divorciaron cuando yo tenía diez años. Y he pasado los últimos ocho escuchando a mi madre contar historias horribles sobre mi padre. Constantemente me dice: «Si te quisiera, haría más por ti». Es cierto que la dejó en muy mala situación económica, pero en realidad él tampoco tenía dinero. Si ella tuviese más dinero, probablemente se lo quitaría de encima. Yo quiero mucho a mi pa-

dre; es una buena persona, decente y buen padre. Pero ella me hace sentir avergonzada de quererlo. Curiosamente, es él quien consigue que no me enfade con mi madre. Jamás dice nada malo sobre ella; en realidad, a veces hasta la defiende. Me resulta muy confuso.
- Sabía que teníamos que divorciarnos. Él había tenido ya varias aventuras y nuestras peleas estaban empezando a afectar a nuestros hijos. Yo tenía la idea en mi cabeza de que podía empezar de nuevo, crearme una nueva vida. Pensé que podía encontrar una casa bonita y pequeña, un trabajo a tiempo parcial y que estaríamos bien. Seis meses después de que vendiésemos nuestra casa, yo ya tenía una deuda de 14.000 dólares, un trabajo por el que me pagaban seis dólares a la hora y a duras penas podía pagar el alquiler. Y en lugar de ayudarme, mi exmarido sugirió que se llevaría a los niños hasta que yo pudiese recuperarme. Me sentía muy avergonzada de no poder cuidar de mis propios hijos; debería haber evitado que eso sucediera. Conseguí un segundo empleo, pero eso no me deja tiempo libre para estar en casa con ellos. Todavía viven con su padre.

Como la mayoría de las mujeres, cuando leo estas historias siento una combinación de tristeza y miedo, más la necesidad de protegerme de la idea de que también podría sucederme a mí. Sin embargo, cuando adoptamos esa postura no hacemos otra cosa que individualizar la situación de estas personas que sufren y reforzar el estereotipo de la mujer que atraviesa graves problemas económicos después de divorciarse:

- «Ella se lo buscó.»
- «Ese es un problema personal, no comunitario.»

Lo peor es que, en muchos sentidos, buscamos argumentos para hacer pasar a esas mujeres por personas imperfectas, damnificadas o con algún tipo de anomalía:

- «Es una estupidez no saber nada de la economía familiar.»
- «Se esforzaría más si de verdad quisiera un buen trabajo.»

Para desarrollar la conciencia crítica, lo primero que debemos hacer es reconocer la importancia del contexto. Una vez que comprendemos mejor el panorama general, podemos empezar a atar cabos. ¿A qué realidades políticas, sociales y económicas se enfrentan las mujeres divorciadas? Esto es lo que sabemos:

- Los investigadores confirman constantemente que las mujeres sufren pérdidas económicas significativas después del divorcio, mucho más que los hombres.
- Los investigadores coinciden en que los ingresos de la mujer después del divorcio están relacionados con su participación en el mercado laboral. A las mujeres que trabajan, en especial a aquellas que tienen una carrera y pueden asegurarse empleos bien remunerados, les va mejor después del divorcio. Aquellas que no han trabajado mientras estaban casadas se enfrentan a problemas económicos más graves.
- El 90 por 100 de los niños se quedan con sus madres.
- Solo una de cada cuatro madres divorciadas no cuenta con una pensión de alimentos ordenada por un juez.
- Entre las madres divorciadas a las que les corresponde una pensión de alimentos, el 50 por 100 recibe el importe completo, el 25 por 100 recibe solo una parte y el otro 25 por 100 no recibe nada.
- Es mucho más probable que los padres divorciados (tanto hombres como mujeres) pasen la pensión de alimentos

correspondiente si mantienen una relación constante con sus hijos.

Las investigaciones también demuestran que la capacidad de las mujeres para recuperarse económicamente después del divorcio ha aumentado durante los últimos años. Cuando hablamos con mujeres de la generación de mi madre, resulta fácil entender por qué muchas de ellas sufrieron enormes pérdidas personales y económicas al divorciarse. En primer lugar, no se incorporaban al mercado laboral en la misma medida que las mujeres actuales, y las que sí trabajaban solían hacerlo en empleos tradicionales de asistencia o servicio. Aunque tuvieran un estatus laboral elevado, se les pagaba mucho menos que a los hombres, y además, por aquel entonces no había leyes que contemplasen las pensiones de alimentos.

Si procuramos entender estas cuestiones en sus contextos sociales, políticos y económicos, conseguiremos dejar de individualizar los problemas, es decir, de convertirlos en un defecto de carácter de una persona determinada. Y también es menos probable que patologicemos a las mujeres, y más factible que comprendamos cómo son las cosas en verdad y por qué.

Cuando acabamos con los mitos del divorcio y analizamos las realidades y los contextos, desarrollamos una capacidad de comprensión que nos permite tomar mucha más conciencia crítica y nos hace mucho menos proclives a culpar a las mujeres..., nosotras incluidas.

La conciencia crítica también exige que cuestionemos esta idea de culpar a la víctima. En particular, algunos psicólogos populares predican que «La realidad no existe; solo es nuestra percepción». Pero esta idea no solo es imprecisa, sino peligrosa. El racismo es real. La violencia doméstica es real. La homofobia es real. La economía del divorcio es real.

Cuando le dices a alguien que su situación es solo una «percepción» y que puede cambiarla, le estás haciendo sentir vergüenza, la estás menospreciando y, en el caso de la violencia doméstica, la estás exponiendo a un peligro físico extremo. En lugar de menospreciar la experiencia de una persona considerándola una percepción, deberíamos preguntarle: «¿Cómo puedo ayudarte?» o «¿Hay alguna manera en la que pueda ofrecerte mi apoyo?».

Sería importante aclarar que todos vemos las cosas de un modo diferente, pero que el mundo no intercambia realidad y percepción. Intenta pagar la hipoteca con un papel que tú percibas como dinero, o prueba a salir de una tienda con un bolso en la mano y decirle a la policía: «Es que va a juego con mis zapatos, así que lo percibo como mío».

DESMITIFICAR FRENTE A REFORZAR

El último beneficio de practicar la conciencia crítica es la desmitificación. Si queremos desmitificar algo, simplemente lo «rompemos» para quitarle todo el misterio. ¿Cuántas veces vemos algo inusual o interesante y, aunque nos muramos de ganas de recibir más información al respecto, nos sentimos demasiado «poca cosa» como para preguntar qué es, cuánto cuesta o cómo funciona? Si empezamos a desmitificar formulando preguntas de conciencia crítica, descubriremos que las respuestas se mantienen en secreto por una razón muy concreta.

Cuando los individuos, grupos o instituciones desean excluir a otras personas o elevar su estatus, tienden a ocultarse a sí mismos, sus productos o sus ideas bajo un manto de misterio. Un ejemplo de mi propia vida es el misterioso poder de conseguir un doctorado. Cada semestre, sin excepción, tengo alumnas que vienen a mi puerta y, con la cabeza gacha, me cuentan: «Creo que me gustaría hacer el doctorado, pero no sé si de verdad estoy en condiciones; por eso me gustaría, si no estás demasiado ocupada, claro, que me contaras tus experiencias o me explicaras cómo funciona».

A mí me encanta que me hagan ese tipo de planteamientos, porque, en mi opinión, parte del desarrollo de la conciencia crítica no solo tiene que ver con intentar desmitificar cuestiones para mi propio beneficio, sino también para ayudar a otras personas. Creo firmemente que si tenemos «poderes misteriosos» —es decir, si sabemos cómo funciona algo sagrado— estamos obligados a compartir lo que sabemos. El conocimiento es poder y el poder nunca disminuye si lo compartimos: todo lo contrario. Mi titulación no pierde valor si ayudo a otras personas a prepararse para el posgrado. Me encanta ir quitando capas de misterio al proceso.

Lo contrario a desmitificar es reforzar. Reforzar significa proteger el misterio de algo para que podamos sentirnos más importantes y seguros. Creo que somos más susceptibles de reforzar cuando sentimos vergüenza sobre un tema en particular. Pero cuando reforzamos, fijamos redes que no solo enredan a otras mujeres, sino que al final también nos atrapan a nosotras.

Estas son dos respuestas modelo a las preguntas que las alumnas me plantean sobre la idea de hacer un posgrado.

- Fantástico; me alegra que te hayas acercado a mí por este tema. Yo estaba muy nerviosa al solicitar la admisión al posgrado, pero un par de personas me dieron datos realmente valiosos. Y estoy feliz de compartir contigo lo que sé.
- Bueno, podemos hablar sobre de qué manera encaja este programa con tus intereses epistemológicos, porque es muy importante desarrollar un fuerte programa de indagación antes de iniciar la solicitud de admisión. Te tienes que asegurar, metodológicamente, de que tus planes de investigación sean compatibles con los de la Universidad, y conocer a los profesores con los que estudiarás.

Estas son respuestas reales que yo recibí cuando pedí ayuda para hacer el posgrado. Después de esta segunda respuesta, lo que me salvó de la vergüenza y de ceder a la intimidación fue mi nivel de vulnerabilidad reconocida. Cuando pedí ayuda sabía que era vulnerable. Sabía que no ser considerada «lo bastante lista» era para mí un importante desencadenante.

Las mujeres que participaron en mi investigación se refirieron con mucha frecuencia a la importante relación entre comprender los desencadenantes de la vergüenza, desmitificar y reforzar. Cuando no entendemos algo y para nosotras «no entender» es un desencadenante de la vergüenza, solemos tener demasiado miedo como para pedir una explicación. A este cuadro lo he denominado «la amenaza del edamame».

LA AMENAZA DEL EDAMAME: MÁS QUE UN HABA DE SOJA

La palabra edamame *significa «habas en ramas». El edamame son vainas de soja con las que se preparan muchos tipos de platos, y generalmente se consumen como aperitivo.*

Hace un par de años, Steve y yo fuimos a cenar a casa de una pareja de «nuevos amigos sofisticados» a quienes yo estaba deseosa de causar una buena impresión. En cuanto llegamos, nos ofrecieron un aperitivo: un enorme cuenco plateado lleno de habas. Cuando las vi pensé que se trataba de judías que había que descascarillar para la cena, así que cuando nos las sirvieron como aperitivo, estoy segura de que puse cara de sorpresa.

—¿Y esto? ¿Qué es? —pregunté. Nunca olvidaré la cara que se les quedó. Estaban absolutamente pasmados.

—¿A qué te refieres con «qué es»?

De inmediato sentí una oleada de vergüenza. Así que, en tono de disculpa, indagué:
—¿Son habas?
La anfitriona respondió:
—Por supuesto. Es edamame. No me digas que nunca lo has probado. ¿No tomas sushi?
Entonces, como si la situación fuese al mismo tiempo increíble y fascinante, se dirigió a los demás invitados y anunció:
—Nunca han probado el edamame. ¿Os lo podéis creer?
En ese momento yo ya estaba desesperada por levantarme y volver a casa. Me sentía absolutamente avergonzada.

Un par de semanas más tarde, me encontraba en mi despacho trabajando y comiendo algunas habas (al final acabé fascinada con el edamame) cuando una alumna llamó a la puerta y me preguntó si podía entrar para hablar conmigo sobre un examen. No estoy segura de por qué razón esta alumna me provocó, pero lo hizo. Probablemente fuera porque me recordó a mí misma cuando tenía poco menos de treinta años: inteligente, pero en ocasiones dolorosamente insegura y haciendo más esfuerzos de los necesarios.

La chica miró mi bolsa de habas y preguntó:
—¿Qué son?
En esa milésima de segundo volví a sentir la vergüenza de aquella cena. En lo que debió de haber sido un intento de «trasladar la vergüenza» volcando parte de mi malestar en ella, respondí:
—Edamame, por supuesto. ¿Nunca las has probado?
Se la veía abochornada.
—No, creo que no. ¿Están buenas?
Y entonces, al estilo de Joan Crawford, respondí:
—No puedo creer que no las hayas probado. Son un alimento magnífico. Fa-bu-lo-so.
Cuando la chica se marchó de mi despacho, yo estaba paralizada; no podía creerlo. ¿Por qué había hecho aquello? ¿Por qué le daba tanta importancia a conocer o no conocer el edamame?

Yo no soy una *snob* de la comida ni tengo ningún interés en las vainas de soja. Pensé en todo ello durante varios días hasta que por fin me di cuenta.

Yo no sentía vergüenza por no haber probado nunca el edamame. Si me decanté por «reforzar» frente a mi alumna no fue porque para mí fuera importante sentirme más lista que ella. El motivo de mi vergüenza era que, para mí, no conocer la comida japonesa era una cuestión de clase y de cultura. Los invitados a aquella cena eran realmente un grupo de elitistas de los alimentos. Eran ese tipo de gente que viaja por todo el mundo y saben mucho sobre arte y sobre vino. Sus hijitos comen cosas que yo ni siquiera sé pronunciar.

Cuanto más pensaba en eso, más cuenta me daba de que la clase era para mí un importante desencadenante de la vergüenza. A veces a la gente le cuesta entenderlo, porque soy profesora universitaria y mi marido es pediatra. Nuestros colegas de trabajo frecuentemente dan por hecho que compartimos su mismo nivel cultural, pero no siempre es así.

Cuando yo tenía poco más de veinte años no comía sushi ni estudiaba en Harvard para cumplir con la tradición familiar de convertirme en académica. Trabajaba para la compañía telefónica y era miembro del mismo sindicato al que pertenecieron mis padres cuando también tenían esa edad. Ellos trabajaron mucho para que pudiéramos conocer diferentes culturas, música, libros y alimentos, pero desde luego nunca al mismo nivel que aquellos «amigos sofisticados».

Unos meses después del incidente, Dawn vino a Houston a visitarme. Cuando tengo que desmitificar alguna cuestión relacionada con las clases sociales, siempre acudo a ella. Con Dawn puedo hablar de cualquier tema, o contarle cualquier cosa sin sentirme incómoda; venimos del mismo lugar y hemos acabado en el mismo lugar. Así que, mientras preparaba el almuerzo para las dos, le dije:

—Oye, voy a preparar un poco de edamame. ¿Lo has probado alguna vez?

Entonces me miró y dijo:

—No, pero he oído hablar de él. ¿Qué es?

Sonreí:

—Creo que, en japonés, edamame quiere decir «vainas de soja». Las hierves, les echas un poquito de sal, les quitas las semillas y te las comes. Están buenísimas; yo las probé por primera vez hace unos meses.

Desmitificar es una elección. Si sabemos algo y tenemos la oportunidad de desmitificarlo o de reforzarlo, avanzamos hacia la resiliencia a la vergüenza. Pero si elegimos reforzar, deberíamos preguntarnos por qué nos sentimos mejor manteniendo en secreto aquello que sabemos.

He contado esta historia en mis charlas y seminarios muchas veces, y no te imaginas la cantidad de correos electrónicos y cartas que he recibido al respecto. Algunos de los mensajes se refieren al concepto general de la desmitificación, pero por extraño que parezca, muchas de las cartas hablan específicamente sobre el edamame. Una mujer joven me escribió lo siguiente en un correo electrónico: «Yo nunca había probado el edamame, y si bien lo había visto en algunos menús, nunca me había atrevido a pedirlo porque no sabía cómo pronunciar la palabra. Después de leer tu historia me reí, le pedí a una buena amiga, que no me juzgaría, que pidiera un poco de ese plato mientras comíamos sushi y le rogué que me enseñara a comerlo. Ahora me encanta el edamame y pienso en ti cada vez que lo tomo. Como provengo de un entorno inmigrante mexicano muy pobre, realmente me sentí identificada con tu historia».

DESMITIFICAR LAS TITULACIONES

Durante las entrevistas, muchas mujeres asociaron la vergüenza a ciertos educadores y terapeutas. Como educadora, no me sorprendió en absoluto que alguien identificara la vergüenza como una dificultad académica. De hecho, creo que la vergüenza es una de las mayores barreras frente al aprendizaje. Me temo que en la actualidad la presión social y comunitaria por parecer *cultivado* se ha hecho más importante que el hecho mismo de *aprender*. Por eso, cuando dedicamos tiempo y energía a construir y proteger nuestra imagen de «conocedores», es muy improbable que nos arriesguemos a admitir que no entendemos algo o que hagamos preguntas, dos acciones fundamentales para adquirir un conocimiento real.

De todas maneras, me sorprendió enterarme de que el mero concepto de las titulaciones avergonzaba a muchas mujeres. En efecto, mencionaron que les daba vergüenza volver a estudiar, ir al psicoterapeuta, ir al médico, hacer una visita al dentista e incluso hablar con clérigos. En esta sección quiero exponer mis observaciones sobre las titulaciones y la frecuencia con que nos desconectamos de nuestro poder en cuanto detectamos unas iniciales delante del nombre de alguna persona.

Las personas que tienen alguna titulación ostentan tres claras ventajas sobre las personas con las que trabajan: (1) tienen permiso para «no saber», (2) tienen permiso para «no contar nada» y (3) nadie cuestiona su objetividad. Cuando alguien nos hace una pregunta o nos solicita información, lo primero que solemos sentir (al menos, casi todos) es una gran presión por encontrar una respuesta, preferiblemente correcta. Si no conseguimos responder o suministramos la información equivocada, lo más habitual es que nos sintamos juzgados. Sin embargo, si contamos con alguna titulación automáticamente tenemos derecho a no saber o a no responder.

Como si de un juego de mesa se tratara, las titulaciones pueden convertirse en excelentes tarjetas para «salir de la cárcel». Mientras cursaba mi licenciatura, por ejemplo, dar una respuesta incorrecta o no responder reflejaba mi falta de preparación o mi falta de conocimiento. Esa situación me resultaba casi siempre embarazosa, y de vez en cuando incluso me provocaba vergüenza. Pero durante el máster ya había desarrollado la capacidad de responder con un simple «realmente no lo sé». No era la mejor respuesta, pero en la mayoría de los casos se me reconocía el haber respondido con sinceridad.

Ya en el ámbito doctoral, si alguien me formulaba una pregunta que yo no podía responder, esa persona suponía que había formulado una mala pregunta o que yo era demasiado inteligente o estaba demasiado ocupada como para preocuparme por semejantes tonterías. Una de las ventajas de tener alguna titulación es que te concede permiso para no saber nada. Y este privilegio rara vez está al alcance de quienes no están protegidos por placas, títulos, certificados o iniciales que encabecen sus nombres.

La segunda ventaja es lo que yo defino como política del «No preguntes y no cuentes». En todos los campos que conceden titulaciones te enseñan formalmente a ser esquivo o, como mínimo, te preparan informalmente para ello. La mayoría de los educadores y profesionales dedicados a ayudar a otras personas —como terapeutas, médicos, trabajadores sociales, clérigos, etc.— han sido entrenados para conseguir información de consumidores reacios sin contar prácticamente nada sobre su propia vida. La regla tácita establece que cuanto más importante es tu titulación y tu estatus, más permiso tienes para indagar sobre otras personas y menos obligado estás a contar nada sobre ti.

Piénsalo. Es posible que tu médico conozca tu historia sexual, tu peso y la cantidad de movimientos intestinales que tienes a la semana. Sin embargo, es impensable que le preguntes si está casado o tiene hijos. Y si lo haces, muchos profesionales responderán enseguida: «No estamos hablando de mí» o «Esa información resulta irrelevante».

Aquí tienes cuatro ejemplos:

- Cuando me quedé embarazada, en lugar de ir al médico y solicitar asistencia prenatal, esperé hasta los seis meses de gestación. Esperé hasta que ya era demasiado tarde para dejar de estar embarazada. Tenía miedo de que el médico me dijera: «Estás demasiado gorda para tener un bebé. No deberías quedarte embarazada». Estaba tan asustada y me daba tanta vergüenza que por eso esperé. No puedo creer que haya arriesgado mi salud y la del bebé por lo humillada que me sentía por mi peso. Odio a los médicos.
- Mi hija murió de cáncer cuando tenía seis años. Mi predicador dijo que mi actitud era egoísta al llorar su muerte, porque ella se encontraba en un lugar mejor: se encontraba con Dios. Es un hombre muy inteligente y culto, pero creo que lo que dijo fue muy cruel. Me hizo odiarle, me hizo odiar mi Iglesia y me hizo odiar a Dios. Todavía odio al predicador. Todavía no voy a la iglesia y tengo mis problemas con Dios. Cómo es posible que alguien se atreva a hacerte sentir vergüenza por llorar la muerte de tu propia hija. Ningún alzacuello, ninguna titulación debería permitir nada de eso. ¿Tienes idea de cuántos años me llevó despojarme de la vergüenza de estar triste? Tengo permiso para sufrir. Una parte de mí siempre lo hará. Lo que ese hombre dijo fue una injusticia terrible; realmente terrible: se aprovechó de su posición.
- La primera vez que mi hijo tuvo una infección de oído, mi pediatra dijo: «¿Bueno, entonces a qué le vas a dar prioridad: a tu carrera o a la capacidad auditiva de tu hijo?». Solo un médico es capaz de decir algo así. Le pregunté si sus hijos iban al colegio y respondió: «Mis hijos no están

ahora mismo en la consulta de un médico con una infección de oídos». Sientes resentimiento hacia los médicos porque se creen que actúan mejor que el resto del mundo, pero dependes de ellos por completo.
- Tenía cincuenta y ocho años cuando volví a estudiar. Ni siquiera sabía enviar un correo electrónico o usar el ordenador; en mi época, lo más revolucionario que había era el papel borrable. Así que, aunque sabía que retomar los estudios me resultaría intimidatorio, jamás pensé que en clase me convertiría en una perfecta idiota, que es exactamente lo que me sucede. Si quiero hacer una pregunta o un comentario, me hago un lío. No por los otros estudiantes, sino por esos profesores tan jóvenes... Me ponen muy nerviosa. Algunos son menores que mis hijos. Odio sentirme tonta frente a ellos.

La tercera ventaja que ofrecen las titulaciones es la presunción de objetividad. La mayoría de los profesionales titulados reciben algún tipo de capacitación relacionada con la objetividad, si bien en la actualidad se está debatiendo si sirve para algo o no. A algunos se les enseña que la objetividad es posible, y se les capacita para que intenten reemplazar su lente personal por una lente profesional en presencia de clientes o pacientes.

A otros, yo incluida, se nos enseña que la objetividad pura no existe y que la gente jamás puede dejar completamente de lado su lente personal. Se nos enseña a entender la parcialidad y el poder de nuestras experiencias para comprender el posible efecto que podrían tener sobre nuestras interacciones con los clientes. En nuestra opinión, es la forma más ética de trabajar con personas.

Según mi experiencia, la amenaza más grave a la objetividad radica en creer en la existencia de la «objetividad pura» y la «neutralidad valorativa».

A mí me inspiran mucha más confianza quienes cuestionan la objetividad y quienes creen que la gente, los valores y las experiencias influyen en nuestra investigación y nuestra práctica; son ellos quienes hacen el mayor esfuerzo por exponer sus opiniones en el contexto apropiado.

Cuando nos entrevistamos con médicos, terapeutas y otros profesionales titulados, no podemos dar por sentado que serán objetivos. Está claro que no tenemos derecho a invadir sus vidas privadas, pero sí tenemos derecho a entender cuáles son sus valores profesionales, su ética y su motivación para trabajar con nosotros. Y más todavía en el caso de los profesionales que ofrecen consejo u orientación.

Yo quiero un pediatra que apoye que las madres trabajen fuera de casa. Quiero un obstetra que comparta algunas de mis ideas básicas sobre el embarazo y el parto. Quiero un contable que entienda mis valores y mi ética. Y, desde luego, quiero un terapeuta que comparta mis valores básicos sobre el cambio que experimenta la gente.

Dado el poder que se les otorga a las titulaciones, es fácil entender por qué muchas personas sienten vergüenza de interactuar con titulados. Para establecer una buena conexión en tales circunstancias tenemos que practicar la conciencia crítica. Debemos determinar quién se beneficia de nuestro miedo y vergüenza, y decidir de qué manera podemos encontrar apoyo. Apuntando a ese fin, no deberíamos dudar en buscar referencias de amigos, y asimismo aceptar que tenemos absoluto derecho a preguntar al profesional en cuestión cuál es su forma de trabajar, antes de exponer ante él o ella nuestra información más personal o nuestras vulnerabilidades.

En el siguiente capítulo aprenderemos lo poderoso que resulta abrirnos a los demás. Si bien los cuatro elementos de la resiliencia a la vergüenza no siempre siguen un orden particular, he descubierto que comprender nuestros desencadenantes y alcanzar cierto nivel de conciencia crítica sobre nuestras dificultades hace posible que nos dé menos miedo abrirnos a los demás. Y esto es importante, porque, como queda demostrado en el próximo capítulo, la apertura es el acto más poderoso de resiliencia.

CINCO

El tercer elemento: abrirse a los demás

M E GUSTARÍA INICIAR ESTE CAPÍTULO compartiendo contigo tres cartas que recibí de sendas mujeres que han estado aplicando los conceptos de este libro a sus propias vidas. La primera mujer, Leticia, me contó esta experiencia por e-mail:

> *Una tarde estaba al teléfono con mi madre, hablándole de un tío que quería empezar una relación conmigo pero que a mí no me interesaba realmente. Mi madre continuaba apoyándole a toda costa, y para explicarme el motivo dijo: «A él le gustas aunque no seas sumamente delgada. A él no le importa que seas gorda; de todas formas te considera bonita». Al otro lado de la línea me quedé boquiabierta. Unos años antes yo había estado en tratamiento por un trastorno alimentario, viendo hasta a cuatro médicos al mismo tiempo. Mi madre está muy al tanto de mi historia médica.*
>
> *Sin embargo, lo primero que me vino a la cabeza fue: «Vaya, hace unos años este comentario me habría desesperado». Habría colgado el teléfono y me habría echado a llorar con vergüenza por mi gordura, sintiendo que nadie me amaría realmente con este cuerpo y que tenía que sentirme agradecida si un hombre se interesaba por mí.*

Pero después de haber leído tanto sobre la vergüenza, reconocí que tanto mi madre como mi peso eran desencadenantes para mí. Logré distanciarme de la situación y, en lugar de reaccionar como lo habría hecho en el pasado, procuré ver el comentario de mi madre como un intento «bastante pobre» de apoyarme. De todas maneras me sorprendió un poco y me molestó que la actitud de mi madre fuera tan negativa; pero, consciente de la situación, pude llamar a una buena amiga para hablar del tema y relajar un poco mi carga emocional. Este incidente también me permitió entender mejor de dónde provienen muchos de los problemas que tengo con mi cuerpo.

Este segundo texto es una carta más larga que describe cómo poner en práctica los elementos de la resiliencia a la vergüenza:

Doctora Brown:

Su trabajo ha ejercido un importante impacto sobre dos áreas concretas de mi vida. Primero, aprendí a identificar lo que sentía como vergüenza, y segundo, aprendí a actuar al respecto «verbalizando mi vergüenza». Aprendí que soy una persona muy vergonzosa y que, a pesar de tener todos los «síntomas» de la vergüenza de los que usted habla, en realidad nunca los había relacionado con el concepto de la vergüenza. Es como tener un montón de síntomas extraños y dispares pero no saber a qué atribuirlos. Y si no sabes cuál es la enfermedad, no puedes tratarla. Cuando me sucedían cosas dolorosas, me ruborizaba muchísimo, sentía presión en el estómago y lo único que deseaba era esconderme. Pero dado que todas las situaciones eran muy diferentes, incluso aunque mi reacción fuese la misma, jamás lograba identificar específicamente la emoción que estaba experimentando.

Así que en realidad nunca pude gestionar bien este tema. Además, estaba tan ocupada poniendo en práctica mis antiguos métodos de resistencia —es decir, intentando aferrarme a una amnesia ficticia para olvidar esos acontecimientos— que no dedicaba demasiado tiempo a descubrir qué estaba sucediendo ni a cómo podía abordar esas situaciones de forma más eficaz.

De hecho, me encontraba tan alejada del concepto de la vergüenza que no estaba segura de si era aplicable a mi caso o no. De alguna manera, la «vergüenza» era para los demás. Solo tras leer su trabajo conseguí ver la enorme influencia que tenía esta emoción en mi vida y lo ineficaz que había resultado mi gestión tanto para identificarla como para afrontarla.

Mi parte favorita de la teoría de la resiliencia a la vergüenza es la de «verbalizarla». Para mí eso significa identificar la vergüenza y luego manejarla de forma más apropiada. Ahora puedo identificar mucho mejor las situaciones en las que me siento avergonzada. Por lo general, comienzan con una fuerte reacción fisiológica, como sonrojarme, sentir tensión en el estómago y repetir constantemente el incidente en mi cabeza mientras intento por todos los medios olvidar que ha sucedido. Esta estrategia no funciona bien, y muchos años después de haber sufrido algún incidente vergonzoso, el solo hecho de recordarlo me provoca dolor y me sonrojo. Pero ahora soy capaz de detectarlo y de calificar esa reacción como «vergüenza».

Así que ya le he puesto nombre y sé que existen pasos eficaces que puedo seguir. En la actualidad, mi acción más efectiva consiste en encontrar a alguien comprensivo a quien poder contarle mi historia de vergüenza en lugar de guardármela. Me encanta la metáfora de la placa de Petri, porque cuando yo mantenía la vergüenza en silencio y en la os-

curidad, crecía de forma exponencial. Sin embargo, al exponerla a la luz del día consigues hacerle perder su poder e incluso reducirla. Ahora, en lugar de avergonzarme, casi puedo reírme de algunas de mis experiencias. A veces incluso estoy dispuesta a contar mis historias vergonzosas a otras personas, si bien en determinados casos me muestro un poco más renuente.

Por ejemplo, un día vinieron a mi casa nueva un grupo de antiguas vecinas. Yo siempre me había sentido insegura frente a estas amistades de mi barrio, porque se trataba de ese tipo de mujeres que visten realmente bien y decoran sus hogares a la perfección. Yo era amiga de todas ellas, pero de alguna manera siempre me había sentido un poco «fuera», como si la ropa y la decoración de interiores me importasen menos. Y, a su vez, ellas parecían tratarme desde una posición paternalista del tipo «pobre Barbara, qué torpe es». En su presencia, yo siempre me sentía «menos».

La cuestión era que ahora me había cambiado a una casa nueva, había dedicado mucho tiempo a decorarla y me sentía muy orgullosa del gusto más sofisticado que había desarrollado. Así que las invité, junto con otras viejas amigas del barrio. Estaba tan deseosa de complacerlas e impresionarlas que realmente me pasé con la comida y mi gran mesa del comedor acabó cubierta de platos y más platos de magníficos quesos, salsas, nachos y postres. Sin embargo, a la fiesta no vino mucha gente, a excepción de este grupo de mujeres a las que yo estaba tan desesperada por impresionar. Llegaron, les encantó la casa, nos contamos nuestra vida y luego comieron solo un poquito de la enorme cantidad de comida que yo había preparado (¿he mencionado que también eran todas muy delgadas?).

Cuando se marcharon me quedé mortificada. Hasta aquel momento no me había dado cuenta de lo mucho que *me estaba esforzando por impresionarlas; no había caído en la cuenta de que las había invitado a mi nueva casa para borrar aquella mala impresión que, a mi entender, yo les causaba. Pero el problema fue que, en lugar de rectificar mi vergüenza del pasado, había creado más vergüenza todavía enseñando una mesa repleta de comida que nadie tocó. Aquellos montones de bandejas de comida representaban mi vergüenza. ¡Y formaban montañas! Me vi como una tonta por intentar impresionar por todos los medios a aquel grupo de mujeres y fallar otra vez. En el pasado habría intentado ocultar la vergüenza y posiblemente habría tirado la comida a la basura como una forma de esconder mi bochorno. Sin embargo, con las nuevas actitudes que desarrollé, decidí abrirme ante una amiga en quien podía confiar, para que entendiera y compartiera mi dolor. La llamé, le conté la historia y lloré. Y al día siguiente vino a verme y juntas nos tomamos las sobras.*

Después de hablar seriamente sobre estas dificultades, incluso pude reírme de mi intento de conseguir la aprobación de los demás; bromeé sobre la comida y me sentí mucho mejor. Al haber expuesto todas mis emociones pude ver más claramente que estaba buscando aprobación en el lugar equivocado y de las personas equivocadas. Por fin podía deshacerme de la vergüenza.

En la actualidad, cuando pienso en esta experiencia, por lo general sonrío en lugar de hacer una mueca de dolor. Pienso en mi amiga y yo sentadas a la mesa, riéndonos y comiendo las sobras, en lugar de mortificarme pensando en la fiesta fallida. Esto para mí supuso un gran cambio, porque en el pasado me habría atiborrado de vergüenza en lugar de atiborrarme de comida.

Mi marido tuvo la oportunidad de oír una versión abreviada de la presentación que usted hizo sobre la vergüenza, y eso también me ha ayudado mucho. «Verbalizamos la vergüenza» juntos y eso nos ayuda a mejorar nuestra comunicación como pareja.

También creo que aprender sobre la vergüenza me ha convertido en una persona más empática. Yo siempre me he enorgullecido de mi capacidad para escuchar a los demás sin juzgarles. Sin embargo, conocer la vergüenza más a fondo ha llevado esas actitudes a un nivel nuevo. Me doy cuenta de lo mucho que está en juego cuando alguien opta por compartir sus historias vergonzosas conmigo, y sé el daño que podría hacerle si abordara una historia como esta de forma crítica en lugar de empática.

Así que me centro mucho más en intentar consolar a esa persona y hacerle saber que a veces todos caemos en el mar de la vergüenza; que yo pudiera ser la persona que se encuentra en la orilla y arroja el chaleco salvavidas esta vez, pero que en el futuro puede que me sumerja en ese mismo mar y necesite ayuda. Soy mucho más consciente de que distanciarse de los demás y recurrir a estrategias que delimitan el alcance de «nosotros» y «ellos» separa a la gente y provoca una falsa sensación de superioridad. Así que soy mucho más consciente de mi vergüenza y de la vergüenza ajena, y de verdad quiero mostrar compasión por todos nosotros.

El que sigue es un correo electrónico de una terapeuta que pone en práctica mi trabajo con sus clientes y en su vida personal:

Estimada Brené:

Como soy terapeuta de supervivientes de violencia doméstica y sexual, la gestión de la vergüenza siempre ha sido una parte difícil de mi trabajo. Tu investigación se ha convertido en una magnífica herramienta para mí de cara a mis clientes, y utilizo las actividades en mis grupos y también a nivel individual. Creo que lo que más me ha beneficiado a mí de este libro es que ahora soy capaz de identificar la vergüenza y la manera en que afecta a mis clientes con más frecuencia. Dispongo de las herramientas para ayudarles a reconocer su vulnerabilidad personal, desarrollar la conciencia crítica y hablar de la vergüenza. Es mágico. Ser capaz de hacer desaparecer la vergüenza y avanzar es una de las partes más poderosas de la curación.

En mi vida personal también he utilizado tu trabajo. Hablo de la vergüenza con mis amigas, muchas de las cuales también han leído tu libro. El simple hecho de poder tocar este tema reconforta mucho. Afrontar mis propios problemas de vergüenza me ha ayudado en varias áreas de mi vida en las que me sentía estancada. Como yo también he sufrido violencia doméstica, he hablado con mis amigas sobre la vergüenza en relación con este tema. Pero tu libro me ha ayudado también a identificar otras áreas de vergüenza en mi vida, esas que, por comunes y cotidianas, eran las que más fácilmente ignoraba. Ser capaz de verbalizar mi vergüenza, ya sea en relación con mi cuerpo (me siento demasiado gorda) o con mi trabajo (no me considero lo bastante buena), tiene un poder increíble. Al principio necesité mucho valor para sacar el tema de la vergüenza; y aunque todavía es algo de lo que no me apetece hablar, cada vez que lo hago me siento sumamente aliviada. Cuanto más hablo, más sencillo me resulta. Y, por lo general, ya no me siento avergonzada. Sin tu trabajo ni siquiera habría tenido la valentía de contarlo.

Cuando leo estas cartas, lo primero que me viene a la cabeza es lo siguiente: yo no inventé las estrategias que aparecen en el libro. Resulta sumamente significativo saber que las ideas que presento en estas páginas están ayudando a un gran número de mujeres, pero pertenecen a muchas otras personas además de a mí. Yo escuché a cientos de mujeres contar sus historias y explicar sus estrategias para afrontar la vergüenza. Analicé sus experiencias, las organicé y las describí con palabras. Para entender mejor lo que estaba oyendo, estudié además el trabajo de muchos clínicos e investigadores diferentes. El esfuerzo de todos ellos, que cito a lo largo del libro, es lo que posibilita mi trabajo.

Leer estas cartas confirma lo que he aprendido al estudiar la teoría de las relaciones y la cultura: nos curamos a partir de nuestras conexiones con los demás. Esta teoría nació de un proceso colaborativo de desarrollo teórico iniciado por los académicos del Stone Center de la Universidad Wellesley. En su libro titulado *The Healing Connection*, Jean Baker Miller e Irene Stiver explican: «Si observamos con atención las vidas de las mujeres, sin intentar que nuestras observaciones coincidan forzosamente con patrones preexistentes, descubrimos que la sensación interna de conexión con los demás es el rasgo organizativo básico del desarrollo femenino. Tras escuchar las historias que cuentan sobre sus vidas y analizarlas en detalle, hemos descubierto que, al contrario de lo que se esperaría a partir de los modelos de desarrollo vigentes que enfatizan la separación, el desarrollo de la autoestima y de la valía femenina casi siempre se basa en su capacidad de establecer y mantener relaciones».

La necesidad de conexión y la capacidad para utilizar estas estrategias de resiliencia a la vergüenza están en todas nosotras. Y como resalta Barbara en su carta, a veces caemos en el mar de la vergüenza y necesitamos ayuda, y en otras ocasiones somos nosotras las encargadas de lanzar el salvavidas a la persona que se está ahogando.

Desde luego, existen diferencias reales que nos separan de infinidad de maneras, pero al final somos mucho más parecidas que diferentes. Todas necesitamos sentirnos valoradas, aceptadas y seguras. Cuando nos consideramos despreciables, rechazadas e indignas de pertenecer a ningún grupo, sentimos vergüenza. Pero el mensaje es siempre el mismo, ya lo divulguemos en cartas largas o en correos electrónicos breves; ya provenga de mujeres jóvenes o de profesionales experimentadas. Da igual. Lo que queda claro es que uno de los beneficios más importantes que nos aporta el hecho de abrirnos a los demás es saber que las experiencias que tan solas nos hacen sentir son en realidad experiencias universales.

Al margen de quiénes seamos, cómo hayamos sido criadas o cuáles sean nuestras creencias, todas libramos batallas ocultas y silenciosas contra la sensación de no ser lo bastante buenas tal cual somos, de no tener bastante o de no encontrarnos suficientemente integradas. Cuando encontramos el valor de compartir nuestras experiencias, y la compasión para oír a otras personas contar sus historias, obligamos a la vergüenza a salir de su escondite y acabamos con el silencio. Así es como tres mujeres convirtieron sus experiencias de vergüenza en experiencias de conexión:

- Yo me quedé embarazada cuando tenía dieciséis años. Siempre había tenido períodos raros, así que ni siquiera me di cuenta hasta que ya estaba de tres meses. La única persona que lo sabía era mi hermana, porque ni siquiera se lo dije a mi novio. Más o menos una semana después de enterarme, aborté. La verdad es que me asusté mucho y mi hermana me llevó al médico. Mientras volvíamos a casa después de la consulta, ella me dijo que haber perdido el bebé era lo mejor que me podría haber sucedido. Eso pasó hace veinticinco años, pero todos los años sigo recordando el día en que habría nacido mi hijo. Sabía que no tenía derecho a estar triste, porque se suponía que no debía haberme quedado embarazada. Y si bien me avergüenza haberme quedado embarazada, también me da vergüenza no haber podido demostrar mi tristeza. Ahora, cuando veo a alguien que se avergüenza de estar triste, le explico lo importante que resulta contárselo a alguien y «sacarlo fuera». Se lo digo a mis hijas, a mis amigas, a mis sobrinas: a cualquiera que parezca tener miedo de afligirse. Todo el mundo tiene derecho a afligirse y a sentir tristeza.

- La esposa de mi padre es más joven que yo, y el nuevo novio de mi madre ha estado casado seis veces. Mi familia es ridícula. Se supone que estamos cómodos con esta situación y también se supone que todo esto es aceptable, porque la mayoría de las familias están chifladas. Pero, claro, eso solo funciona cuando estás rodeado de gente que también habla abiertamente de su propia locura familiar. Si, por el contrario, estás rodeada de gente que simula que sus familias son perfectas, la cosa cambia. De hecho, resulta bastante vergonzoso, porque te juzgan a ti a partir de la locura de los miembros de tu familia, y lo único que puedes hacer es intentar evitar la cuestión y cambiar de tema. Cuando veo que alguien admite algo sobre su extraña familia y otro empieza a juzgarle y a criticarle, tengo la necesidad de intervenir. Comienzo a hablarle de mi propia familia. Si todos dijésemos la verdad, nadie se sentiría como si fuese la única persona con una familia chiflada. Si intento ayudar a quien está en esa misma situación es porque sé lo que se siente: una gran soledad.

- Creo que no saber la verdad sobre algo es realmente vergonzoso. En especial cuando estás creciendo y oyes cosas o te informan mal. De niña pensaba que un tampón podía dejarme embarazada y que si te masturbabas te convertirías en una estrella porno. No sé ni siquiera de dónde sacaba esas cosas, pero durante un año me negué a usar tampones. Cuando mis amigas me preguntaban por qué usaba compresas gruesas, no les podía contar la razón, porque no tenía demasiado claro si la cuestión del embarazo era cierta. Pero tampoco podía preguntárselo a mis padres. Finalmente vi un tampón en el bolso de una de mis cuidadoras y le planteé mis dudas. Ella rio y sencillamente me contó todo sobre la menstruación, el sexo y los chicos. Los padres no tienen ni idea del daño que causa la mala información. Cuando alguna niña me pregunta algo o noto que dispone de información equivocada, le cuento todo lo que quiere saber al respecto. Intento ahorrarle la tristeza que yo pasé.

Cuando no nos abrimos a los demás, permitimos que se queden solos en su vergüenza, alimentando dicha emoción con el secretismo y el silencio que tanto necesita para crecer. No podemos utilizar la vergüenza para cambiar a la gente, pero tampoco podemos beneficiarnos de la vergüenza ajena. Sin embargo, sí deberíamos aprovechar la empatía compartida.

No nos abrimos a los demás para «arreglar sus problemas» ni para «salvarlos», sino para ofrecerles ayuda reforzando su red de conexión y también la nuestra. Y todo ello aumenta la resiliencia, porque nos permite:

- compartir nuestra historia
- favorecer el cambio.

Cuando no nos abrimos a los demás, alimentamos nuestra vergüenza y nos confinamos, porque recurrimos a:

- la separación
- el aislamiento.

Uno de los beneficios de dar a conocer nuestra historia es experimentar la «risa del reconocimiento». Yo la defino como la risa que nace al admitir la universalidad de las experiencias que

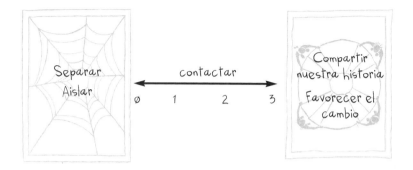

compartimos, tanto positivas como negativas; es el alivio y la conexión que nos embargan cuando nos damos cuenta de lo poderoso que resulta compartir nuestra vergüenza. Espero que si la historia de las galletas te causó gracia, te rieras conmigo y no de mí. Esa es la «risa del reconocimiento».

Pero, atención: la risa del reconocimiento no es el uso del humor para autodespreciarnos ni para desviar la atención del tema que nos aflige; no se trata de la risa dolorosa tras la cual muchas veces nos escudamos. La risa del reconocimiento tiene que ver con admitir lo absurdo de las expectativas que forman la telaraña de la vergüenza y con aceptar lo irónico que resulta creer que solo nosotras estamos atrapadas y enmarañadas en esa telaraña. Cuando pienso en la risa del reconocimiento me remito al increíble volumen de textos escritos por Erma Bombeck, o al punzante humor de *Cathy*, el cómic escrito por Cathy Guisewite. Su trabajo creativo sobre la maternidad y la vida de soltera sabe captar nuestras vulnerabilidades de un modo que nos hace reír y nos ayuda a sentirnos normales.

Hay algo enternecedor, espiritual y esencial en compartir la risa del reconocimiento con personas que entienden nuestras dificultades. Mi definición favorita proviene de la magnífica escritora Anne Lamott, a quien en una ocasión oí describir la risa como una «forma efervescente y burbujeante de santidad».

En los últimos años he tenido la ocasión de trabajar en este proyecto con algunas magníficas estudiantes de posgrado, con las que pasé muchas horas leyendo y analizando entrevistas, y hablando sobre la vergüenza. Recuerdo el día en que el equipo de investigación comenzó a explorar el concepto de la risa del reconocimiento. De forma intuitiva, sabíamos que reírnos de las experiencias de vergüenza compartidas desempeñaba un importante papel en nuestras reuniones, pero cuando descubrimos que un número cada vez mayor de participantes en nuestra investigación hablaban de este tema, nos sorprendimos un poco. Al final nos dimos cuenta de que el lenguaje universal de la risa nos brindaba a todas la oportunidad de hablar de la vergüenza, un concepto que de otra manera resulta complicado verbalizar y describir.

Esto es lo que opina Marki McMillan, una de las investigadoras: «La risa es la evidencia de que la vergüenza ha relajado su llave de estrangulamiento. Y la risa del reconocimiento marca el momento en el que tenemos la prueba de que nuestra vergüenza se ha transformado. Al igual que la empatía, la risa consigue desmontar la vergüenza por completo; le arrebata su poder y la obliga a salir del lugar donde se esconde».

Cuando nos abrimos a los demás y les contamos nuestras historias, aumentamos nuestro poder y nuestras posibilidades de crear un cambio. Para la mayoría de nosotras, abrirnos a los demás supone iniciar un tremendo cambio individual, e inspira a otras personas a participar en un cambio colectivo.

PROVOCAR UN CAMBIO

Creer que de verdad tenemos la capacidad de provocar un cambio en nuestra vida puede parecer difícil —o incluso imposible— al principio, pero es uno de los pasos más fortalecedores en el camino hacia el desarrollo de la resiliencia. Cuando hablamos de cambio individual y colectivo, es importante que nos demos cuenta de que no todas vamos a participar en política, ni defenderemos los derechos humanos, ni tan siquiera formaremos parte de grupos «de lucha». Algunas podremos provocar un cambio modificando nuestra forma de interactuar con otras personas o nuestras relaciones. Otras desarrollarán la conciencia crítica con amigas y miembros de su familia.

Debemos entonces encontrar un método de cambio que nos mueva e inspire. A veces, como individuos, nuestros esfuerzos varían dependiendo del tema. A mí, por ejemplo, algunas cuestiones me motivan a involucrarme de lleno en una acción colectiva, en tanto que otras me hacen ver que mi mayor contribución radica en introducir cambios personales. Cuando hablamos de las distintas formas de provocar un cambio, me remito a las seis pes: *personal, palabra, plebiscito, participación, poder adquisitivo* y *protesta*. Ya estemos intentando cambiar algo en la escuela de nuestros hijos, luchando por que se retiren de los kioscos de nuestra zona algunas revistas ofensivas, tratando de conseguir mejores bajas de maternidad o luchando por cambiar la política nacional, las seis pes funcionan.

Personal: Hasta los cambios más personales suelen provocar un poderoso efecto dominó en la vida de nuestra familia, amigos y colegas. Jillian, por ejemplo, comenzó a controlar los programas de televisión que ven sus hijos y en la actualidad limita sus suscripciones a las revistas de moda. Sondra, la mujer silenciada por los comentarios de su esposo, ha vuelto a discutir de política y religión con su cuñado. También está transmitiendo a sus hijas el magnífico legado que le dejaron sus padres («hablar en voz alta y con orgullo»), junto con otras herramientas que les ayudarán a gestionar adecuadamente esa vergüenza que otras personas emplean para mantenernos calladas. El cambio puede asumir muchas formas; no hay nada más político que abrirse camino entre las expectativas sociales y comunitarias para poder vivir la vida al máximo y ayudar a otras personas a hacer lo mismo. Practicar el coraje, la compasión y la conexión frente a la vergüenza es un acto político.

Palabra: Escribe una carta. Casi todos los líderes de organizaciones y los legisladores responderán a tus cartas, correos electrónicos o faxes. Mi amiga y colega Ann Hilbig lucha por temas relacionados con los niños. Ella me contó que los miembros del Congreso norteamericano necesitan solo doce cartas para pedir a alguien de su departamento que investigue un determinado tema. Yo no paro de enviar correos electrónicos. Si ves un anuncio que te resulta increíblemente ofensivo, envía un e-mail a la empresa. La Organización Nacional de las Mujeres esponsoriza el Día del Amor a tu Cuerpo. En su página web recopilan anuncios ofensivos —que, por ejemplo, incitan a avergonzarse por el aspecto físico, al tabaquismo en adolescentes y al consumo de alcohol— y ofrecen un formulario de petición que puedes repartir entre tus amigas y enviar a distintas empresas. La petición es la siguiente:

Señor director de marketing:

Nos negamos a pasar hambre para encajar con los cánones de la moda de este año. Rechazamos su idea del cigarrillo como un complemento de la dieta y denunciamos a la industria dietética por hacernos dudar de nuestra dignidad. No nos levantarán, presionarán, reducirán, aplastarán, reformarán ni retocarán. No buscará en mi cara ni en mi cuerpo los ojos, la nariz, el cuello, el pecho, el vientre, la cadera, los muslos o las nalgas perfectas... No queremos que nos corte como si fuésemos carne para su propio beneficio. ¡Somos guapas tal como somos!
SABEMOS que los cigarrillos provocan adicción y matan.

Sabemos que dejar de comer reduce el tejido muscular y la capacidad cerebral. Sabemos que las imágenes de mujeres que usted incluye en las revistas y en la televisión son ofensivas, dañinas, peligrosas e irrespetuosas. Esos anuncios son un ataque a las mujeres y a las jovencitas. Esos anuncios son un insulto a mi inteligencia. Esos anuncios son un ataque a la igualdad entre las mujeres.

Plebiscito: Vota. Busca a los candidatos que se interesen por las cuestiones que afectan a tu vida y vótales.

Participación: Infórmate sobre las organizaciones que apoyan las cuestiones que te preocupan y únete a ellas en la lucha. La mayoría mantiene informados a sus seguidores mediante correos electrónicos o faxes. También te ayudan a expresar tu opinión mediante correos electrónicos y faxes ya redactados en los que tú simplemente tienes que escribir tu código postal y enviarlo directamente desde tu ordenador. Te lleva dos minutos, y ellos se encargan de hacer llegar la información a la persona adecuada.

Poder adquisitivo: A la hora de consumir, sé consciente del poder que tiene el dinero y deja de comprar productos a aquellas personas que no comparten tus valores. Las investigaciones de marketing demuestran que en aproximadamente el 85 por 100 de las compras relacionadas con el hogar somos las mujeres quienes tomamos las decisiones. Aquí tienes un ejemplo. Hace alrededor de dos años, Ellen y yo fuimos a nuestro videoclub para alquilar un par de películas. Yo estaba leyendo algunas carátulas cuando mi hija me tiró de la camisa para preguntarme: «¿Son princesas?». Entonces miré hacia abajo, pero en lugar de ver entre las manos de mi hija una de las películas infantiles que solemos alquilar, me encontré con la imagen de tres mujeres jóvenes en bikini. El título de la película era algo como: *Anuncios clasificados: problemas en los suburbios*. Cogí la caja del DVD y la estudié de punta a punta. Era una película para «adultos».

De inmediato cogí a Ellen en brazos, me dirigí con paso firme a la caja y pedí hablar con el director. Después de esperar un par de minutos, una mujer joven se me acercó y se presentó. «¿Cuándo comenzasteis a traer estas películas?» Ella miró la caja y suspiró: «Cogimos películas pornográficas más o menos en la misma época en que recortaron nuestros beneficios y nos ampliaron el horario».

La cuestión era que una gran empresa de telecomunicaciones había comprado aquella cadena de videoclubes, y que después de dicha transacción habían comenzado a alquilar películas para adultos. La mujer me informó además de que su tienda en particular recibía solo cincuenta películas de este tipo, pero que las tiendas de «barrios pobres» ofrecían cientos de títulos.

Mientras conducía a casa expliqué a Ellen por qué estaba enfadada y por qué creía que algunas películas hacen daño a las mujeres y a las niñas. Ella me ayudó a cortar mi tarjeta de socia y luego enviamos la tarjeta y una carta al director de la compañía.

Encontré más tarde un estupendo servicio online que te lleva películas a tu casa, y ni te cobra recargos ni tiene películas para adultos. Es probable que nuestro antiguo videoclub nunca deje de alquilar pornografía, pero al menos Ellen y yo hemos dejado de participar.

Protesta: Una protesta no siempre es sinónimo de un millón de personas en una manifestación. A veces una protesta son cuatro o cinco personas que se presentan en una reunión de directivos de un colegio o en el despacho de alguien. Al margen de su tamaño y el alcance, cuando nos unimos para pedir lo que necesitamos, algunas personas consideran que nuestras acciones son una «protesta». Si eso nos detiene, tenemos que preguntar: «¿Quién se beneficia con esto?».

En el libro *The Dance of Intimacy*, Harriet Lerner plantea: «Si bien las conexiones no siempre son obvias, el cambio personal es inseparable del cambio social y político». Creo que tiene razón. Abrirnos a otras personas nos permite identificar y nombrar lo que compartimos, y nos ofrece la oportunidad de cambiar tanto a nivel personal como social.

LAS BARRERAS QUE NOS IMPIDEN ABRIRNOS

Mientras practicamos abrirnos a otras personas, tenemos que estar muy atentas a las barreras con las que podríamos encontrarnos. En lo que queda de este capítulo analizaremos las dos cuestiones principales que nos impiden poner en práctica el coraje y la compasión. Y la mejor manera de introducir estos conceptos es la historia de Jennifer y Tiffany, que ilustra magníficamente cuáles son las barreras que nos impiden abrirnos y por qué merece la pena luchar para superarlas.

La primera vez que entrevisté a Jennifer por teléfono, ella y su marido, Drew, estaban acabando su máster en Administración de Empresas y tenían un hijo de tres años, Toby. Nuestra entrevista se centró principalmente en su lucha por expresarse en unas clases predominantemente masculinas y en la vergüenza que sentía al mandar a su hijo a la guardería en fines de semana alternos mientras ella trabajaba y estudiaba. Conocí personalmente a Jennifer varios años después, durante un taller de resiliencia a la vergüenza que yo dirigía. Se acercó a mí durante el descanso y me pidió permiso para contar al grupo una importante historia de apertura personal. Y esta es la historia.

Después de terminar los posgrados y conseguir empleo, Jennifer y Drew se trasladaron a su primera casa, en el barrio de sus sueños. Sus vecinos de enfrente eran un matrimonio: Tiffany y Andy. Jennifer y Tiffany tenían hijos de la misma edad, y Tiffany además tenía un bebé. Cuando nos reunimos para nuestra segunda entrevista, Jennifer estaba embarazada.

Si bien la amistad entre sus hijos avanzaba a pasos agigantados, en el caso de Jennifer y Tiffany las cosas iban un poco más lentas. Jennifer contó: «Entre nosotras nunca hablábamos de cuestiones demasiado profundas. Casi siempre nuestro tema eran los niños. Lo intenté un par de veces, pero me parecía que a ella no le interesaba entrar en ese campo. Después de un año, en realidad yo no sabía mucho sobre ella ni ella sabía mucho sobre mí... Bueno..., hasta que empezó toda esta historia».

Jennifer me explicó entonces que su hermana menor, Carly, había tenido problemas de alcoholismo desde la adolescencia, y que la madre de ambas, alcohólica en proceso de recuperación, llamó a Jennifer un día para contarle que Carly había sido admitida en un hospital de rehabilitación y que ella se ocuparía de Emma (la hija de Carly) hasta que acabara el tratamiento. Luego le preguntó si ella y Drew podrían asistir a un encuentro familiar de fin de semana que se llevaría a cabo en el centro de rehabilitación, y Jennifer le aseguró que allí estarían. Ella nunca había dejado a su hijo con una canguro durante toda la noche, así que decidió preguntar a Tiffany si su hijo podía quedarse a dormir con ellos.

Así es como Jennifer recuerda la escena: «Crucé la calle, llamé al timbre y respiré hondo. Tiffany abrió la puerta y le dije: "Mi hermana, Carly acaba de empezar un tratamiento de rehabilitación y Drew y yo hemos de ir a verla dentro de un par de semanas. ¿Podría Toby quedarse a dormir aquí? Le pediría a mi madre que viniera, pero es que ella también tiene que estar con mi hermana». Según Jennifer, Tiffany parecía impresionada.

Sin embargo, un segundo después respondió: «Por supuesto que puede quedarse a dormir. Sin problema», y Jennifer se sintió aliviada. Solo que entonces empezaron las preguntas.

—¿Qué hermana? Pensé que solo tenías una.

—Sí, Carly; la conociste hace un par de meses, cuando ella estaba aquí con mi hija. Vive en el norte, cerca de mi madre —respondió Jennifer.

Tiffany parecía muy confundida:

—¡Carly! ¿Estás de broma? Es un encanto, ¿no? ¿Era la que estaba con la niñita? Las dos llevaban vestidos a juego.

—Sí, es ella —respondió Jennifer, que empezaba a sentirse cada vez más incómoda mientras Tiffany parecía intentar ordenar sus pensamientos.

El resto de aquella conversación transcurrió de la siguiente manera:

—No parece una persona que necesite ir a rehabilitación. ¿Qué problema tiene? —inquirió Tiffany.

—Es alcohólica —respondió Jennifer.

—No me lo creo, no parece una alcohólica. ¿Qué piensa su marido?

—No está casada.

—Es broma, ¿no? ¿Y qué piensa tu madre?

—¿De qué? ¿De que sea alcohólica o madre soltera?

—Dios, no lo sabía.

—Mi madre cree que Carly y Emma son fantásticas. Y ella también es una alcohólica en proceso de recuperación.

—Dios, qué familia tan complicada.

—Sí, así es. Bueno, entonces, ¿Toby puede quedarse a dormir en casa?

Como podrás imaginarte, esta conversación no hizo demasiado por profundizar la conexión entre Jennifer y Tiffany. Pero las cosas iban a empeorar.

Un par de meses más tarde, los hijos de Jennifer y Tiffany comenzaron educación infantil, y a dos semanas de empezar las clases se produjo un terrible incidente a la salida del colegio. Jennifer ya había recogido a su hijo y estaba en la cocina cuando Tiffany llamó a su puerta. En cuanto abrió, Tiffany le contó el incidente con todo lujo de detalles.

—No te lo vas a creer. ¿Has visto los coches de policía? ¿Y la ambulancia?

Jennifer se asustó:
—¡No! ¿Qué ha pasado?
—Uno de los coches de la fila de padres no avanzaba y todos los demás comenzaron a pitar. Una madre salió del suyo y se dirigió hacia el vehículo que estaba parado y se encontró con una mujer apoyada sobre el volante. Como se asustó mucho, se puso a gritar y un grupo de profesores se acercó a la carrera. Creían que la mujer estaba muerta. Alguien llamó a urgencias, y cuando llegó la ambulancia se dieron cuenta de que no estaba muerta, ¡sino completamente borracha! ¿Te lo puedes creer?
Jennifer apenas podía responder. Se le llenaron los ojos de lágrimas:
—Oh, Dios, es horrible...
Tiffany la interrumpió:
—¡Lo sé! ¿Puedes creerlo...: en nuestra escuela? ¿En nuestro barrio? Me refiero a que esta mujer podría haber matado a alguien. Podría haber atropellado a nuestros hijos. También yo estuve a punto de echarme a llorar solo de pensar en esa loca conduciendo hasta el colegio en ese estado.
Jennifer se quedó sin palabras. Y Tiffany respondió a su silencio diciendo:
—Lo sé, lo sé. Es horrible. Yo también estoy destrozada. Ha sucedido aquí mismo, en esta misma calle... En nuestro barrio.
Jennifer negó con la cabeza y dijo:
—Estoy destrozada por esa madre. Y por sus hijos. Y por su familia. Pero no creo que tú y yo estemos destrozadas por los mismos motivos, Tiffany.
Tiffany, que miraba hacia la calle, no respondió a este último comentario. Estaba distraída mirando a otra vecina que llegaba a su casa, así que exclamó:
—¡Uy, se lo voy a contar a Leena! Te veo más tarde.
Jennifer estaba furiosa y herida. Mientras relataba la historia, no dejaba de decirme que no podía creer haber sido amiga de

alguien tan superficial, tan boba. Tiffany sabía que la madre y la hermana de Jennifer eran alcohólicas, y aun así no había conseguido establecer ninguna conexión. Jennifer dijo: «Nunca olvidaré oírla decir que le parecía increíble que eso sucediera en nuestro barrio, en nuestra escuela, frente a nuestros hijos». Y añadió: «Tuve ganas de preguntarle: ¿dónde crees que debería pasar? ¿Los hijos de quién deberían ver cosas como esta?».

Su amistad se volvió un poco más distante a partir de entonces, pero eso no impidió que Tiffany invitara a Jennifer a trabajar con ella para la fiesta de invierno que organizaba el colegio. A Tiffany le parecía una excelente oportunidad de conocer a alguna de las madres de la Asociación de Padres de Familia, en especial a Amber Daniels. Y a Jennifer, que aceptó a regañadientes, la idea de colaborar con la escuela se le antojaba una buena manera de deshacerse de parte de la culpa que sentía por trabajar fuera de casa.

Amber Daniels tenía tres hijos en el colegio: uno en quinto, otro en tercero y otro en segundo. Era la presidenta de la asociación y, según Jennifer, «la persona más perfecta que puedas conocer». En efecto, Jennifer la describió como una mujer inteligente, hermosa, agradable y, en todo sentido, una madre perfecta. Además, tenía muchas seguidoras; la mayoría, madres de niños mayores. Tiffany la idolatraba tanto que ni siquiera podía dirigirle la palabra. Si Amber o alguna de sus amigas la saludaban, no podía evitar tartamudear. Pero a Jennifer nada de eso la impresionaba, aunque sí opinaba que aquel «grupo de moda de la asociación» resultaba un poco intimidante.

Jennifer y Tiffany fueron elegidas para encargarse de una subasta a sobre cerrado. Una tarde, después de una reunión para planificar la fiesta del colegio, Jennifer y Tiffany salían de la cafetería cuando Amber, que estaba allí sentada con dos de sus amigas, gritó: «¡Eh, venid a tomar café con nosotras!». Las dos se miraron y lentamente empezaron a caminar hacia la mesa.

Jennifer rio y con voz burlona me describió aquel momento: «No podía dejar de pensar: "¡Dios mío, nos han invitado a sentarnos a la mesa de las animadoras!"».

Así que se sentaron. Amber se presentó a sí misma y a sus amigas, y luego les preguntó si alguna de ellas tenía algún plan divertido para las vacaciones.

En este punto de la historia, Jennifer me miró y dijo: «Brené, sinceramente, no sé qué me pasó. Miré directamente a Amber y respondí: "Sí, voy al norte a ver a mi familia. Mi hermana acaba de salir de rehabilitación, así que vamos a pasar algún tiempo con ella y su hija. Es madre soltera, así que ha sido duro"».

Al parecer, Tiffany había quedado tan impresionada con la sincera respuesta de Jennifer que resbaló en la silla hacia delante y se golpeó la frente contra la minúscula mesa de la cafetería. Mientras me contaba este incidente, Jennifer comentó: «Si estaba intentando desviar la atención de la conversación, desde luego lo logró. Amber incluso le preguntó si se encontraba bien».

Pero Tiffany se recuperó enseguida, miró a Jennifer a los ojos y dijo:

—¡Venga, Jennifer! Dudo que Amber quiera conocer los detalles de tu complicada familia.

Y Amber, sonriendo, comentó:

—Bueno, pero ¿es que hay alguna familia que no sea complicada?

Jennifer intentó responder, pero Tiffany la interrumpió y rápidamente aclaró:

—No tanto como la suya.

Para aquel entonces Jennifer ya empezaba a sentirse avergonzada, así que se quedó mirando su taza de café. Y entonces, para su sorpresa, Amber rompió aquel incómodo silencio para preguntar:

—¿Y qué tal está tu hermana?

Jennifer describió la situación de la siguiente manera: «Amber me estaba preguntando a mí, pero miraba directamente a Tiffany con una expresión que decía "Más te vale no decir ni una palabra"». Por eso respondió enseguida:

—Mejor, gracias.

—¿Y dónde está realizando el tratamiento? —preguntó Amber.

—En Moorewood —respondió Jennifer.

Amber entonces asintió y dijo:

—Sí, mi marido esponsoriza a un tío que estuvo en ese programa. Al parecer es bastante bueno.

Tiffany se quedó sin palabras.

Una de las amigas de Amber preguntó:

—¿Y tú, Amber? ¿Este año vas a alguna fiesta durante las vacaciones?

Y todas empezaron a reír, por lo que Jennifer se dio cuenta de que estaban bromeando entre ellas. Segundos después, Amber sacudió la cabeza y dijo:

—¡A mí me vais a hablar de cosas complicadas…!

Y empezó a explicar que el año anterior había llevado a sus hijos a casa de su madre para las vacaciones, y que esta les había rogado que asistieran a una fiesta cuya anfitriona era una de sus mejores amigas, que resultó ser la madre del primer marido de Amber, es decir, su exsuegra.

Al parecer, justo en medio de la historia, Tiffany le espetó un: «¿Es que ya has estado casada?», ante lo cual Amber asintió y continuó contándoles que todos sus hijos sabían que había estado casada antes, pero que ella y su actual esposo se habían quedado sorprendidos cuando el exmarido de Amber había aparecido en la fiesta con su nuevo novio. Jennifer explicó: «A esas alturas de la historia todas estábamos riendo y pasándolo genial. Todas menos Tiffany. Ella ni siquiera sonreía. Casi me sentía mal por ella, hasta que de pronto le preguntó a Amber si no le resultaba difícil exponer a sus hijos a la "cuestión gay" a una edad tan temprana».

En opinión de Jennifer, Amber había manejado el tema realmente bien, puesto que había dicho a Tiffany que no entendía muy bien a qué se refería ella con lo de la «cuestión gay», pero que el hermano menor de su marido y su pareja (masculina) también vivían en esa ciudad y cuidaban de los niños todo el rato, así que la «cuestión gay» era una «cuestión normal» para sus hijos.

Jennifer me explicó a continuación que el viaje de regreso a casa después de aquella reunión resultó sumamente incómodo, porque Tiffany no dijo ni una palabra. Así que, alrededor de una semana más tarde, Jennifer preguntó a Tiffany si podían verse para hablar. Y hablaron sobre Carly, el incidente en el colegio y Amber.

Por mucho que Jennifer intentaba describirle cómo se sentía, Tiffany no dejaba de repetir: «No sé por qué hablas de estas cosas como si estuvieses orgullosa de ellas», razón por la cual procuró explicarle que no se sentía orgullosa de lo que pasaba en su familia, pero que tampoco iba a avergonzarse, y que además estaba esforzándose mucho por superar sus problemas con la vergüenza. Sin embargo, Tiffany no la entendía. De hecho, le preguntó:

—¿Se supone que tengo que tener una mejor opinión de Amber porque su marido alcohólico tiene un hermano gay y porque ya ha estado casada? Pues mira, no la tengo. A mí me gusta la gente sincera. Y cuando miras a Amber, no ves lo que hay.

Jennifer entonces me explicó: «Me sentí tan disgustada que me rendí. Supe que si seguíamos con el tema acabaríamos no dirigiéndonos la palabra nunca más».

A partir de entonces, la relación entre ambas se centró únicamente en los niños y la escuela, pero sí surgió una fuerte amistad entre Jennifer y Amber. Tiffany, convencida de que Amber estaba sobrevalorada, no dejaba de rechazar las invitaciones de Jennifer de quedar con ellas.

Hasta que una mañana, casi seis meses más tarde, Tiffany llamó por teléfono a Jennifer llorando tan angustiosamente que apenas podía entenderse qué decía. A toda prisa, Jennifer cruzó la calle y encontró la puerta abierta de par en par. Al entrar, vio a Tiffany sentada en el suelo de la cocina, sollozando amargamente.

«Estaba segura de que alguien había muerto. Me senté junto a ella y le pregunté qué había sucedido», me explicó.

Y lo que sucedió a continuación fue que Tiffany la miró y le dijo:

—No soy perfecta. Realmente no lo soy. Mi vida es una mierda, como la de todo el mundo. Te lo juro.

«Debí parecer sorprendida —me explicó Jennifer—, porque Tiffany enseguida añadió: "Sí, he dicho una palabrota. Y no pasa nada. La voy a repetir". Y se echó a llorar todavía más.»

Jennifer la abrazó y le dijo:

—Ya sé que no eres perfecta. Ahora confía en mí, en lo que voy a decirte: no pasa nada. Nada de nada. Es genial.

Las dos rieron un poco, Tiffany se giró hacia ella, le cogió las dos manos y se confesó de la manera más intensa imaginable, explicando a Jennifer que en realidad estaba muy confundida.

Le contó que ni siquiera conocía a su padre; que jamás le había visto ni se había reunido con él en toda su vida. Y que su madre no la visitaba porque Tiffany se avergonzaba demasiado de ella como para invitarla a su casa.

Así lo explicó:

—Ella no tiene problemas normales como los que os causan tanta gracia a ti y a Amber. Ella es pobre. Le faltan algunos dientes. No habla como nosotras. Yo no crecí en un barrio como este. Por mucho que me esforzara de niña, por buenas que fueran mis notas o por mucho que hiciera por parecer bonita, yo seguía siendo una mierda.

Luego, al conocer a Andy en la universidad, Tiffany había encontrado todo lo que siempre había soñado: él tenía una familia aparentemente perfecta y estaba dispuesto a enseñarle a tener un buen aspecto.

Y continuó contando a Jennifer:

—Ni siquiera invité a mi madre a nuestra boda. Andy la conoció solo después de que nos casáramos. Y tampoco le cayó bien; él odia mis orígenes. No es que yo le hubiera planteado que dudaba si invitar a mi madre a la boda y él intentara convencerme de llamarla: es que directamente me dijo que sería más fácil para todos si no venía.

A esas alturas, tanto Jennifer como Tiffany estaban llorando.

—Yo quiero ser normal, pero estoy agotada. No cuento nada porque Andy se enfadaría muchísimo si supiera que alguien conoce nuestros problemas. Echo de menos a mi madre. No sé qué hacer. Quiero poder hablar contigo.

Y como Jennifer realmente no sabía qué hacer ni qué decir, optó por quedarse sentada al lado de su amiga, llorando. Lo más duro para ella fue ver que entonces Tiffany se ponía de pie, caminaba hacia un cajón de la cocina y sacaba un trozo de papel doblado.

—Cuando me dijiste que estabas trabajando para superar la vergüenza, busqué en Google la palabra *vergüenza* —le dijo, mirándola a los ojos— y encontré este poema. Si lo lees me entenderás mejor. ¿Quieres leerlo?

Jennifer me confesó que a duras penas podía mirar el papel, pero que aun así leyó el texto. Era el poema *Shame* («Vergüenza»), de Vern Rutsala. Yo nunca había oído hablar de él hasta que Jennifer me pasó una copia. Desde entonces se lo he recomendado a muchas personas, y realmente creo que es uno de los actos más valientes de sinceridad que he conocido en mi vida. Aquí lo tienes:

Esta es la vergüenza de una mujer que oculta su sonrisa
tras las manos porque tiene los dientes destrozados, pero
que no se odia tanto como quienes recurren a las cuchillas o a
[las pastillas
o se lanzan al vacío desde hermosos puentes, por trágico que resulte.
Esta es la vergüenza de verte a ti mismo,
de avergonzarte de donde vives y de lo que el sueldo
de tu padre te permite comer y vestir.
Es la vergüenza de los gordos y los calvos,
del insoportable sonrojo del acné; la vergüenza de
no tener dinero para comer y simular que no tienes hambre.
Esta es la vergüenza de la enfermedad escondida,
de enfermedades demasiado caras que solo ofrecen un frío
billete de ida. Es la vergüenza de sentir vergüenza,
de la repulsión del vino barato que has bebido, de la lasitud
que hace que la basura se acumule, la vergüenza que te dice
que hay otra manera de vivir, pero tú eres demasiado estúpido
como para descubrirla. Esta es la verdadera vergüenza, la maldita
vergüenza, la vergüenza que te hace llorar, la vergüenza que es criminal,
la vergüenza de saber que palabras como gloria no forman parte
de tu vocabulario, si bien contaminan las Biblias por las que
sigues pagando. Esta es la vergüenza de no saber
leer y simular que sí sabes.
Es la vergüenza que te hace temer salir de casa,
la vergüenza de los cupones de comida en el supermercado,
donde la cajera espera impaciente mientras tú
buscas con torpeza el cambio.
Es la vergüenza de la ropa interior sucia, la vergüenza de simular
que tu padre tiene un trabajo como Dios planificó
para todos los hombres. Esta es la vergüenza
de pedir a tus amigos que te dejen en la puerta de la
única casa bonita del barrio y esperar entre las sombras
a que se marchen para entrar a la penumbra de tu verdadera casa.

*Esta es la vergüenza de la manía de tener cosas, la vergüenza
de la falta de calefacción en invierno, la vergüenza de
comer alimento para gatos;
la extrema vergüenza de soñar con una casa nueva y un coche,
y la vergüenza de saber lo poco que cuestan esos sueños.*

© Vern Rutsala

    Como te imaginarás, esto marcó un enorme punto de inflexión en la amistad entre Jennifer y Tiffany. Las primeras veces que estuvieron juntas después de sincerarse aquel día, ambas se sintieron un tanto incómodas, algo que, por otro lado, era de esperar.

    Jennifer explicó: «En un momento dado, supe que sería más fácil para nosotras simular que aquella tarde nunca había existido. Pero no lo hicimos. Todo era demasiado importante».

    Según Jennifer, ella y Tiffany son grandes amigas en la actualidad. La familia de Jennifer sigue teniendo problemas, ¿pero acaso no los tienen todas? Y Tiffany y Andy están haciendo terapia de pareja. Al parecer, Tiffany amenazó a su marido con abandonar su hogar si él se negaba, argumentando que eso sería peor para su imagen que el hecho de ir a terapia. Y al mismo tiempo, Tiffany y su madre están intentando arreglar su relación, lo cual es muy duro para ambas.

    Amber no volvió a presentarse como candidata a la presidencia de la Asociación de Padres de Familia, porque decidió convertirse en profesora de yoga. Jennifer dijo, riendo: «¡Tiene muchos seguidores! Tiffany y yo vamos juntas a su clase».

    En la próxima sección analizaremos más en detalle los conceptos de aislamiento y otredad, que son dos de las barreras a las que nos enfrentamos cuando intentamos abrirnos a los demás: exactamente las que estuvieron a punto de impedir que Jennifer y Tiffany desarrollaran la conexión que ahora tanto parecen valorar. Estas barreras afectan a todos los elementos de la resiliencia a la vergüenza, y debemos entender cómo funcionan en nuestra vida, porque de lo contrario la resiliencia a la vergüenza es prácticamente imposible. Empecemos por explorar entonces el concepto de «aislamiento».

AISLAMIENTO

En esta cultura que potencia la vergüenza, nos sentimos constantemente abrumadas por el miedo, la culpabilidad y la desconexión, todo lo cual crea un mundo dividido entre «nosotros» y «ellos». Hay personas como nosotros, y luego están «esos otros», de quienes normalmente hacemos lo imposible por alejarnos. De niñas nos permitían pasar el rato con ciertos amigos, pero también estaban los «otros». Después aparecieron los chicos con los que podíamos salir… y los otros. Había escuelas a las que íbamos y escuelas para los otros chicos. Y de adultos vivimos en el barrio en el que vive la gente como nosotros, porque las demás zonas son para «los demás». Emocional y físicamente nos aislamos de «los otros» en lo que parece un ciclo sin fin. Hasta hemos desarrollado un lenguaje para describirlos: a veces nos referimos a ellos como «esa gente» o incluso usamos una frase tan misteriosa como «personas como esas».

Yo rara vez utilizo la palabra *verdad*, porque es fuerte y encierra muchas promesas. Pero en este caso la voy a emplear, porque, de todas las cosas que he aprendido en la pasada década, el concepto que, a mi entender, más podría ayudarnos es el siguiente: nosotros somos «esa gente». A decir verdad…, *nosotros somos los demás*.

Casi todos estamos a un sueldo, un divorcio, un hijo drogadicto, un diagnóstico de enfermedad mental, una enfermedad grave, un abuso sexual, un exceso de alcohol, una noche de sexo sin protección o una aventura amorosa de convertirnos en «esa gente», aquellos en los que no confiamos, los que nos inspiran pena, los que no deseamos como compañeros de juego de nuestros hijos, aquellos a los que les pasan cosas malas, esos que no nos gustan como vecinos. De hecho, permíteme que te lo demuestre. Si tú o los miembros de tu familia NUNCA habéis tenido ninguno de los siguientes problemas, deberías saltarte lo que resta de capítulo:

- adicción (alcohol, drogas, alimentos, sexo, relaciones, etc.);
- diagnóstico de cualquier enfermedad mental (depresión, ansiedad, trastornos alimentarios, bipolaridad, déficit de atención, etc.);
- cualquier enfermedad estigmatizada (enfermedades de transmisión sexual, obesidad, sida, etc.);
- violencia doméstica (física, emocional, verbal, etc.);
- abuso sexual (violación, violación marital, violación en una cita, etc.);
- abuso infantil (físico, sexual, incesto, abandono, maltrato psicológico, etc.);
- suicidio;
- muerte violenta;
- actividad criminal o encarcelamiento;
- endeudamiento grave o bancarrota;
- aborto;
- creencias religiosas fuera del ámbito de las corrientes preponderantes;
- pobreza (incluidos problemas de clasismo);
- bajo nivel educativo (falta de aptitudes básicas de alfabetización, deserción escolar, etc.);
- divorcio.

Según las estadísticas, todo el mundo debería continuar leyendo. Esta es la lista de la «otredad» y, nos guste o no, nosotros también formamos parte de ella; algunos incluso en más de un ítem. Es posible que mientras leas esto pienses: «Esta mujer debe de estar bromeando. ¡Que esté divorciada no significa que la gente piense de mí lo que piensa de alguien que ha ido a la cárcel o que consume drogas!». No es verdad. Para algunas personas, divorciarse puede ser peor que una adicción a las drogas. De hecho, he entrevistado a una mujer de poco más de sesenta años que me contó que solía sentirse avergonzada de sus hijos. Concretamente, de la que más sentía vergüenza era de su hija. Su yerno la había pillado con otro hombre y se había divorciado de ella. Pero esta misma señora tenía un hijo que se había pasado varios meses en la cárcel después de ser pillado dos veces conduciendo bajo los efectos del alcohol en la universidad. Ella comparaba a los dos y decía: «Los chicos siempre serán chicos; puedo vivir con eso. Pero tener una hija vulgar es algo que nunca superaré».

El objetivo de esta lista no es establecer un rango ni comparar estos problemas; como ya he explicado, no creo que eso conduzca a ninguna parte. De lo que se trata es de entender que todos somos susceptibles de ser juzgados y de sentir vergüenza de nuestras experiencias. E igualmente importante es asumir que todos somos susceptibles de juzgar y avergonzar a otros por sus experiencias.

He entrevistado a drogadictos en rehabilitación que presentaban elevados niveles de resiliencia al estigma de su adicción, y he entrevistado a mujeres que son la envidia de sus amigas pero que a duras penas pueden superar la vergüenza de provenir de barrios pobres. Cada una de nosotras es el «otro» de alguien.

Jennifer y Tiffany son los ejemplos perfectos. La historia de adicción de la familia de Jenifer, la historia marital de Amber y la mujer que se desmayó mientras esperaba a su hijo en el coche a la salida del colegio eran los «otros» para Tiffany; representaban a «esa gente». ¿Recuerdas que le dijo a Jennifer que «Carly no parece alcohólica» y que no dejaba de repetir lo mucho que le molestaba que el incidente de la madre alcoholizada hubiera tenido lugar en «nuestro barrio» y en «nuestra escuela»?

Tiffany era incapaz de aceptar al «otro» en sus amigos, porque lo negaba con tenacidad en su propia vida: a instancias de Andy había intentado simular que ni su madre ni la pobreza en la que ella misma había crecido existían. Se había esforzado tanto por crear un mundo en el que no pudiera ser percibida como «el otro» que no podía aceptar la otredad en Jennifer o Amber.

Utilizamos el concepto de la otredad para aislarnos y desconectarnos. Por eso se convierte en una barrera, en un obstáculo que nos impide abrirnos y, por consiguiente, desarrollar resiliencia a la vergüenza. Abrirse en cualquier dirección es duro; y practicar el coraje es tan difícil como practicar la compasión, porque ambas cosas requieren que contactemos con nuestro propio malestar. Resultó difícil para Tiffany contarle a Jennifer la verdad sobre su vida, y también fue doloroso para Jennifer escucharla. Pero si se obligó a hacerlo fue porque Tiffany y la relación entre ambas le resultaban importantes.

Hablar de nuestra vergüenza duele, y escuchar a alguien que te está contando su propia historia de vergüenza puede resultar igual de difícil. La tendencia natural a evitar o reducir este dolor suele ser el motivo por el que comenzamos a juzgar y a aislarnos a través de la otredad. Básicamente, culpamos a los demás por su experiencia y de forma inconsciente dividimos a las personas en dos campos: las que merecen nuestro apoyo y las que no. Cuando alguien se avergüenza de alguna de esas cuestiones que alimentan la otredad, no nos sentimos tan obligados a abrirnos. Del mismo modo, cuando sentimos vergüenza porque estamos experimentando uno de esos problemas estigmatizados, nos cuesta mucho abrirnos para buscar apoyo. Nos resulta más sencillo creer que nos merecemos nuestra vergüenza.

El concepto de etiquetar a la gente como «digna» o «indigna» no es nuevo. Si analizas la evolución de la caridad y la filantropía remontándote a los primeros documentos escritos, quienes necesitaban ayuda siempre eran separados en dos categorías: los pobres dignos y los pobres indignos. Ese pensamiento ha pasado a formar parte de nuestra cultura, y a día de hoy podemos verlo en nuestra política pública, en nuestros barrios y en nuestras familias. A nivel individual se desarrolla de la misma manera que a nivel comunitario.

Volvamos a la historia de los coches a la salida del colegio. Imaginemos que la madre que se desplomó sobre el volante hubiera sufrido un paro cardíaco importante y hubiese sido hospitalizada. ¿Cuántos platos de comida crees que habría recibido su familia? Y mientras se recuperaba, ¿cuántos vecinos se habrían ofrecido a llevar y traer a sus hijos del colegio? Ahora pensemos en la realidad de que estaba ebria mientras esperaba en el coche a recoger a sus hijos: ¿cuántos platos de comida crees que su familia recibió? Si fuese ingresada en un centro de rehabilitación, ¿cuántas madres de su barrio se ofrecerían a llevar a sus hijos al colegio o invitarían a sus hijos a jugar con los suyos mientras durase su período de recuperación? Seguramente no muchas.

La historia es parecida en el caso de Bette, una mujer a la que entrevisté hace un par de años. Su hijo adolescente se suicidó, y a pesar de que tenía una gran red de amistades y colegas, muy pocos de ellos asistieron al funeral. Pasando de las lágrimas a la furia, me contó: «Seis meses antes de que mi hijo muriera, la hija de mi compañera de trabajo perdió la vida en un accidente de coche. Tenía la misma edad que mi hijo. A su funeral fue todo el mundo; apenas podías moverte. Scott tenía tantos amigos como esta niña; estaba en el anuario escolar y era muy activo en clase. Yo tengo la misma buena relación con mis compañeros de trabajo que la madre de esta chica, pero como Scott se suicidó, no vino nadie».

Y explicó: «Me sentí tan herida y tan furiosa que al final pregunté a una de las mujeres que trabajan conmigo por qué había venido tan poca gente, por qué solo tres compañeros de la oficina me habían enviado tarjetas de condolencia. Y ella me respondió que todos creían que yo necesitaba privacidad. No querían ponerme las cosas todavía más difíciles». Respirando profundamente, continuó: «Déjame decirte lo que eso significa: muchos creen que de alguna manera fue culpa mía. No sabían qué decir; no querían afrontar la situación».

DEMASIADO MIEDO

El miedo es otra de las razones que nos lleva a aislarnos. Cuando mi marido, Steve, leyó esta sección sobre «los otros», negó con la cabeza y dijo: «Sí, estos son los problemas por los que juzgamos y culpamos a la gente». Pero se quedó pensando durante un minuto y añadió: «¿Y qué pasa con esas cuestiones por las que realmente no culpamos a nadie, pero nos asustan y nos hacen huir despavoridos en dirección contraria?». Sé exactamente a qué se refería.

A veces no le damos la espalda a la gente porque sus experiencias estén estigmatizadas o resulten socialmente inaceptables, sino simplemente porque nos dan demasiado miedo. Mi historia sobre la unidad de cuidados intensivos (UCI) neonatal es un buen ejemplo. La primera vez que tomé conciencia de que mi propio aislamiento se basaba en el miedo fue durante la residencia de Steve, que tuvo que pasar un mes entero en la UCI neonatal y por las noches me contaba historias que había oído allí. Confieso que si encontraba el coraje de escucharle era porque sabía que él necesitaba un lugar seguro para procesar su dolor y celebrar sus éxitos. Pero después de un par de semanas de historias sobre partos peligrosos, bebés muertos y familias destrozadas, me volví menos empática y creció mi miedo. Tampoco me ayudaba demasiado estar en el sexto mes de embarazo de mi primer hijo.

Comencé entonces a hacerle preguntas sobre cada familia, principalmente sobre su raza, ingresos e historia médica. Por no parecerle demasiado insensible, intentaba hacerle creer que las preguntas nacían de mi preocupación e interés: «Quiero imaginármelos. ¿Se parecen a cualquiera de las personas que conocemos? ¿Tienen nuestra edad? Debe de ser tan costoso... ¿Tienen seguro médico? ¿Y eso sucedió por alguna razón médica?». Un día, notando la frustración de Steve frente a mi letanía de preguntas imbéciles, me dejé de exquisiteces y pasé directa a los aspectos demográficos: ¿cuál era su raza? ¿Eran pobres? ¿Consumían drogas? ¿Habían recibido asistencia prenatal? ¿Tenían problemas genéticos?

Hasta que Steve me miró y dijo: «¡No, Brené, son como nosotros! Esto le sucede a todo tipo de gente, incluso a los que son como tú y yo».

Entonces me eché a llorar: «¡No! No puede ser». No quería creerlo. Deseaba recurrir a todos los sistemas de diferenciación existentes para separarme de «esos otros». Pero si, por alguna extraña coincidencia, sus descripciones coincidían en todo con las nuestras, yo pasaba al siguiente paso: «Bueno, entonces, ¿qué hicieron mal?».

Después de que Steve me hiciera ver lo mucho que me estaba esforzando por separarme de «aquella gente» de la UCI neonatal, me di cuenta de que suelo recurrir a esa misma técnica cuando veo las noticias de la noche. Si estoy en la cocina, cocinando y escuchando las noticias que ponen en la tele que está en el salón, y relatan una horrible noticia sobre alguna violación, asesinato o secuestro infantil, suelo salir volando hacia el salón, batidora en mano, para ver cómo es la víctima y dónde sucedió el incidente. En el instante en que detecto a alguien que es «distinto» de mí o que vive en un barrio diferente al mío, me siento un poco menos aterrorizada.

Un día, mientras explicaba a mis alumnos el tema de la agresión sexual, comenzamos a hablar de la frecuencia con que a las víctimas de abusos sexuales se les vuelve a victimizar durante los juicios. Expliqué: «Los abogados de la defensa no quieren que los miembros del jurado se vean reflejados en la víctima por su aspecto, su edad, su raza, el lugar donde estaba cuando se produjo la agresión, etc. Así que, por miedo a que el jurado se identifique con ella, lo que hacen es atacarla». Y continué: «Estoy segura de que es fácil conseguirlo: a mí no me gustaría identificarme con una víctima, porque eso significaría que a mí podría pasarme lo mismo».

Prosiguiendo con el debate, les expliqué que yo recurro mucho a esta técnica para protegerme. Y, uno a uno, los alumnos reconocieron hacer lo mismo y contaron sus propias experiencias sobre cómo y cuándo se aíslan frente al miedo.

Desde un aula resulta fácil indignarse por que a los supervivientes de una agresión sexual, incluso aunque se trate de niños, se les eche la culpa y se les aísle cuando sufren un abuso; pero, en realidad, casi todos ponemos en práctica esta separación día tras día. Desafortunadamente, tal como reconocimos al descubrirnos en la lista de «los otros», la mayoría de nosotros experimentará una pérdida o un trauma que a otras personas les resultará difícil y atemorizante.

Si nos pasamos la vida aislándonos constantemente de las personas que sufren e intentan superar grandes pérdidas, ¿qué sucede cuando nos pasa algo a nosotros? Creo que la mayoría nos volvemos en nuestra propia contra y nos castigamos con frases como: «¿Que hice para merecer esto? ¿Por qué yo? Esto me pasa porque hice algo malo o equivocado».

Si nos hemos convencido de que «cosas como estas no les pasan a las personas como yo», cuando sí nos pasan pensamos que hemos hecho algo terriblemente mal. Algo que ha provocado que nos echaran a patadas del grupo que nos mantenía a salvo, el mítico grupo que siempre escapa a las tragedias. Por eso las personas que sobreviven al cáncer, las mujeres que sufren abusos sexuales, los adultos que alguna vez vivieron en la calle, los padres que han perdido hijos y las familias que han sufrido actos de violencia suelen decirme dos cosas: «Antes de que me sucediera, nunca había imaginado que pudiera pasarme a mí; esas cosas solo les pasaban a los demás», y «Nunca se sabe, puede sucederle a cualquiera. Simplemente quiero estar junto a quienes están pasando por lo mismo».

Es duro. No queremos conectar con las personas que sufren, en especial si creemos que se merecen ese sufrimiento o si su angustia nos asusta demasiado. No queremos abrirnos frente a nadie. Nos parece arriesgado. Creemos que simplemente por relacionarnos con ellos podríamos acabar en el mismo saco de «los otros» o nos veríamos obligados a admitir que a la gente como nosotros también le pasan cosas malas. Siempre oigo la misma frase en boca de las mujeres que están dispuestas a conectarse con los demás: no es fácil. Las que llevan platos de comida a los que sufren mientras los demás están cotilleando y juzgando, o las que se enfrentan a su propio temor para reconfortar a otra persona no son superhéroes. Son mujeres comunes y corrientes que a veces se obligan a sí mismas a hacer esas cosas. No siempre les sale de forma natural, pero todas confirman que con la práctica les resulta cada vez más sencillo.

Mi madre es una de esas mujeres. Yo tengo recuerdos muy vívidos de ella acompañando a vecinos en crisis. Y no se trataba de «crisis aceptables». Yo crecí en las afueras y, créeme, fuimos testigos de algunos acontecimientos muy traumáticos que no encajaban con la vida perfecta que se suponía que todos estábamos viviendo.

Incluso recuerdo que a veces me sentía avergonzada porque era mi madre quien llevaba un plato de comida a la persona de la que todo el mundo estaba hablando. O era la que invitaba a cenar a casa a la familia sobre la que circulaban rumores horribles. Yo no lo entendía, pero ahora sí.

Mi madre se crió cumpliendo varios de los criterios de la lista de «los otros». Como ya expliqué, mi abuela fue una persona increíblemente generosa y compasiva que luchó durante años contra el alcoholismo, una adicción que por aquel entonces era malinterpretada y provocaba todavía más vergüenza que en la actualidad, en especial para las mujeres. Y, por si eso fuera poco, se divorció de su marido, mi abuelo, cuando mi madre estaba en tercero de primaria.

Mi madre siempre nos habló abiertamente sobre lo difícil que le resultó conciliar su vida con las expectativas sociales y comunitarias que definieron los años cincuenta, si bien en algún punto encontró el coraje para hablar sin tapujos sobre sus experiencias y se dio cuenta de que no estaba sola en esa lucha. Así que tomó la decisión de deshacerse del manto de vergüenza que la cultura de *Ozzie y Harriet** y sus seguidores le echaban encima, y al hacerlo nos marcó un nuevo camino a mis hermanos y a mí.

Incluso ahora, mientras me hago mayor y las «cosas difíciles» parecen estar sucediéndole cada vez con más frecuencia a la gente que me rodea, a veces se me hace muy cuesta arriba aceptarlo. Y, como no podía ser de otra manera, llamo a mi madre. Ella continúa repitiéndonos lo mismo a mi hermano, a mis hermanas y a mí: «Id al funeral. Llevad algo de comer cuando los vecinos estén cotilleando y espiando por las persianas. Entrad en trance si hace falta, pero coged el coche y presentaos allí. Escribid exactamente lo que queréis decir, coged el teléfono y llamad sin falta».

Creo que lo más importante que me ha dicho sobre abrirnos frente a las personas que están viviendo una crisis es: «Lo haces porque esa es la persona que quieres ser. Lo haces porque eso podría haberme pasado a mí y un día perfectamente podría pasarte a ti».

---

* Serie de televisión norteamericana que contaba las aventuras de la familia Nelson. Estuvo en antena desde 1952 hasta 1966 (*N. de la T.*)

TU RED DE CONEXIONES

Si nuestro objetivo es desarrollar resiliencia a la vergüenza, debemos aprender a abrirnos, a contactar con los demás. Debemos coger lo que sabemos sobre el coraje, la compasión y la conexión, y ponerlo en práctica. No es fácil pedir a alguien que te escuche ni tampoco es fácil ser el que presta oído. En los talleres pido a los participantes que analicen sus desencadenantes de la vergüenza e intenten identificar a las personas con quienes podrían abrirse. Es importante que entendamos que, con frecuencia, las personas a las que podemos recurrir frente a un problema determinado quizá no sean las más idóneas frente a otras cuestiones.

Por ejemplo, la hermana de Susan (hablamos de esta en la introducción) hizo un comentario vergonzoso sobre el hecho de que Susan recurriese al programa para madres que trabajan fuera de casa. Susan me explicó: «En lo que a la crianza de los hijos se refiere, mi madre y mi hermana representan, sin lugar a dudas, mi telaraña de la vergüenza. Pero en cuanto a la religión y la fe, son los miembros más fuertes de mi red de conexión». Por eso es tan importante que pensemos en cuestiones específicas antes de identificar a las personas frente a las cuales podríamos abrirnos. Las siguientes preguntas podrían servirte de guía si las aplicas a las distintas categorías de la vergüenza:

- ¿Quiénes son los individuos y grupos que forman tu red de conexión?
- ¿Quiénes se acercan a ti para ofrecerte empatía y apoyo?
- ¿Quiénes son los individuos y grupos que forman tu telaraña de la vergüenza sobre estos asuntos?
- Cuando te encuentras con alguien que tiene dificultades con estos temas, ¿te abres a él/ella con empatía o te aíslas?

Estas son las respuestas de Susan, Kayla, Theresa y Sondra a estas cuestiones:

Susan: En lo que respecta a la crianza de los hijos y la maternidad, mi madre y mi hermana forman más parte de mi telaraña de la vergüenza que de mi red de conexión. Están demasiado próximas; influyen demasiado en mis decisiones. Mi red de conexión está formada por mi marido, mi mejor amiga y las madres de mi grupo de la iglesia.

Kayla: Bueno, para mí es bastante fácil determinar mi telaraña de la vergüenza en mi vida profesional: la conforman Nancy y todo el entorno laboral. Mi red de conexión probablemente está compuesta por mi primo y Cathryn, una de mis amigas. Ella trabajaba en este mismo sector, pero ahora se dedica a las tareas del hogar y a sus hijos. Ella me entiende. Y mucho me temo que yo también soy miembro de mi propia telaraña de la vergüenza en este tema.

Theresa: Creo que mi marido y mi mejor amiga son en realidad las únicas personas con las que puedo hablar de esto, pero los dos están cansados de oír mis quejas. Mi esposo está harto. Estoy yendo a terapia, y creo que me viene bien. La terapeuta me está ayudando a establecer las conexiones entre mis expectativas y la forma en que me educó mi familia. Es doloroso, pero merece la pena si puede conducirme a una mejor posición. Mi telaraña de la vergüenza está compuesta por mí, mi madre y varias de las mujeres que me rodean. Son lo que mi terapeuta llama mis críticas constantes. Incluso aunque no estén viendo lo que está sucediendo en mi casa o con mis hijos, siempre me pregunto qué pensarían ellas.

Sondra: Es difícil. Mi mejor conexión es mi marido. Pero podemos hablar de todo menos de este tema. Nos cuesta mucho, de verdad. Creo que él forma parte de mi telaraña de la vergüenza y de mi red de conexión al mismo tiempo. Yo también estoy en las dos. A veces soy muy dura conmigo misma y otras soy mi mejor amiga. Sin lugar a dudas, en mi telaraña pondría a mi familia política, los profesores de mi infancia, mi pastor y otras personas influyentes de mi niñez. Mis conectores son mis alumnos, mis amigos y, por supuesto, mis padres.

SEIS

EL CUARTO ELEMENTO: VERBALIZAR LA VERGÜENZA

NO HAY NADA MÁS FRUSTRANTE, e incluso intimidatorio en algunos casos, que sentir dolor y no ser capaz de describirlo o de explicárselo a alguien. Tanto si se trata de dolor físico como de dolor emocional, cuando no logramos encontrar las palabras precisas para explicar nuestras experiencias de dolor a otras personas, por lo general nos sentimos solos y asustados. Algunos incluso experimentamos ira o furia y nos comportarnos mal. Al final acabamos cerrándonos a los demás y vivimos nuestro dolor en silencio o, en los casos en los que nos resulta imposible, aceptamos la definición que otra persona hace sobre lo que nosotros sentimos, empujados por nuestra desesperada necesidad de encontrar algún remedio.

La vergüenza es un dolor que suele escapar a las definiciones. Como estoy explicando en este libro, se trata de una emoción que inconscientemente provoca pensamientos, sentimientos y comportamientos. Y como para sobrevivir necesita que nadie la detecte, busca silencio y secretismo. Si reconocemos y comprendemos nuestros desencadenantes, si practicamos la conciencia crítica y nos abrimos a los demás, podemos incrementar nuestra resiliencia creando redes de conexión que nos permitan obtener la empatía, la conexión y el poder que nos hacen falta para librarnos de la telaraña de la vergüenza. Sin embargo, el acceso a esos recursos requiere de ciertas aptitudes de comunicación. En otras palabras, tenemos que ser capaces de identificar y comunicar lo que estamos sintiendo y por qué.

Muy pocos adquirimos de forma natural el vocabulario que precisamos para identificar, describir y analizar el proceso de sentir vergüenza o de incrementar la resiliencia a la misma. Esta emoción cuenta con un lenguaje complejo, cuyo aprendizaje requiere práctica y destreza. Así que para verbalizar la vergüenza tenemos que manejar nombres y términos que nos permitan describir algunos de los más dolorosos y abstractos conceptos a los que los seres humanos tenemos que hacer frente.

Por ejemplo, ¿cómo describimos las abrumadoras respuestas físicas y emocionales que casi todos percibimos cuando tenemos vergüenza? Barbara, cuya carta leíste en el último capítulo, lo hace maravillosamente. Ella verbaliza la vergüenza. Asegura que cuando está avergonzada se ruboriza, siente tensión en el estómago y reproduce el incidente una y otra vez en su mente. Pero esta reacción difiere mucho de la que experimentan casi todas mujeres que participaron en mi estudio, quienes en sus respuestas hablaron de «perder los papeles, perder la compostura o morir por dentro». Frente a estas descripciones tan vagas, yo a veces les pedía que fueran más específicas, pero noté que en la mayoría de los casos acababan frustradas, porque se veían incapaces de poner palabras a sus experiencias.

Cuando verbalizamos la vergüenza aprendemos a hablar de nuestro dolor. Como expliqué antes, todos estamos programados para establecer conexiones entre nosotros, razón por la cual también estamos diseñados para narrar historias. Por encima de cualquier otro método, la narración es nuestra manera de comunicar quiénes somos, cómo nos sentimos, a qué le concedemos importancia y qué necesitamos de los demás. Sin lenguaje no podemos relatar lo que nos sucede. Los terapeutas de la narrativa Jill Friedman y Gene Combs explican: «Hablar no es un acto neutral ni pasivo. Cada vez que hablamos creamos una realidad. [...] Si las realidades en las que moramos surgen del lenguaje que empleamos, entonces las mantenemos vivas y las transmitimos a través de las historias que experimentamos y relatamos».

En las entrevistas, un elevado número de mujeres identificó cuestiones como «no encontrar la manera de explicar la vergüenza» y «no saber de qué forma hablar de las experiencias vergonzosas» como importantes factores desencadenantes de miedo, culpa y desconexión. Por el contrario, quienes demostraban altos niveles de resiliencia conseguían expresar cómo se sentían cuando experimentaban vergüenza y de qué manera pedían a otras personas el apoyo que necesitaban. En las siguientes secciones analizaremos las herramientas específicas relacionadas con la verbalización de la vergüenza.

TRADUCIR LA VERGÜENZA

Todos sabemos lo que significa que alguien nos avergüence. Como escribí en la introducción, a todos nos han hecho daño alguna vez con comentarios sutiles —y a veces claramente malintencionados— sobre nuestro aspecto, nuestro trabajo, la manera

en que criamos a nuestros hijos, la forma en que nos gastamos el dinero, las familias que tenemos o incluso ciertas experiencias de vida sobre las que no ejercemos ningún control. Los comentarios vergonzosos pueden ser directos, indirectos, manipuladores, deliberados e incluso, creo yo, no deliberados. Pero lo que todos compartimos es el gran dolor que nos causan y lo mucho que nos desestabilizan y nos empujan a buscar protección de forma desesperada.

Por supuesto, cuando estamos consternados nos resulta prácticamente imposible encontrar métodos eficaces para protegernos. De hecho, muchas de las aptitudes que utilizamos para gestionar la vergüenza no hacen otra cosa que magnificar nuestros sentimientos de impotencia y hundirnos todavía más en la confusión (como las cortinas de humo de las que hablamos antes). En este capítulo explicaré de qué manera la verbalización nos permite expresar cómo nos sentimos y pedir lo que necesitamos para así desarrollar más eficazmente la resiliencia.

Comencemos entonces por analizar la trampa de la vergüenza.

La trampa de la vergüenza

La trampa de la vergüenza es una de las formas de turbación más difíciles de reconocer, procesar y verbalizar, y suele estar tan escondida o camuflada que, sin saberlo, caemos en ella una y otra vez. Cuando nos atrapa nos asustamos y preguntamos: «¿Qué ha sucedido? ¿Por qué estoy sangrando?». Y quien nos ha avergonzado suele responder: «¿A qué te refieres? Yo no he visto nada. Tal vez lo ves tú sola… ¿Estás bien?». Nos pillan tan por sorpresa que repetimos la experiencia para asegurarnos de que no ha tenido lugar solo en nuestra imaginación.

Yo he tenido experiencias en el pasado, y una en el pasado reciente, en las que solo después de caer en la trampa varias veces conseguí entender lo que estaba sucediendo. Esta es mi historia sobre la trampa de la vergüenza.

Poco después de tener a Ellen, empezó a entusiasmarme la idea de reunirme con otras madres de recién nacidos. Una noche, durante un evento de trabajo me presentaron a Phyllis, que también acababa de tener un hijo. Ella también estaba trabajando menos horas, así que insistí en que quedásemos para comer, e incluso imaginé que nuestros bebés podrían jugar juntos.

Estaba tan contenta de tener a alguien con quien hablar sobre mi reciente maternidad que la primera vez que salí con ella a comer cometí el error de establecer «demasiada conexión demasiado pronto». Deseando compartir mis nuevas experiencias, le conté:

—Nunca pensé que sentiría tanto cansancio. A veces sueño con tener un breve descanso de mi papel de mamá para dormir un poco o quedarme un buen rato bajo la ducha.

A lo que ella respondió:

—La verdad es que yo nunca me he arrepentido de tener a mi bebé.

Por supuesto, me quedé helada. Y enseguida repliqué:

—Dios, no me arrepiento de tener a Ellen; no quise decir eso. ¡Es que estoy cansada!

Sin vacilar, ella arremetió contra mí:

—No pasa nada, algunas madres primerizas tienen muchas dificultades… La maternidad no es para todo el mundo.

A esas alturas ya no podía contener la irritación.

—Escucha, Phyllis, me encanta ser madre y adoro a Ellen. No me arrepiento de nada. Es genial.

Ella me miró como si se encontrase frente a una mujer patética y dijo:

—Vale, no te pongas histérica. Quizá las cosas mejoren cuando la niña sea mayor.

Confieso que en este punto de la conversación yo ya estaba

intentando descubrir la cámara oculta. De verdad, me puse a mirar por el restaurante esperando que alguien hubiese oído esa conversación de locos y pudiera dar fe de mi salud mental y mi amor a la maternidad. Me eché a llorar.
Phyllis entonces replicó:
—Mira, no sabía que para ti fuera un tema tan delicado. Hablemos de otra cosa.
Me marché a casa aturdida y confundida.
Cuando le conté la historia a mi amiga Dawn, ella también se quedó helada. Pero no por la «trampa de la vergüenza», sino al enterarse de que yo ya había hecho planes para volver a comer con Phyllis.
No dejaba de repetirme: «Es una locura; ¿por qué te estás sometiendo a esto?». Y aunque en ese momento no pude responderle, al analizar la situación de modo retrospectivo creo que lo que estaba buscando era otra oportunidad de probar que yo era una amiga y una madre normal y digna. Sospecho también que la historia era tan extravagante que no podía evitar pensar que a lo mejor me la había imaginado.
Durante dos meses, cada vez que quedaba con Phyllis volvía a casa furiosa, deprimida y cargada de un extraño ímpetu competitivo. Llegué al punto de invertir una tremenda cantidad de tiempo y energía intentando imaginar lo que diría ella cuando nos viéramos de nuevo, para así inventar respuestas despiadadas y réplicas ingeniosas, y ponerla en su lugar.
Recuerdo particularmente una mañana en la que me preparaba para comer con ella y abrí un envase de crema que alguien me había regalado en la fiesta prenatal. Era una loción «ecológica» a base de té verde, albahaca y pachulí. Mientras me la ponía me di cuenta de que era demasiado «térrea» para mí. Olía a abono.
Así que empecé a quitármela con un paño húmedo, y mientras tanto pensaba: «Uy, seguro que Phyllis diría algo desagradable sobre esta crema. Ella siempre huele a Estée Lauder». Pero en-

tonces, en lugar de seguir quitándomela, me puse más y me vestí.

De camino al restaurante, comencé a planificar mis réplicas. Me pareció que la mejor era: «Ah, ¿te gusta? Es ecológica. Intento mantener a mi bebé alejada de los perfumes químicos intensos. ¿Y tú?».

Por supuesto, nunca dijo una palabra sobre mi loción de abono; encontró otros objetivos de ataque. Me senté a la mesa con náuseas, decepcionada y preguntándome cómo podía ponerle el brazo debajo la nariz sin que resultara demasiado obvio. Habría sido muy triste decirle: «Eh, huele mi brazo. Te parece horrible, ¿verdad?».

Esta fue la última historia que Dawn se mostró dispuesta a escuchar. Me dijo:

—Tienes que averiguar qué está pasando. Todo esto está rayando el ridículo.

Y recuerdo que le respondí:

—Ya lo sé. Estoy intentando entender a Phyllis.

Dawn suspiró:

—¿Intentando entenderla? A mí eso me da exactamente igual. Lo que quiero saber es qué demonios te pasa a ti.

Más o menos un mes más tarde me encontré inesperadamente con Phyllis en la farmacia, y lo primero que me soltó fue:

—Uy, tienes muy mal aspecto. ¿Has cogido peso?

Por suerte, la gripe me tenía tan maltrecha y agotada que ni siquiera me sentía con fuerzas para «entrar en combate». Así que únicamente la miré, me encogí de hombros y seguí buscando mi medicamento. Cuando salió de la farmacia pensé: «Eso sí que ha sido una maldad y me ha dolido mucho».

Dejar de intentar vencerla en su propio juego me permitió centrarme en lo que *yo* sentía y reconocer mi vulnerabilidad frente a ella. En lugar de seguir preparándome para combatir, me di cuenta de que esa mujer hería mis sentimientos, de que con demasiada frecuencia decía cosas malvadas que me hacían sentir vergüenza, y, lo más importante, de que era imprescindible que modificara mi relación con ella.

Lo cierto es que siempre me había sentido mal después de comer juntas, pero solo cuando realmente pronuncié las palabras «Eso me ha hecho daño; ha sido realmente una maldad», decidí acabar con aquella relación y dedicar más tiempo a analizar mi propio papel en aquel desastre destructivo.

Verbalizar la vergüenza nos permite traducir nuestras experiencias para así aprender de ellas, lo cual es el objetivo de la resiliencia. No podemos impedir que la vergüenza «suceda», pero sí podemos aprender a detectar su llegada con suficiente antelación como para experimentarla de forma constructiva en lugar de destructiva. Cuando apliqué a mi situación los cuatro elementos de la resiliencia a la vergüenza, aprendí varias cosas.

Primero: me sentía muy sola y necesitaba desesperadamente conectar con alguien y hablar de mi nuevo papel de madre. Mi grado de vulnerabilidad era muy elevado por aquel entonces, y pronto descubriría que la maternidad iba a convertirse en un gran desencadenante para mí. Si bien era consciente de que la relación entre Phyllis y yo tenía menos que ver con quedar para comer que con prepararme para la batalla, era incapaz de reconocer esas señales de peligro, que ahora asocio a mi idea de «inventar respuestas despiadadas y réplicas ingeniosas».

Me he dado cuenta de que cuando planifico vengarme de alguien suele deberse a que no he reconocido algún desencadenante de la vergüenza. Si estoy preparando réplicas con la intención de avergonzar a otra persona y hacerle daño, por lo general quiere decir que estoy hundida en una zona de vulnerabilidad grave. También sé que cuando uso la vergüenza para «devolvérsela» a alguien, lo único que consigo en realidad es que mi propia vergüenza crezca en lugar de remitir. Y yo no quiero ser así.

Segundo: como acababa de ser madre, no había desarrollado

aún las aptitudes de conciencia crítica que necesitaba para saber que, en la mayoría de las madres, la maternidad es un poderoso desencadenante de la vergüenza. Sin lugar a dudas individualicé *(Esto tiene que ver conmigo)* y patologicé *(Estoy loca)* la experiencia. Me costó tiempo aprender y practicar la conciencia crítica en relación con la maternidad.

Tercero: cuando me puse en contacto con Dawn para contarle la conversación que había mantenido con Phyllis y ella intentó apoyarme, debería haberla escuchado. Todavía no había procesado por completo el hecho de que Dawn ocupa un lugar importantísimo en mi red de conexión frente al tema a la maternidad. Tendría que haber prestado atención a lo que ella me decía en lugar de restar importancia a su preocupación.

Cuarto: cuando durante la comida con Phyllis le comenté que la maternidad a veces resulta agotadora y ella respondió: «La verdad es que yo nunca me he arrepentido de tener a mi bebé», podría haber demostrado mis aptitudes para verbalizar la vergüenza diciendo algo como: «¡Pero bueno! ¿Cómo has llegado a pensar que mi comentario sobre el cansancio implica que me arrepiento de haber tenido a mi bebé?». Y si la conversación hubiese continuado cayendo en picado, podría haber dicho: «Parece que no nos entendemos, así que cambiemos de tema». Huelga decir que, por supuesto, no tendría que haber mantenido aquella amistad.

Por último, aprendí a traducir mi experiencia en unos términos que me ayudan a reconocer los ineficaces patrones que perpetúan mi vergüenza, que no son otros que las cortinas de humo. La historia de mi relación con Phyllis ejemplifica a la perfección de qué manera los cuatro elementos de la resiliencia a la vergüenza actúan juntos (y no siempre de forma lineal). Cuando realmente empecé a analizar mi comportamiento con ella, me di cuenta de que había estado usando (y a veces sigo haciéndolo) una interesante combinación de estrategias de desconexión, en especial frente a un tema tan importante para mí como es la maternidad.

Yo tiendo a usar una combinación de *avanzar* y *enfrentarme*. Suelo decantarme por cerrar la boca o por intentar agradar a la persona con la que estoy, pero luego, cuando llego a casa, me enfurezco y planifico venganzas. En el caso de Phyllis, yo intentaba convencerla por todos los medios de que éramos iguales y de que yo era una buena madre. Pero en casa expresaba mi furia mientras planeaba la manera de destrozarla verbalmente.

Creo que también desvié algunos de mis sentimientos de ira hacia Dawn al pensar: «Lo que pasa es que no quiere que tenga una nueva amiga». Redirigir nuestros sentimientos hacia otro blanco humano (es decir, desviarlos) es una estrategia de defensa a la que tendemos a recurrir cuando sentimos vergüenza. Muchas de las mujeres a las que entrevisté mencionaron que se enfurecían o descargaban su ira sobre sus hijos, parejas y amigos en lugar de hacer frente a la persona o el problema que estaba desencadenando su vergüenza.

Mi hija actualmente tiene siete años, así que esta historia pasó hace mucho. La he contado infinidad de veces y pienso en ella todavía más. Me ha llevado tiempo ver claramente lo que pasó y por qué. No se trata de un proceso instantáneo; por el contrario, se desarrolla muy poco a poco.

En la próxima sección hablaremos de la vergüenza deliberada y no deliberada. Pero antes de explicar estos conceptos, creo importante señalar que las motivaciones de la vergüenza no nos defienden del dolor. La vergüenza no deliberada siempre es dolorosa.

¿Cuáles son tus intenciones?

Identificar la vergüenza como deliberada o no deliberada es muy difícil, porque para ello tendríamos que conocer la motivación de la persona que ha hecho el comentario o ha desencadenado nuestra vergüenza. En algunos casos la motivación está clara, pero no siempre es así. En los ejemplos que veremos a continuación, las entrevistadas dijeron estar seguras de que los comentarios tenían la intención de causarles dolor y vergüenza, pero cada una de ellas les adjudicó una motivación diferente. He especificado en cada cita la motivación que la participante consiguió identificar, y al final he ejemplificado cómo podríamos abordarla, expresando al mismo tiempo el daño que nos ha causado el comentario en cuestión.

- Cada vez que voy a visitar a mi madre, lo primero que dice al verme es: «¡Dios mío, sigues gorda!», y lo último que la oigo decir cuando me marcho es «Espero que puedas perder algo de peso». (La vergüenza como motivación.)
  - Me siento muy avergonzada cuando dices cosas hirientes sobre mi peso. Me duele muchísimo. Es como si lo único importante para ti fuera mi aspecto. Si estás intentando hacerme sentir mal para que cambie, esto no funciona; lo único que consigues es que me sienta peor en lo referente a mí y a nuestra relación. De verdad, me estás haciendo mucho daño con esta forma de actuar.
- Sentí vergüenza cuando mi marido me dejó por otra mujer y mi hijo me dijo que era porque yo tenía «el culo gordo». (La vergüenza como ira.)
  - Cuando me insultas, en especial con expresiones como «culo gordo», me resulta realmente devastador. Si estás enfadado conmigo o con tu padre, podemos hablar del

tema. Pero nos resultará imposible hacerlo si nos atacamos mutuamente.
- La primera vez que mi hijo tuvo una infección de oído, mi pediatra dijo: «Bueno, entonces ¿a qué le vas a dar prioridad: a tu carrera profesional o a la capacidad auditiva de tu hijo?» (La vergüenza como juicio.)
  - Cuando dices: «Bueno, entonces ¿a qué le vas a dar prioridad: a tu carrera o a la capacidad auditiva de tu hijo?», no sé qué responder. Quiero conocer tu consejo médico, pero cuando me avergüenzas de esa manera me cuesta oír lo que dices.

En los siguientes ejemplos de vergüenza no deliberada, las participantes hicieron comentarios como «En realidad no creo que intentara avergonzarme» o «Sinceramente, no me parece que lo hicieran a propósito». Sin embargo, merece la pena destacar que para todas ellas las experiencias habían resultado sumamente vergonzosas —además de hirientes— al margen de su «intención» original, y que la relación con esas personas había quedado «tocada» a partir de entonces. También en este caso he especificado la motivación que cada participante consiguió identificar.

- La vergüenza es superar el cáncer. En el trabajo todo el mundo pensaba «Ya no puede seguir aquí». Me trataban como si fuese incapaz de hacer nada. (Incomodidad, conmiseración.)
  - Desde que he vuelto al trabajo, siento que me estáis tratando de otra manera por lo de mi cáncer. Incluso aunque vuestra intención sea ayudarme o apoyarme, tratarme de otra manera me hace sentir sola, como si fuese una extraña. Quiero y necesito saber que soy la misma persona y que la gente me tratará como tal.
- Cuando conté a mis amigas que había abortado, invalida-

ron completamente mis sentimientos diciéndome cosas como «Al menos sabes que puedes quedarte embarazada» o «Por lo menos no llevabas mucho tiempo». (Incomodidad, conmiseración; intento de minimizar.)
- Me siento realmente triste y sola por haber abortado. Sé que las mujeres lo viven de distintas maneras, pero para mí es un tema importante. Necesito que escuchéis cómo me siento. No me ayuda que intentéis minimizar la cuestión. Solo necesito hablar del tema con personas que se preocupen por mí.

Salir de la telaraña de la vergüenza puede resultar muy complicado, porque, tal como sucede con la mayoría de las trampas, cuanto más te esfuerzas por librarte de ella, más enredada te quedas. Para dejarla atrás debemos movernos despacio, con deliberación y una tremenda conciencia de lo que estamos haciendo y por qué.

En el primer ejemplo, muchas habríamos reaccionado diciendo: «¡Déjame en paz! Me pone enferma que digas tonterías sobre mi peso. Estoy harta». Pero eso no nos conduce a ninguna parte. En muchos sentidos, lo que hacemos es proteger a la persona que nos avergüenza de oír «Me estás haciendo daño», y protegernos a nosotras mismas de decir «Estoy dolida». Parece ilógico, pero explicar a alguien cómo nos sentimos requiere más valor y suele ser más poderoso que atacarle verbalmente.

El mismo tipo de sincera focalización en los sentimientos da también buenos resultados a la hora de abordar la vergüenza no deliberada. Este tipo de emoción suele surgir cuando alguien está intentando ayudar pero acaba dando algún consejo que nadie le ha pedido, juzgando a quien no debe o poniendo fin a una conversación a raíz de lo incómodo que se siente. Uno de los temas que parecen evocar la vergüenza no deliberada es la infertilidad. Como se trata de una cuestión que afecta a mucha gente, lo pondré como ejemplo en esta sección. Si tú has tenido problemas para quedarte embarazada, entenderás mucho mejor que otras mujeres de qué va todo esto.

La mayoría de las personas que no hemos tenido dificultades para concebir conocemos a algún amigo o familiar que sí lo ha pasado mal. Y casi todas hemos oído a alguien decir: «Estamos intentando quedar embarazados, pero tengo problemas de fertilidad». ¿Entonces, qué? Ahí es cuando aparece el problema. Nos ponemos nerviosas e incómodas y decimos cosas como: «Tendrás un bebé, ya lo verás...» o «¿Habéis pensado en adoptar?».

En mis talleres, hablar de infertilidad siempre resulta muy emotivo para todos. Pero la profundidad de una cuestión tan delicada y mi propia sensación de no saber abordarla me impulsaron a buscar nuevos recursos, y así fue como encontré la siguiente guía que, a mi entender, encierra un poder increíble. Le pedí a una amiga muy cercana —con problemas de fertilidad y también trabajadora social— que le echara un vistazo tanto desde el punto de vista personal como profesional, y le pareció un ejemplo increíblemente útil sobre cómo expresar lo que sientes y pedir lo que necesitas.

Verbalizar la vergüenza nos permite precisamente eso: explicar a los demás cómo nos sentimos y pedir lo que necesitamos, dos requisitos básicos para desarrollar la resiliencia y la conexión. Por eso te animo a usar esta guía como modelo (la versión abreviada aparece más adelante, y la completa la encontrarás en Internet, en www.infertilityeducation.org). Quizá tu problema sea el desempleo, o la obesidad, o alguna adicción de la que te estés recuperando; da igual. Siempre encontrarás algo que aprender en esta guía, y a través de su contenido podrás encontrar la mejor manera de dar voz a tus sentimientos y necesidades. Cuando leas cada una de las secciones, piensa en tus propios problemas y de qué manera podrías aplicar esas pautas a tu caso. Verbalizar la vergüenza es una experiencia muy personal e individual, en la que no vale usar las palabras de otra persona. Sin embargo, me parece muy importante aprender con el ejemplo. La autora, Jody Earle, luchó durante once años contra la infertilidad, y en más de una ocasión notó que le habría ayudado mucho contar con un catálogo como el que ella misma desarrolló más tarde. Sufrió tres abortos, uno en cada trimestre, y al final tuvo dos hijos, pero ambos prematuros. En la actualidad Earle sigue ofreciendo asesoramiento y apoyo a quienes sufren problemas de infertilidad. Para la confección de la guía contó con la colaboración del Comité Asesor de Material Educativo del Instituto Ferre.

INFERTILIDAD: UNA GUÍA PARA FAMILIARES Y AMIGOS

Voy a contarte cómo me siento a raíz de mis problemas de infertilidad, porque quiero que entiendas mi situación. Sé que es complicado comprender la infertilidad; a veces me parece que ni siquiera yo la entiendo. Esta lucha ha provocado en mí una serie de sentimientos intensos que desconocía, y no me gustaría que dichas reacciones fuesen malinterpretadas. Espero que mi capacidad para sobrellevar la situación y tu habilidad para comprenderla mejoren mientras te explico lo que siento. Quiero que me entiendas.

Tú posiblemente me describas como: obsesionada, malhumorada, indefensa, deprimida, envidiosa, demasiado seria, repulsiva, antagonista y cínica. No son características demasiado admirables; no me extraña que te cueste entender mi infertilidad. Yo prefiero describirme de esta manera: confundida, apremiada e impaciente, temerosa, aislada y sola, culpable y avergonzada, furiosa, triste y desesperanzada e inquieta.

Mi infertilidad me hace sentir **confusión**. Siempre di por hecho que era fértil. He pasado años evitando quedarme embarazada y ahora me parece irónico no poder concebir.

Mi infertilidad me hace sentir **apremiada e impaciente**. Me enteré de que era estéril después de llevar bastante tiempo intentando quedarme embarazada. Mi plan de vida de repente no se ajusta a lo que había pensado. Esperé para ser madre y ahora debo seguir esperando.

Mi infertilidad me hace sentir **miedo**. La infertilidad está llena de signos de interrogación, y estoy asustada porque necesito algunas respuestas definitivas. ¿Cuánto durará todo esto?

Mi infertilidad me hace sentir **aislada y sola**. Y por todos lados encuentro referencias a bebés. Debo de ser la única que está sufriendo esta maldición invisible. Me alejo de los demás porque todo me hace daño.

Mi infertilidad me hace sentir **culpable y avergonzada**. Con frecuencia me olvido de que la infertilidad es un problema médico que debería ser tratado como tal. La infertilidad destroza mi autoestima y me siento fracasada. ¿Por qué se me está castigando? ¿Qué he hecho para merecer esto? ¿Acaso no soy digna de un bebé?

Mi infertilidad me hace sentir **furiosa**. Todo me pone furiosa, y sé que dirijo parte de mi ira a donde no debo.

Estoy enfadada con mi cuerpo porque me ha traicionado aunque siempre he cuidado de él. Estoy enfadada con mi pareja porque, al parecer, la infertilidad no nos afecta de la misma manera a los dos. Mis recursos económicos están condicionando el tamaño de mi familia. Mi seguro no coopera y debo hacer muchos sacrificios para pagar las facturas médicas. Tampoco puedo faltar más al trabajo, porque si sigo así lo perderé. No puedo consultar a un especialista, porque eso significa más tiempo de viaje, más absentismo laboral y mayores gastos. Por último, estoy furiosa con todo el mundo. Todos opinan sobre mi incapacidad de ser madre; todos tienen soluciones; todos parecen saber muy poco, pero dicen demasiado.

Mi infertilidad me hace sentir **triste y desesperanzada**. La infertilidad me hace sentir que he perdido mi futuro, y nadie sabe lo triste que estoy. He perdido las esperanzas; la infertilidad me roba la energía. Nunca he llorado tanto ni con tanta facilidad. Me entristece que la infertilidad provoque tanta tensión en mi matrimonio.

Mi infertilidad me hace sentir **inquieta**. Mi vida ha quedado en suspenso. Me parece imposible tomar decisiones sobre mi futuro inmediato, y menos aún decisiones a largo plazo. No puedo decidir sobre cuestiones como estudiar, ejercer mi profesión, comprar una casa, desarrollar una afición, tener una mascota, salir de vacaciones, hacer viajes de negocios o recibir gente en casa. Cuanto más lucho contra mi infertilidad, menos control tengo.

De vez en cuando noto que mi pánico disminuye. Estoy aprendiendo formas muy útiles de afrontar esta cuestión; ahora estoy convencida de que no estoy loca, y creo que sobreviviré. Estoy aprendiendo a escuchar a mi cuerpo y a mostrarme firme, pero no agresiva, frente a mis necesidades. Me estoy dando cuenta de que no necesariamente se puede conseguir una buena atención médica y una buena atención emocional en el mismo sitio. Estoy intentando ser algo más que una mujer infértil, y por eso procuro ganar en entusiasmo, alegría y placer por la vida.

Tú puedes ayudarme. Sé que te preocupas por mí y sé que mi infertilidad afecta a nuestra relación. Mi tristeza provoca tu tristeza; lo que me hace daño a mí te daña a ti también. Creo que podemos ayudarnos mutuamente a salir de este dolor. Individualmente parecemos indefensos, pero juntos podemos ser más fuertes. Tal vez algunas de estas pautas nos ayuden a entender mejor la infertilidad.

Necesito que **me escuches**. Hablar de mi problema me ayuda a tomar decisiones. Demuéstrame que estás a mi lado si te necesito. Me resulta difícil exponer mis pensamientos privados si llevas prisa o tienes que dar por finalizada nuestra conversación en un plazo determinado. Por favor, no me cuentes todas las cosas horribles que le han sucedido a otras personas ni lo fácilmente que se ha solucionado el problema de infertilidad de alguien.

Necesito que **me apoyes**. Comprende que mis decisiones no son casuales; me han hecho pasar una auténtica agonía. Recuérdame que respetas esas decisiones aunque no estés de acuerdo con ellas, porque sabes que las he tomado de forma muy consciente.

Necesito que te sientas **a gusto** conmigo, porque así yo me sentiré todavía más cómoda a tu lado. A veces, hablar de infertilidad es raro. ¿Te preocupa decir algo malo? Házmelo saber. Pregúntame si quiero hablar. A veces me apetecerá y otras no, pero me recordará que te preocupas por mí.

Necesito que seas **sensible**. Si bien es posible que bromee sobre mi infertilidad para ayudarme a sobrellevarla, no resulta tan graciosa cuando quienes bromean son los demás. Por favor, no te burles con comentarios como «Parece que no sabes hacerlo». No trivialices mi problema diciendo: «Te entregaría gustosa uno de mis hijos». Tampoco me anima escuchar frases vacías de consuelo como: «El año que viene, a estas alturas, ya serás madre».

Necesito que seas **sincero** conmigo. Hazme saber que tal vez necesites tiempo para adaptarte a algunas de mis decisiones. Yo también necesité un tiempo de adaptación. Si hay algo que no entiendas, dilo.

Necesito que estés **informado**. Tus consejos y sugerencias me resultan frustrantes si no se basan en hechos constatados. Infórmate bien para poder enseñar a otras personas que hagan comentarios basados en mitos. No permitas que nadie te diga que mi infertilidad se curará si me relajo y adopto un niño. No me digas que es la voluntad de Dios. No me pidas que justifique mi necesidad de tener un hijo.

Necesito que seas **paciente**. Recuerda que superar la infertilidad es un proceso largo. Lleva tiempo. No hay garantías, ni acuerdos globales, ni kits completos; no hay una respuesta correcta ni tampoco decisiones tomadas «a lo loco».

> Necesito que **me fortalezcas** estimulando mi autoestima. Mi sensación de inutilidad me impide tomar las riendas de esta situación.
>
> Anímame a mantener el sentido del humor; guíame para que encuentre alegrías. Celebra mis éxitos conmigo, incluso algunos tan pequeños como ir al médico sin llorar. Recuérdame que soy más que una persona infértil. Ayúdame compartiendo tu fuerza conmigo.
>
> Al final lo superaré. Sé que el fantasma de la infertilidad nunca desaparecerá por completo, porque cambiará mi vida. Desde luego, no seré capaz de volver a ser la persona que era antes de saberme infértil, pero dejaré de estar controlada por el problema. Lo dejaré atrás, y a partir de ese gesto habré mejorado mi capacidad para mostrar empatía, tener paciencia, desarrollar la resiliencia, perdonar, tomar decisiones y autovalorarme. Te agradezco en el alma que estés intentando facilitar mi paso por este problema ofreciéndome tu comprensión.

Sé que parece arriesgado. Soy trabajadora social e investigadora de la vergüenza, y poner mis necesidades emocionales sobre la mesa todavía me da miedo. Todos nos sentimos vulnerables y expuestos. Y, a veces, compartir nuestros sentimientos no funciona. Puede abrumar a la gente hasta el punto de incitarla a levantar sus propias cortinas de humo contra la vergüenza, y eso resultaría muy doloroso.

Cuando aprendes a verbalizar lo que te avergüenza, captas parte del sutil lenguaje de la telaraña de la vergüenza, que no es otra cosa que el idioma que los demás utilizan para avergonzarnos y defender dicha actitud cuando estamos intentando explicar cómo nos sentimos y qué necesitamos. Ahora soy muy cauta cuando oigo cosas como:

- Eres demasiado sensible.
- No me había dado cuenta de que eras tan frágil.
- No me había dado cuenta de que esto representaba un problema tan grande para ti.
- Estás siempre a la defensiva.
- Creo que tendré que cuidar lo que digo cuando estés cerca.
- Está todo en tu cabeza.

Y por último —aunque no por ello resto importancia al tema—, debo aclarar que no me gustan las reacciones crueles, incluida la sinceridad. La sinceridad es la mejor política, pero aquella que está motivada por la vergüenza, la ira, el miedo o la aflicción no es «sinceridad» verdadera, sino vergüenza, ira, miedo o aflicción *disfrazada* de sinceridad.

Por el mero hecho de que algo sea preciso o factual no significa que pueda ser utilizado de manera destructiva. En este sentido, el peligro de la telaraña de la vergüenza es que ofrece al «humillador» una réplica fácil disfrazada de sinceridad, del tipo: «Bueno, solo te estoy diciendo la verdad. Así son las cosas».

Cuando hablamos de que la vergüenza puede ser utilizada para «enloquecer» —incluso el hecho de disfrazarla de sinceridad—, es importante que entendamos que dicho «enloquecimiento» se inicia en una situación como la que yo experimenté con Phyllis y puede llegar a convertirse en formas muy graves de abuso emocional.

En el ámbito de la violencia doméstica, en ocasiones empleamos el término *enloquecer* en alusión a la clásica película de Ingrid Bergman *Luz que agoniza*, en la que el personaje que representa esta actriz va perdiendo poco a poco la cordura frente a algunas de las técnicas de la «trampa de la vergüenza» que hemos analizado en este capítulo. Lo explico porque, para poder adquirir fluidez en el tema de la vergüenza, es fundamental que comprendamos que esta emoción puede convertirse en una forma de abuso real y peligrosa.

También en este campo, las entrevistadas que mostraban elevados niveles de resiliencia me explicaron que dependían enormemente de los miembros de su red de conexión para practicar el coraje y la compasión, y que lo conseguían gracias a su capacidad para expresar sus sentimientos y sus necesidades.

Con todo lo que has leído en estos capítulos, es muy probable que ya hayas comenzado a entender la vergüenza y la resiliencia a esta emoción. Seguramente algunas lectoras estarán metidas de lleno en este trabajo aplicando los ejercicios a sus propios problemas, y otras estarán dedicándose a leer y a empaparse bien del tema. En cualquier caso, unas y otras estáis aprendiendo a verbalizar la vergüenza simplemente leyendo y pensando.

EXPLORAR LOS PROBLEMAS

Como han demostrado los capítulos anteriores, la vergüenza es una experiencia sumamente individualizada. Cada una de nosotras debe examinar sus propios desencadenantes y los mensajes en los que estos se basan, y desarrollar sus propios caminos hacia la resiliencia. Pero como hemos comprobado a lo largo del libro, nuestras experiencias también reflejan algunos patrones universales. Por ejemplo, las experiencias vergonzosas femeninas encajan a la perfección en las doce categorías de la vergüenza, que son el aspecto físico y la imagen corporal, la maternidad, la familia, la crianza de los hijos, el dinero y el trabajo, la salud mental y física, el sexo, el envejecimiento, la religión, los estereotipos y las «etiquetas», la expresión de las propias opiniones y la capacidad de superar acontecimientos traumáticos. Pero además de estas categorías, también compartimos una cultura. En nuestra cultura actual, el miedo a la desconexión es muy tangible, tanto que casi todas debemos hacer un esfuerzo permanente por sentirnos enraizadas y mantenernos conectadas. A medida que empecemos a desarrollar la resiliencia a la vergüenza, notaremos que muchas de las expectativas y los mensajes que producen vergüenza nacen del miedo, la culpa y la desconexión. Y eso es lo que defino como cultura de la vergüenza.

En los tres próximos capítulos exploraremos la gran influencia que ejerce la cultura de la vergüenza sobre nuestra vida, en especial en temas como el perfeccionismo, los estereotipos, la invisibilidad y la adicción. Y también aprenderemos a desarrollar y mantener la autenticidad y la fuerza que nos hacen falta para practicar el coraje, la compasión y la conexión, a pesar del énfasis que pone nuestra cultura en que seamos perfectas y causemos siempre una grata impresión a los demás.

SIETE

PRACTICAR EL CORAJE EN LA CULTURA DEL MIEDO

Posiblemente no existe una relación más poderosa que la que vincula al miedo con la vergüenza, dos emociones que suelen actuar al unísono para crear la tormenta emocional perfecta: la vergüenza conduce al miedo y el miedo conduce a la vergüenza. Es tanta la furia con la que actúan que suele ser difícil determinar dónde termina una y comienza la otra.

La vergüenza, o nuestro miedo a la desconexión, nos hace temer muchas cosas. Según mis observaciones, las cuestiones que más afectan a las mujeres son el miedo a ser imperfectas, a resultar comunes y corrientes, a no «molar» y a mostrarse vulnerables. En las siguientes secciones exploraremos estos problemas y aprenderemos de qué manera los elementos de la resiliencia a la vergüenza pueden ayudarnos a practicar el coraje y la compasión frente al miedo.

El perfeccionismo es la voz del opresor.
ANNE LAMOTT, *Bird by Bird* (1994)

VERGÜENZA Y PERFECCIONISMO

Creo que he visto la película *Flashdance* al menos veinte veces. En los años ochenta yo quería ser como el personaje de Jennifer Beals, Alex, que durante el día era una dura obrera de la construcción y por la noche se transformaba en una bailarina de gran talento y ambición. Por supuesto, mi parte favorita de la película es la famosa escena en la que Alex baila para acceder al engreído ballet de la escuela.

Me avergüenza confesar la cantidad de camisetas que arruiné y el número de calentadores que compré. Por supuesto, no lo hice yo sola. Nada robaba más misterio a mi secreta fantasía *Flashdance* que quedar con mis amigas para cenar y darme cuenta de que las seis nos habíamos hecho la permanente en el pelo, llevábamos una cinta en la cabeza y nos habíamos cortado las camisetas.

Todas queríamos ser la Alex de *Flashdance*. Era perfecta: la ropa rota le daba un aspecto sexy, y gracias a ella la soldadura resultaba fascinante, el ballet era genial y el *break dancing* parecía fácil. Pero, ¡ay!, la perfección era solo ilusoria. Me decepcionó saber que el director de la película contó con cuatro personas diferentes para crear la secuencia de la audición: la actriz Jennifer Beals para los planos de su bello rostro, una bailarina profesional para las escenas de ballet, una campeona de gimnasia para los saltos y los brincos, y un bailarín callejero para el *break dance*. Tantas horribles permanentes y dinero invertido en calentadores… ¿para qué? Para intentar alcanzar un nivel de perfección que no existe.

Si nos parásemos a analizar las expectativas que nos planteamos, descubriríamos que, como en la escena de *Flashdance*, nuestro concepto de la perfección es tan irreal que no puede existir en una sola persona. En realidad se trata de una combinación de piezas o fragmentos de lo que consideramos perfecto.

Porque el problema es que no solo queremos ser buenas en lo que hacemos, sino perfectas; y para formar nuestra vida pretendemos hacer un montaje de los mejores momentos de lo que vemos.

Entonces, ¿de dónde proviene esta idea de «hacer un montaje para alcanzar la perfección»? Tenemos la respuesta en las narices: de la telaraña de la vergüenza. Si nos detenemos a observar a todas las personas que conforman nuestra telaraña de la vergüenza —familiares, parejas, amigos, nosotras mismas, colegas, miembros de grupos, etc.—, con mucha probabilidad podremos identificar qué expectativas tienen esas personas de nosotras, en especial en torno a algunas de las categorías de la vergüenza como el aspecto físico, la maternidad, la forma de criar a los hijos, el trabajo y la familia.

La principal razón por las que las expectativas sobre estos temas nos influyen tanto tiene que ver con la premura con que nos las imponen. El día mismo de nuestro nacimiento surgen las expectativas inmediatas de que seremos monas y atractivas, que creceremos, nos casaremos, tendremos éxito, seremos madres, demostraremos dotes naturales para criar a nuestros hijos y formaremos familias cuerdas y equilibradas. Para complicar todavía más las cosas aparecen en escena los medios de comunicación, que nos inundan de imágenes que son literalmente un montaje para vendernos la idea de que la perfección es fácil de conseguir. Contemplamos a nuestros recién nacidos y avanzamos a toda velocidad «la película» de sus vidas, pensando y soñando con su potencial. Como padres incluso pensamos: «Todavía no he fastidiado nada, así que mi bebé podría tener todo lo que quisiera».

En algunas familias, estas expectativas se exponen en voz alta y clara. En otras, permanecen más latentes. Pero al margen de cómo se articulen en casa, las niñas y las mujeres encontramos día tras día ese mismo tipo de mensajes, y cada vez más reforzados, en los programas de televisión que vemos, en los libros que leemos, en los juguetes que nos regalan para jugar, en las conversaciones que oímos sin querer y en lo que nos enseñan los educadores y el resto de las jovencitas o mujeres con quienes tratamos. El poderoso efecto de estas expectativas puede apreciarse claramente en temas como la imagen corporal, el cuidado de otras personas y la maternidad, que son tres de los mayores problemas de «perfeccionismo» que surgieron en la investigación. Ahora analicémoslos uno a uno, empezando por la imagen corporal.

La imagen corporal

Al identificar por primera vez las categorías de la vergüenza, determiné que el aspecto físico era un ítem independiente que supuestamente debía reflejar todas las partes de nuestra imagen, incluida la corporal. Pero al recopilar más datos me di cuenta de que el tema específico de la imagen corporal ocupa un lugar más que merecido en la lista de categorías de la vergüenza.

Si bien el aspecto físico es una categoría amplia que engloba desde la imagen corporal hasta la vestimenta y desde el estado físico hasta el estilo, la imagen corporal es la fuerza que alimenta la vergüenza sobre el aspecto físico. De hecho, la imagen corporal es el único tema que se acerca más a la condición de «desencadenante universal», puesto que más del 90 por 100 de las participantes de mi estudio se avergonzaba de su cuerpo. Esta sensación es tan fuerte y con frecuencia se encuentra tan profundamente enraizada en nuestra psique que en realidad determina por qué y cómo sentimos vergüenza en muchas de las categorías restantes, incluidas la sexualidad, la maternidad, la forma de criar a nuestros hijos, la salud, el envejecimiento y la capacidad de expresarnos demostrando seguridad en nosotras mismas.

Nuestra imagen corporal es lo que pensamos y sentimos en relación con nuestro cuerpo, la imagen mental que nos hacemos de nuestra forma física, a pesar de que, por desgracia, nuestras imágenes, pensamientos y sentimientos puedan tener muy poco que ver con nuestro aspecto real. La imagen corporal es la imagen que nos hacemos sobre cómo *es* nuestro cuerpo en comparación con *cómo debería ser* según nosotras. Si bien normalmente hablamos de la imagen corporal como un reflejo general de nuestra apariencia, no podemos ignorar las cuestiones específicas, es decir, las partes corporales que confluyen para crear esa imagen.

Si trabajamos desde el concepto de que las mujeres solemos sentir vergüenza cuando quedamos atrapadas en una telaraña de expectativas contradictorias, incompatibles y estratificadas sobre quiénes, qué y cómo deberíamos ser, no podemos ignorar que existen determinadas expectativas planteadas por la sociedad y la comunidad para cada minúscula parte de nosotras…, literalmente de la cabeza a los pies.

Enumeraré una a una las partes de nuestro cuerpo, porque creo que son importantes: cabeza, pelo, cuello, rostro, orejas, piel, nariz, ojos, labios, barbilla, dientes, hombros, espalda, pechos, cintura, caderas, vientre, abdomen, nalgas, vulva, ano, brazos, muñecas, manos, dedos, uñas, muslos, rodillas, pantorrillas, tobillos, pies, dedos de los pies, vello corporal, fluidos corporales, granos, cicatrices, pecas, estrías y lunares.

Una vez más, apuesto a que si analizas cada una de estas áreas encontrarás una imagen corporal específica para cada una, sin mencionar tu lista mental de cómo te gustaría que fuesen en ti y de las identidades indeseadas que pretendes evitar.

Cuando nuestros cuerpos nos llenan de disgusto y sensación de futilidad, la vergüenza puede alterar radicalmente nuestra forma de actuar y situarnos en el mundo. Piensa en la mujer que se queda en silencio en público por miedo a que sus dientes manchados y cariados inciten a la gente a cuestionar el valor de sus aportaciones. O ponte en el lugar de la mujer que me dijo una vez que «lo único que odia de ser gorda» es que se siente constantemente presionada por caerle bien a la gente. Y así lo explicó: «Si eres maliciosa, te expones a que hagan un comentario cruel sobre tu peso».

Las participantes en mi investigación mencionaron asimismo que avergonzarse de su cuerpo les impedía disfrutar del sexo, o las obligaba a mantener relaciones sexuales aunque no les apeteciera, porque en realidad lo único que deseaban desesperadamente era conseguir algún tipo de constatación física de su valor como mujeres.

También hubo quienes hablaron de la vergüenza de sentir que sus cuerpos las traicionaban, aludiendo a las enfermedades físicas, las enfermedades mentales o la infertilidad. La cuestión es que solemos conceptualizar la «imagen corporal» de un modo demasiado limitado, cuando en realidad se trata de mucho más que querer ser delgada y atractiva. Cuando empezamos a culpar y odiar a nuestro cuerpo porque no consigue satisfacer nuestras expectativas, empezamos a dividirnos en partes y a alejarnos de nuestra totalidad, de nuestro ser auténtico.

No podemos hablar de vergüenza e imagen corporal sin hacer referencia al cuerpo femenino durante la gestación, que a mi entender atraviesa diversas etapas, cada una de las cuales es susceptible de avergonzar a su modo. Primero está la mujer que quiere tener un hijo. He oído infinidad de historias sobre la presión de estar delgada y en buena forma antes del embarazo. Como hemos visto en páginas anteriores, una mujer asumió el cuidado de su propia salud y la atención prenatal de su hijo por vergüenza a que el médico le dijera que estaba «demasiado gorda» para llevar adelante una gestación.

Luego está el cuerpo gestante. ¿Existe alguna imagen corporal que haya sido más explotada en los últimos años? No me malinterpretes; estoy completamente a favor de indagar en las maravillas del cuerpo de la mujer embarazada y de quitarle el estigma y la vergüenza asociada al vientre abultado. Pero no lo reemplacemos por una imagen creada por ordenador, retocada y vergonzosa para al resto de las mujeres por imposible de imitar. Las estrellas de cine que ganan un poco de peso y se dejan fotografiar para promulgar la idea de: «¡Mirad, yo también soy humana!», pero cuyas estrías son eliminadas mediante algún programa informático, no representan la realidad que la mayoría de nosotras debemos afrontar cuando estamos embarazadas.

Y por último está el cuerpo femenino postembarazo. Mientras las mujeres me contaban los problemas de imagen corporal que habían sufrido después de tener a sus bebés, lo que llegaba a mis oídos era mucho más que una lista de experiencias de vergüenza. Era angustia, pérdida, ira y miedo. Además de ganar peso y tener hemorroides y estrías, las mujeres debemos hacer frente a unos cambios permanentes y sumamente reales que suelen aparecer después del embarazo y el parto. También en este aspecto los medios ejercen una enorme presión y generan expectativas inalcanzables sobre el cuerpo «postembarazo». Se supone que en una semana podremos volver a ponernos vaqueros de tiro bajo y camisetas que dejen el ombligo al descubierto, y que luciremos una bolsa para pañales de 500 dólares y llevaremos a nuestros niños de un lado a otro como si fuesen el accesorio más *cool* del año.

La crianza de los hijos es también una categoría de la vergüenza en la que entra en juego la imagen corporal. Puesto que admito ser una madre imperfecta y vulnerable, no soy de las que se suben al carro de «culpar a los padres por todo, en especial a las madres». Dicho esto, te contaré lo que he descubierto en mi investigación: que la vergüenza crea vergüenza. Madres y padres ejercen una tremenda influencia sobre el desarrollo de la imagen corporal de sus hijos, pero en el caso de las niñas, son las madres quienes particularmente continúan presionándolas en relación con su peso.

A mi entender, en el ámbito de la crianza de los hijos y la imagen corporal, los progenitores forman parte de un continuo. En uno de los extremos aparecen quienes son conscientes de estar desempeñando un papel sumamente influyente en la vida de sus hijos y, dado que actúan como sus modelos a seguir, trabajan arduamente para crear en ellos comportamientos positivos relacionados con la imagen corporal (aceptarse a uno mismo, aceptar los demás, no hacer hincapié en lo inalcanzable o lo ideal, centrarse en la salud más que en el peso, deconstruir los mensajes de los medios, etc.).

En el otro extremo aparecen los padres que aman a sus hijos e hijas tanto como los del otro grupo, pero que están tan decididos a ahorrarles a sus hijas el dolor de tener sobrepeso o de ser poco atractivas (y a sus hijos el dolor de ser débiles) que hacen cualquier cosa con tal de impulsar a sus hijos a conseguir el ideal, incluso a costa de denigrarlos y avergonzarlos. Muchos de estos padres tienen problemas con su propia imagen corporal y procesan su vergüenza avergonzando.

Por último están quienes adoptan un término medio y realmente no hacen nada por contraargumentar los aspectos negativos de la imagen corporal, pero tampoco avergüenzan a sus hijos. Por desgracia, debido a las presiones sociales y a los medios, la mayoría de estos niños no parecen desarrollar fuertes aptitudes de resiliencia a la vergüenza en el ámbito de la imagen corporal. Mi conclusión a este respecto es que en esta cuestión no hay lugar para la neutralidad: o bien trabajas activamente para ayudar a tus hijos a desarrollar un concepto positivo de sí mismos o, por el contrario, los lanzas a las fauces de las expectativas impuestas por los medios y la sociedad.

Como puedes ver, todo lo que pensamos, odiamos, detestamos y cuestionamos sobre nuestro cuerpo tiene un alcance mucho mayor y afecta mucho más que nuestra apariencia: el tremendo alcance de la vergüenza corporal puede causar un gran impacto en nuestra forma de vivir y de amar. Lo mismo puede decirse del cuidado de otras personas y de la maternidad

El cuidado de otras personas

No me sorprendió oír una gran cantidad de historias dolorosas relacionadas con la dificultad de hacerse cargo de un cónyuge enfermo o de un familiar anciano. Para las entrevistadas, las experiencias más difíciles se centraban en el cuidado de los padres enfermos o de edad muy avanzada.

En el campo de la salud mental, reconocemos que asumir el cuidado de otras personas es uno de los acontecimientos más estresantes de la vida de un individuo. Cuando las mujeres a las que entrevisté me hablaban de la ansiedad, el miedo, el estrés y la vergüenza que les producía convertirse en cuidadoras, lo que yo detectaba en sus palabras eran los demonios del perfeccionismo. Independientemente de los términos que emplearan, podía oírlas comparar la dura realidad de sus responsabilidades diarias con sus imágenes idealizadas de una asistencia exenta de estrés, piadosa y gratificante.

Me temo que imaginar el cuidado de una persona necesitada como una tarea exenta de estrés, piadosa y gratificante es un lujo al alcance únicamente de quienes aún no se han involucrado por completo en el proceso. Al pensar en la posibilidad de tener que cuidar de uno de nuestros padres, o de nuestra pareja, cuando sea anciano, lo que sentimos en realidad es ansiedad, tristeza y temor. Y para anular esas incómodas emociones, a veces nos convencemos de que nuestro caso será diferente, de que no resultará tan horrible como lo es para la mujer que trabaja junto a nosotras en la oficina o para ese buen amigo nuestro cuya madre es «un caso difícil». Intentamos huir de la realidad obsesionándonos con las posibilidades de la perfección: todo saldrá bien. Será una excelente oportunidad para que pasemos más tiempo juntos.

Por eso, cuando de verdad nos toca cuidar de otra persona, nos sorprende comprobar que nuestra idea del «Te quiero y es un privilegio poder cuidar de ti» se ha convertido en «Te odio y estoy preparada para que mueras, porque necesito recuperar mi vida». El estrés, la ansiedad, el miedo y la angustia se magnifican en el momento en que la vergüenza y el autodesprecio se instalan en nuestra vida. ¿Es que acaso somos monstruos? ¿Cómo es posible que nos sintamos así?

No somos monstruos, y nos sentimos así porque somos seres humanos que intentan gestionar un acontecimiento muy importante de su vida con una ínfima porción del apoyo y los recursos que normalmente se les ofrece a las personas en crisis.

Durante las entrevistas, las mujeres que cuidaban de terceras personas eran increíblemente duras consigo mismas. Con frecuencia parecían decepcionadas y a veces incluso disgustadas por carecer de aptitudes naturales para hacerse cargo de la tarea que les había tocado en suerte. Y al indagar más profundamente en esa decepción, muchas comparaban sus experiencias de cuidadoras con la maternidad y se autodefinían como personas buenas y amables cuyas aptitudes para cuidar de otros de alguna manera les habían jugado una mala pasada.

La gente suele cometer el error de comparar el cuidado de otras personas con la paternidad, algo que desde un punto de vista superficial podría tener cierto sentido. Pero si de verdad analizamos las diferencias, vemos que se trata de áreas absolutamente diferentes, y que creer que son la misma cosa no hace más que preparar el terreno para la vergüenza.

En primer lugar, no tenemos la misma relación con nuestra pareja o nuestros padres que con nuestros hijos. Cuando estamos bañando a nuestros niños no tenemos que mordernos los labios para no llorar, pero eso es exactamente lo que yo hice la primera vez que bañé a mi abuela, y eso que ni siquiera era su principal cuidadora. Quien había asumido la tarea de ocuparse de mi abuela y de la hermana de mi abuela al mismo tiempo era mi madre.

La energía que necesitamos para cuidar de los niños se alimenta de la promesa, en tanto que el cuidado de otro adulto suele estar impregnado de miedo y angustia, en especial si esta persona se encuentra al final de su vida o se enfrenta a un futuro incierto. El miedo y la angustia no nos dan fuerzas; por lo general nos privan de energía.

En segundo lugar, vivimos en una sociedad que ha creado sistemas específicos para apoyar a padres e hijos. Las escuelas y las guarderías son los más obvios, pero hay muchos otros. Las mesas, las casas, los coches, los restaurantes: todo está construido para familias definidas como padres e hijos. Existen miles de libros y revistas para padres. Existen innumerables grupos de juego y actividades organizadas. Como padres, se nos ofrecen infinidad de oportunidades para que todo cuadre y podamos entablar una conexión.

Sin embargo, cuando cuidamos de otro adulto —ya sea de alguno de nuestros padres o de cualquier otra persona— nada cuadra. Nuestros trabajos penden de un hilo, porque constantemente necesitamos pedir permiso para cumplir con las revisiones médicas o atender emergencias. Nuestra pareja ya no puede bajar las escaleras de nuestra propia casa, o nuestro padre se niega en rotundo a mudarse con nosotros (si es que existe esa posibilidad). Y lo peor de todo es que nos sentimos absolutamente desconectadas. Así que, para poder preservar la energía que nos hace falta para cuidar de otras personas, nos desenganchamos de nuestra vida y nos enchufamos a la de quien tanto necesita nuestro tiempo y atención.

Hay un elemento que la paternidad y el cuidado de otro adulto tienen en común, y por desgracia no es positivo: que en ambos casos todo el mundo es crítico. Chelsea, una mujer de casi sesenta años, se expresó muy claramente sobre el escrutinio al que era sometida como cuidadora.

- Mi padre murió hace dos años de forma repentina e inesperada. Mi familia quedó destrozada, en especial mi madre. Ella ha estado enferma desde siempre y él era el único que la cuidaba, así que ahora somos nosotros los que cuidamos de mi madre. O, mejor dicho, la que cuida de mi madre soy yo. Mi hermano mayor está demasiado ocupado con su importante vida, y mi hermana ha asumido el papel de observar y criticar cada uno de mis movimientos. Hace alrededor de seis meses, mi esposo y yo nos dimos cuenta de que ya no podíamos continuar, ni física ni emocionalmente. Entonces decidimos ingresar a mamá en una residencia cercana a nuestra casa. Bueno, mi hermano y mi hermana se quedaron de piedra. Concretamente, mi hermana me acusó: «No puedo creer que vayas a meterla en una prisión como si fuese un criminal», y mi hermano simplemente dijo: «Me niego rotundamente», en este tono carente sensibilidad tan típico de él. Por supuesto, ambos aseguraron que, debido a sus agitadas vidas, no podían hacer nada más de lo que estaban haciendo. Insistí en que no teníamos otra opción, pero ellos argumentaron que les parecía un acto cruel y que no ayudarían a pagar la residencia. Así que mi madre continúa viviendo en su propia casa. Yo todavía voy a verla todos los días a la hora de comer o después del trabajo. Mi hermano y mi hermana prefieren pensar que todo es perfecto, a pesar de que mi madre está empeorando y que cada vez es más peligroso que viva sola. Y en lo que a mí respecta, mi matrimonio está a punto de naufragar, mi jefe está siempre disgustado y yo me encuentro en un momento personal crítico.

La historia de Chelsea refleja muchas de las complejidades de asumir el cuidado de otra persona. Después de echar un vistazo a la maternidad y a algunos de los desencadenantes del perfeccionismo, analizaremos las estrategias de resiliencia que pueden ayudarnos a evaluar las expectativas que dificultan todavía más esta cuestión tan complicada.

La maternidad

Si bien la maternidad y la crianza de los hijos, sin lugar a dudas, están relacionadas, en mi investigación aparecieron como dos áreas de vergüenza diferentes. La vergüenza de la maternidad tiene que ver con nuestra identidad como madres o como mujeres que no son madres. La vergüenza de la crianza de los hijos se centra en cómo los educamos e interactuamos con ellos.

La vergüenza de la maternidad es un tema muy angustioso para las mujeres. Todas y cada una de las participantes que desempeñaban el papel de madre identificaron la vergüenza de la maternidad como un verdadero problema. Y, debido a que se trata de una identidad tan estrechamente ligada al hecho de ser mujer, resultó claro que no es necesario ser madre para que la maternidad se convierta en un tema vergonzoso. Como ha demostrado la poderosa guía para comprender la infertilidad, las mujeres estériles hablaban con pasión del papel que desempeñaba la vergüenza de la maternidad en sus vidas. Y lo mismo hacían las que habían elegido retrasar la maternidad o no tener hijos.

La sociedad considera que ser mujer y ser madre son condiciones casi inseparables, lo que provoca que nuestro valor como mujeres suela depender de nuestra situación frente a la maternidad. En algunas comunidades, la expectativa de la maternidad presenta muchas capas, incluidas ciertas normas sobre qué edad resulta demasiado temprana o demasiado tardía, o incluso qué sexo deberían tener los bebés (como si las madres pudiesen controlarlo). Una vez que las mujeres alcanzan «la edad» establecida por su comunidad, comienzan a sentir la necesidad de defenderse de estas expectativas. Constantemente se les pregunta por qué no se han casado o, si lo han hecho, por qué no han tenido hijos. Si están casadas y tienen un hijo, se indaga por qué no han tenido otro. Y si tienen cuatro o cinco hijos se les pide que expliquen por qué han tenido tantos.

La vergüenza de la maternidad parece ser un derecho natural de las jóvenes y las mujeres. Además de la expectativa social de que la maternidad define a la mujer, existen algunas otras muy rígidas sobre cómo debe ser una buena madre. La maternidad está asociada a algunas cualidades muy deseables y también a algunas características universalmente indeseadas. Curiosamente, las mujeres de mi investigación identificaron el hecho de «esforzarse demasiado» como una característica indeseada, no solo en el ámbito de la maternidad, sino en todas las demás áreas de esta categoría. Queremos la perfección, pero no deseamos demostrar que nos estamos esforzando por conseguirla: lo que buscamos es simplemente materializarla de alguna manera.

¡ZAS! AQUÍ ESTÁ

«No tienes tiempo ni talento para lucir ese aspecto desaliñado». Si bien mi peluquera me repite siempre esta misma frase cada vez que le llevo un montón de fotografías de Meg Ryan, sigo sin creerla. ¡Lo único que quiero es el pelo de Meg Ryan! La última vez le pregunté: «Quiero parecer que acabo de levantarme de la cama. ¿Tan difícil es?». Y ella replicó: «Necesitas dos horas y diez personas a tu disposición para conseguir ese aspecto "natural", así que olvídalo».

Queremos ser bellezas naturales, madres naturales, padres naturalmente buenos, y por si eso fuera poco, queremos pertenecer además a familias naturalmente fabulosas. Piensa en la cantidad de dinero que se gana con la venta de productos que prometen «un aspecto natural». Y en lo relativo al trabajo, nos encanta oír comentarios como «Con ella todo parece fácil» o «¡Ella es tan natural!».

Las participantes en mi investigación expusieron una paradoja realmente interesante: la imperfección provoca vergüenza, y esforzarse demasiado por alcanzar la perfección, también. En esta era de la gratificación instantánea y de la celebridad por la celebridad misma, resulta fácil entender por qué nos hemos hecho a la idea de que basta con querer algo intensamente para que se haga realidad. «¡Zas! Aquí está». Muchas nos hemos autoengañado diciendo: «No debería costarme tanto» o «A mí no me sale natural, así que seguramente no es lo mío».

Sí, hay gente con un talento natural. Pero para la mayoría de las mujeres, incluidas las celebridades y las superestrellas, conseguir algo supone trabajar duro y de forma comprometida. El 95 por 100 de las personas que se encuentran en excelente forma física y tienen cuerpos sanos se «lo curran»... y mucho.

Conozco a varias personas a quienes realmente respeto porque se esfuerzan por desarrollar sus aptitudes para la paternidad. Para ellas, la crianza de sus hijos es un trabajo basado en una serie de aptitudes personales, pero que también requiere entrenamiento, práctica y una significativa inversión de tiempo. Leen, asisten a clases, practican y evalúan sus técnicas y estrategias.

Lo mismo es aplicable a la familia y a la maternidad: existe una correlación directa entre inversión y resultados. Las áreas de esta categoría son como cualquier otro empeño basado en las aptitudes personales: si tienes objetivos razonables, cuanto más tiempo y recursos inviertas y cuanto más practiques, más probabilidades tienes de alcanzarlos.

Hace un par de años, una alumna de doctorado me confesó: «Me encantaría escribir un libro. Llevo varios años recopilando material, pero me siento incapaz de hacerlo». Cuando le pregunté qué la frenaba, clavó los ojos en el suelo que nos separaba y dijo: «No es fácil para mí. Escribir me resulta muy estresante. Yo no soy como tú; las palabras no brotan de mi cabeza así como así. Además, a mí las cosas no me resbalan, y dicen que los escritores tienen que ser capaces de reírse de las críticas».

Pude percibir que esta mujer sentía vergüenza mientras me explicaba todo esto, y una parte de mí sintió verdadera empatía por ella. Sin embargo, la otra parte estaba un poco molesta. Me quedé allí pensando: «A mí no me brotan las palabras. Tengo que escribirlas una a una, sacarlas con pinzas. A veces no se me da tan mal y otros días es horrible. Y las críticas... Todos los escritores que conozco llevan mal el tema de las críticas». Te esfuerzas por aprender a escuchar mejor, pero resulta doloroso, en especial si se trata de una cuestión que te afecta a nivel personal.

Cuando creemos que el éxito no debería suponer ningún esfuerzo, nos estamos preparando simultáneamente para la vergüenza y para restar importancia al empeño de quienes intentan superar sus dificultades frente al perfeccionismo. Pasamos a formar parte de nuestra propia telaraña de la vergüenza y de las de otras mujeres.

¿Cuántas veces hemos menospreciado los esfuerzos de una persona porque nos hemos creído que la «familia» o la «maternidad» no deberían ser tan difíciles? El matrimonio, la crianza de los hijos, la salud, la carrera profesional, la maternidad: todas estas cuestiones requieren un esfuerzo tremendo, e intentar equilibrar las exigencias de estas cinco áreas podría convertirse en el reto de nuestra vida.

Tenemos que evaluar nuestras expectativas cotejándolas con la realidad. El hecho de que no consigamos escribir la más grande de las novelas de la historia en una semana no significa que no vayamos a convertirnos en buenas escritoras. Sobre todo, tenemos que recordar que detrás de cada persona «con un don natural» hay normalmente una enorme cantidad de trabajo, dedicación y compromiso.

DEFENDER NUESTRA VIDA

Cuando hablé con las mujeres entrevistadas sobre las presiones de la perfección, enseguida me explicaron que no poder tener un aspecto perfecto, ni amar de forma perfecta ni trabajar de forma perfecta es solo una parte del problema. De igual importancia es la vergüenza derivada de lo que estamos dispuestas a hacer para parecer perfectas o bien para ocultar nuestras imperfecciones. Cuando la perfección es la expectativa y/o el objetivo, estamos decididas a poner mucho de nosotras para mantener y proteger nuestra imagen. Estas son algunas de las historias de las mujeres entrevistadas:

- La vergüenza es llevar veinte años casada y no haber caminado jamás desnuda frente a tu marido; ni siquiera una vez.
- Yo miento permanentemente. Digo que mi padre vive en Nueva Jersey, pero lleva seis años en prisión. Estoy más avergonzada de mí por mentir que por que mi padre esté en la cárcel. Una cosa es que tu familia sea diferente porque tus padres están divorciados o algo así, y otra es que tu padre sea un delincuente.
- Mi marido tuvo una aventura el año pasado. Ni siquiera se lo he contado a mi mejor amiga. Todo el mundo adora a mi marido y cree que somos una pareja fantástica. Sé que si se lo cuento a mi amiga ella tendrá una mala opinión de nosotros dos, no solo de él.

- Quiero volver a estudiar y acabar mi carrera. Pero con mis hijos y mi trabajo a tiempo parcial no me imagino capaz de hacerlo tal como quiero. Me preocupa sacar malas notas. Y no quiero retomar los estudios hasta que pueda dedicarme de lleno, así que no lo hago.
- Yo le cuento a todo el mundo que mis padres viajan mucho. El año pasado fui la única alumna de primer año cuyos padres no asistieron al fin de semana en familia. Y es que yo no los invité. Son racistas y odiosos, y creen que todo el mundo va a por ellos. Mi padre considera que todo el mundo está en deuda con él. Cuando era pequeña me daba vergüenza que alguien viniera a casa. Es como si mis padres fueran de otro planeta.
- Yo filtro todo lo que digo a mis padres. No saben que soy homosexual ni que tengo pareja. En la comunidad gay y lesbiana hay mucha presión en torno al tema de «salir del armario». Sé que es importante, pero tienes que estar preparada para que tus padres dejen de formar parte de tu vida. Pocas personas tienen que afrontar esta realidad.
- Mis compañeros de trabajo siempre dicen: «Todo lo que ella toca se convierte en oro». A veces es cierto, pero últimamente mis pronósticos han estado equivocados. La primera vez que cerré un contrato con el que perdimos dinero, en mi oficina todo el mundo se enfureció, pero culparon a cualquiera menos a mí. Sin embargo, la culpa era mía: la que había hecho una mala gestión era yo. La segunda vez que sucedió, mis compañeros de trabajo hicieron lo mismo. Y entonces me di cuenta de que me había convertido en el ejemplo de todo mi departamento, y de que ninguno de ellos podía soportar la idea de que yo actuara mal. En este negocio tenemos que producir más de lo que perdemos. Nadie gana dinero en todos los contratos, pero eso es lo que esperan de mí. Mi jefe me dijo: «Nece-

sitamos que muestres a la gente cómo se hace; necesitamos que pongas el listón bien alto». Y ahora tengo terror de trabajar. He empezado a mentir sobre las ganancias y a culpar de las pérdidas a otras personas.

También estamos dispuestas a utilizar la vergüenza, el miedo y el juicio frente a todo aquel que amenace nuestra posibilidad de alcanzar la perfección, como, por ejemplo, alguien que nos desafíe o nos critique, o simplemente una persona que esté tomando decisiones diferentes de las que tomaríamos nosotras.

Este tema surgió en numerosas ocasiones en relación con la crianza de los hijos, que es un asunto particularmente complejo, porque tendemos a basar nuestro nivel de perfección en la imagen que ofrecemos como padres y también en la que ofrecen nuestros hijos. Como demuestran los ejemplos que aparecen a lo largo del libro —y, desde luego, varios de los que propongo a continuación—, somos muy susceptibles de utilizar la vergüenza, el miedo y el juicio contra nuestros propios hijos cuando adoptan comportamientos que dañan la «imagen de paternidad» que estamos intentando crear.

- Cuando mi marido y yo contamos a mis padres que habíamos decidido no tener hijos, se desmoronaron. No dejaban de preguntar: «¿Pero qué te pasa?» y «¿Cómo puedes hacernos esto?». Mi madre en realidad me dijo: «Es una desgracia para la familia; todo el mundo pensará que pasa algo malo». Yo sabía que resultaría difícil, pero fue mucho peor de lo que había imaginado.
- El padre de mi pareja estaba soltándole una de sus peroratas habituales, y le gritaba por ser lesbiana. La estaba llamando «marimacho» y diciéndole que ella avergonzaba a toda su «respetable» familia. Y luego, conmigo delante, remató con la siguiente frase: «Y de todas las posibilidades

que existen, tenías que ser marimacho y además con una novia de color». Recuerdo que me quedé allí de pie pensando: «Ha dicho mucho más que eso». Y es que aquí no estamos hablando de un gesto de intolerancia de un tipo de barrio, sino de la actitud de un ejecutivo de cincuenta años, muy culto, dedicado al negocio del petróleo y el gas. La vergüenza realmente incita a la gente a hacer locuras.

- Mi marido es muy duro con nuestro hijo. Le presiona mucho: quiere que saque notas perfectas y que sea el mejor jugador de béisbol de la escuela. Yo procuro que se suavice un poco, pero no lo consigo nunca. Veo el estrés que está sufriendo mi hijo. Antes hablaba de este tema con las madres de otros chicos del equipo de béisbol, pero ya no lo hago, porque empezaron a hacérmelo pasar muy mal. Me dijeron que los demás niños creen que mi marido es cruel e injusto; de hecho, en opinión de esas otras madres, mi marido y yo estamos arruinando la vida de nuestro hijo. No tengo ni idea de qué tengo que hacer. Así que me quedo callada.

En casos muy extremos, nuestra incapacidad para exponer nuestras imperfecciones puede significar ponernos en serio peligro a nosotras mismas o a otras personas:

- Cuando estaba embarazada, todas mis amigas decían: «Ya verás, ya verás, sentirás un amor que no habías experimentado nunca; es sorprendente». Lo repetían una y otra vez; pero después del nacimiento de mi primer hijo sufrí una fuerte depresión y no sentía nada por él. Estaba muy triste y abrumada, y lo único que quería era volver a mi vida de antes del embarazo. Me avergonzaba muchísimo sentirme así al mirar a mi bebé recién nacido, y pensaba: «Dios mío, seré una de esas madres que, ya sabes… Mi hijo acabará loco porque yo estoy loca». Mi marido perdió completamente los estribos. Creo que pensaba que estaba casado con un monstruo. Sospecho que no sabía qué decirme; pero mi suegra no paraba de repetir: «Algo va mal, ella no es normal; algo va mal, ella no es normal». Durante dos meses mi vida fue un infierno. No iba al médico porque me sentía muy avergonzada. Al final, cuando empeoré tanto que apenas podía funcionar y temía que mi familia fuese a deshacerse de mí, me obligué a ir. Y entonces el médico me explicó que algunas mujeres experimentan depresión después de tener un bebé y que en mi caso podía tratarse de un problema relacionado con las hormonas; recalcó, además, que podía pasarme aunque normalmente yo fuese una persona cariñosa. Así que me recetó un medicamento, lo cual ya es bastante malo en sí mismo, aunque no tan malo como no sentir nada por tu hijo. Después de dos meses, volví a sentirme normal otra vez. Cuando vuelvo a pensar en esa época la percibió como el lugar más oscuro en el que he estado jamás.

- Me avergüenza lo mucho que odio mi cuerpo. Quiero decir que a veces odio mi cuerpo hasta tal punto que deseo enfermar, enfermar de verdad. Deseo estar muy enferma, como para perder 14 o 18 kilos. No quiero morir, pero si pudiera enfermar bastante, ni siquiera importaría estar deprimida. Si pudiera enfermar lo suficiente como para perder 14 o 18 kilos y luego me recuperara, habría merecido la pena. ¿Te imaginas lo que es odiar tu cuerpo hasta ese punto? Me avergüenzo de mi cuerpo y me avergüenzo de lo mucho que lo odio.

- Mi hija se droga y mi hijo tiene muchos problemas en la escuela. Cuando tu único trabajo es educar a tus hijos y los dos fracasan, tú también has fracasado. Mis amigas no dejan de decirme que he de buscar ayuda para mi hija,

pero no sé qué hacer. No puedo contárselo a mi marido; se volvería loco. Sé que mi hija bebe y conduce, pero si le quito el coche mi marido querrá saber por qué.
- En cierto momento me di cuenta de que negarme a ver a un médico porque estaba avergonzada de mi cuerpo y de ser obesa era equivalente a suicidarme. Tuve que llegar a esa situación extrema para obligarme a ir.
- A veces tengo relaciones sexuales sin protección. Sé que es una estupidez, pero a los hombres se les quitan las ganas. Ya es bastante duro tener treinta años y estar soltera; no quiero encima añadir la cuestión del sexo seguro. Si pregunto y ellos simulan no escucharme o dicen que no quieren, yo me siento muy incómoda poniéndoles pegas.

Como muestran estas citas, la búsqueda de la perfección puede ser tan peligrosa como insatisfactoria. En ocasiones, los riesgos que asumimos no son tan obvios como los que se aprecian en los casos anteriores. Un ejemplo de ello es lo mucho que me disgusta ser considerada una madre sobreprotectora y excesivamente nerviosa.

Entre mis experiencias como trabajadora social y las experiencias de Steve en el campo de la pediatría, he visto un número desproporcionado de cosas malas que pueden pasarles a los niños. A veces me resulta difícil separar el miedo de las preocupaciones que tienen una base real. Dos cuestiones para mí de particular importancia son los cinturones de seguridad y la seguridad frente a las armas.

Si a Ellen la invitan a jugar a la casa de alguien, quiero tener la certeza de que allí no tienen armas cargadas. Y también quiero tener la certeza de que va correctamente sujeta en el asiento del coche en el que viaje, si es que se traslada en ese medio de transporte. Hasta hace poco era tan pequeña que la acompañábamos a la casa de sus amigas cuando la invitaban a jugar. Ahora está creciendo y las cosas han cambiado.

En ocasiones me siento silenciada por la vergüenza de parecer obsesivamente preocupada. No quiero que me vean como esa «madre histérica y controladora», así que he tenido que abrirme a mi red de conexión para pedir apoyo y ayuda a la hora de redefinir estas cuestiones.

Una amiga mía que trabaja en un programa de prevención del embarazo en adolescentes me contó lo que les dice a las chicas: «Si no os sentís cómodas para hablar de condones con alguien, eso significa que no le conocéis lo suficiente como para acostaros con esa persona». Ahora, en lugar de pensar «Espero que no piensen que estoy loca», pienso «Si siento demasiada vergüenza como para hablar de estos temas, probablemente no me encuentre lo bastante a gusto con esta gente como para que Ellen vaya a jugar a su casa sin supervisión».

PERFECCIONISMO Y RESILIENCIA A LA VERGÜENZA

Para comprender mejor de qué manera cada uno de los cuatro elementos de la resiliencia a la vergüenza puede ayudarnos a superar el perfeccionismo, te contaré otra historia sobre uno de mis problemas personales a este respecto.

Cuando estaba embarazada de Ellen, varias empresas, incluido un fabricante de ordenadores, tenían campañas de publicidad protagonizadas por mujeres jóvenes que trabajaban desde casa. Invariablemente, los anuncios mostraban a la madre, con zapatillas en forma de conejo, trabajando en el ordenador mientras su niño la miraba con cariño desde la alfombra de juego situada justo al lado de la mesa de trabajo. Los anuncios siempre terminaban con la imagen de la madre recibiendo elogios y respaldo tanto por parte de su hijo como de sus colegas de profesión.

Yo pensaba en esa imagen todos los días. Quería ser exactamente como la mujer del anuncio. Me imaginaba con una camiseta genial y unos pantalones de yoga de la talla M (jamás he tenido la talla M), una coleta baja (llevo diez años con el pelo corto), un ordenador portátil, un bebé colaborador sonriendo desde la alfombra de juegos, un trabajo fascinante y un montón de reconocimiento personal y profesional. Huelga decir que alguien en la empresa de marketing hizo muy bien su trabajo: sin lugar a dudas, yo era el tipo de cliente elegido para recibir el mensaje, y me tragué el anzuelo, la línea y el portátil.

Un día, cuando Ellen tenía más o menos dos meses, mi sueño se hizo realidad: fui seleccionada, junto con otras dos investigadoras, como posible candidata para realizar un proyecto de evaluación comunitaria. Dos autoridades de la comunidad habían concertado una entrevista telefónica conmigo a la una, así que yo tenía todo organizado minuto a minuto. Ellen mamaba a mediodía y se quedaba profundamente dormida a las 12:55. El teléfono sonó exactamente a la una. Yo tenía todas las preguntas preparadas, un teléfono móvil con una tecla para quitar el sonido y unos auriculares a mano por las dudas. Y todo fue perfecto... hasta la 1:05.

Unos cinco minutos después de comenzar la entrevista, Ellen comenzó a llorar. No a gritar, pero sí a llorar. A la 1:06 dejó de llorar y comenzó a gritar. Gritaba tan fuerte que mis dos entrevistadores me preguntaron si todo iba bien. De inmediato respondí: «¡Claro! Todo va fenomenal; por favor, continúen». Mientras me explicaban el proyecto, yo me dirigí a la habitación de mi hija, presionando la tecla «silencio» y preguntando a cada rato: «¿Me oyen? ¿Me oyen?» para comprobar si funcionaba bien.

Para cuando llegué a la cuna, la parte delantera de mi camiseta estaba empapada; Ellen emitía una especie de «llamada salvaje» que de inmediato me hacía producir leche. Pero la razón por la que mi hija gritaba era que se había hecho una de esas cacas explosivas que se escapan por la parte posterior de los pañales y no se detienen hasta cubrir toda la espalda del body.

De pronto, mientras evaluaba los daños de la cuna, escuché el temido: «Srta. Brown, ¿sigue ahí?». «Sí, aquí estoy. Estoy tomando apuntes para poder analizar más detalladamente todo el proyecto. ¿Podrían hablarme ahora de la financiación?».

Sí, funcionó. Mientras ellos empezaban a explicarme cuestiones importantes que yo debería haber estado apuntando, coloqué una mano en la tecla para silenciar el teléfono, empujé a Ellen contra la almohadilla de protección de la cuna y la deslicé hacia mi brazo. Había caca en todos lados. Conseguí desvestir a mi hija, limpiarla con un montón de toallitas húmedas y llevarla desnuda a mi habitación.

Todavía lloraba, y a estas alturas la leche ya chorreaba de mi camiseta. Tumbé a Ellen sobre mi cama durante el tiempo suficiente como para sacar un brazo de la camiseta, empujar mi sujetador empapado hacia abajo, hasta la cintura, colocarme el cojín de lactancia alrededor del cuerpo y empezar a darle de mamar. En cuanto se quedó tranquila, volví a la llamada. Y conseguí hacer unos cuantos comentarios coherentes antes de que se desatara la catástrofe.

El estrés de la situación era demasiado para mi cuerpo, así que en cuestión de segundos fui víctima de un grave ataque de diarrea. Para aquel entonces yo ya estaba de pie con el cojín de lactancia alrededor de la cintura, llorando sin consuelo, con la camiseta colgando de la espalda e intentando caminar como un pingüino por la habitación.

Con la mayor elegancia posible, me retiré de la carrera por aquel puesto de trabajo y agradecí a los entrevistadores haberme dedicado su tiempo. Entonces me senté, abracé a Ellen y me eché a llorar. Me avergonzaba ser incapaz de deshacerme de la idea de la perfección de la madre trabajadora. Ya era bastante malo haberme retirado de la carrera por el puesto de investigadora, pero me parecía incluso peor mirar a la pequeña Ellen, desnuda y cubierta de caca, y sentir que también la había decepcionado a ella.

Unas semanas más tarde, Steve y Dawn me sugirieron que aplicara a mi situación todo lo que estaba aprendiendo sobre la vergüenza (ya he oído en varias ocasiones el comentario «investigadora de la vergüenza, cúrate a ti misma»). Así que, al analizar el tema, mi vergüenza se convirtió en decepción seguida de desilusión, y rematada a su vez por una saludable dosis de «Nunca volveré a desear esa gilipollez de las pantuflas de conejitos, el portátil y el bebé sonriente».

Ahora, cuando mis amigas madres primerizas me cuentan que van a trabajar en casa con sus bebés, enseguida les cuento mi historia. Ellas suelen reaccionar preguntando: «¿No puedes planificar tu trabajo según los horarios del bebé?» o «¿No puedes asegurarte de que haga popó antes de la llamada?». Y con todo mi cariño les respondo: «Solo en los anuncios de televisión».

Al aplicar a esta situación los cuatro elementos de la resiliencia a la vergüenza, esto es lo que descubrí:

Reconocer nuestros desencadenantes de la vergüenza. Yo no quería que me consideraran incapaz de compaginar la maternidad y el trabajo; no quería que nadie pensara que necesitaba ayuda. Deseaba que me vieran como una de esas madres trabajadoras relajadas y equilibradas que no necesitan ningún tipo de asistencia. Todavía no estoy segura del origen de los mensajes que alimentaron dicha identidad. Sé que algunos de ellos provenían de lo que vi de niña en el seno de mi familia.

Mi madre no trabajó fuera de casa hasta que yo fui adolescente. Ella era la madre que colaboraba en clase, la líder de las Girl Scouts, la encargada del equipo de natación, la coordinadora de los viajes para llevar a los niños al colegio y recogerlos, etc. Esa es la imagen que tenía en la cabeza para mí, pero añadiéndole mi trabajo. Yo pretendía hacer lo mismo que ella, pero además trabajar a tiempo completo y terminar mis estudios de posgrado.

La idea de que «en algo hay que ceder» no era para mí. Era para las otras madres, esas que no podían con todo. Creía pertenecer a un grupo diferente de madres; ya sabes, las de los anuncios. Sus mensajes me gustaban más:

- Compra este portátil, y así trabajar desde casa con un recién nacido te resultará fácil y tú serás genial y estarás a la moda, realmente a la última.
- Empieza tu ajetreada mañana de «trabajo desde casa» con nuestro café y vivirás en un *loft* supermoderno en el SoHo y tendrás ropa estupenda.
- Si compras nuestro detergente, aparecerás caminando en la playa con tu bebé en una mano y una carta de ascenso en la otra.

Practicar la conciencia crítica: De las mujeres se espera que seamos máquinas de hacer de todo: es el síndrome de la supermujer. A veces, a pesar de lo mucho que me esfuerzo y de las lecciones que he aprendido, yo todavía me creo capaz de hacerlo todo; y no solo eso, sino todo el mismo tiempo. Creo que esta expectativa existe como resultado de la lucha femenina por la igualdad en el campo laboral, a pesar de que no recibimos ni el apoyo ni la ayuda que necesitamos para conseguir una igualdad real.

También creo que la necesidad de hacerlo todo al mismo tiempo —en especial trabajar y ser madres— se relaciona con el hecho de que consideramos que la maternidad es un trabajo no remunerado, sencillo y carente de importancia. Pero la realidad es que criar hijos es más difícil (y gratificante) que cualquier otro trabajo que yo haya tenido jamás. La diferencia es que nadie te evalúa formalmente, te valida ni te paga.

Por último, el debate sobre «volver a trabajar» frente a «quedarse en casa» está reservado a quienes disponen de recursos para tomarse el trabajo como una opción. Muchas veces culpamos a las mujeres por asumir demasiadas tareas, por elegir el estilo de vida de la supermujer, pero deberíamos darnos cuenta de que muchas tienen que «hacer de todo», porque, de lo contrario, sus hijos no comen.

Para mí, parte de la práctica de la conciencia crítica consiste en descodificar mensajes constantemente. A veces, cuando la gente hace comentarios sobre nuestras decisiones, nos avergüenza y no sabemos por qué. Estos son algunos de los conflictivos mensajes subliminales que alimentan nuestra vergüenza y nos hacen dudar de nosotras mismas:

- Eres lo que ganas.
- Ser madre es fácil; ¿qué otra cosa haces?
- Deberías buscarte un trabajo de verdad. Tendrías tu propio dinero y una identidad.
- Deberías quedarte en casa. Ese es tu trabajo.
- Si fueses mejor madre o mejor profesional, podrías hacer ambas cosas fácilmente.

Abrirse a los demás: En lo que respecta a mis problemas personales con mi aspecto físico, la familia, la crianza de los hijos, la maternidad y el trabajo, dependo en un 100 por 100 de mi red de conexión. Dependo de ellos para que me aconsejen, me guíen, me apoyen, me den su opinión, validen mi postura, me elogien, y a veces les necesito ni más ni menos que para que me cojan de la mano o cuiden de mis hijos.

Me he esforzado mucho para construir esta red, que ahora es grande y fuerte. También dependo de que esas personas se apoyen en mí. Sé que suena raro, pero quiero tener relaciones que funcionen en ambos sentidos. Recibir empatía es fabuloso, pero también lo es ofrecerla. Tanto dar como recibir me convierten en mejor persona y me ayudan a aumentar mi resiliencia a la vergüenza.

Mi telaraña de la vergüenza en torno a estas cuestiones está compuesta principalmente por los medios de comunicación y por mí. Constantemente trabajo en este tema, pero sigo siendo vulnerable a las revistas y a las películas, y debo estar atenta para no olvidar practicar la conciencia crítica o hablar con mi red de conexión acerca de todos estos temas. Reconozco que también tengo algunos amigos y familiares que pueden meter el dedo en la llaga, en especial en cuestiones como la crianza de los hijos y el trabajo.

Verbalizar la vergüenza: Si el objetivo de verbalizar la vergüenza es aprender a expresar cómo nos sentimos y a pedir lo que necesitamos, entonces diría que estoy mejorando. Voy definitivamente mejor en el primer punto, pero, como muchas mujeres, suele costarme bastante pedir lo que necesito, en especial si es ayuda o apoyo.

Durante las entrevistas surgió un interesante patrón en torno a la búsqueda de ayuda. Al parecer, muchas mujeres tenemos problemas para pedir ayuda o apoyo, aunque con frecuencia somos quienes cuidamos y ayudamos a los demás. Nos convencemos de que no deberíamos necesitar ayuda para no tener que pedirla. Y entonces nos enfadamos o nos duele que nadie nos la ofrezca. Pensamos: «¿Es que nadie ve que me estoy ahogando?» o «¿Por qué no hacen nada?». Este cuadro puede convertirse rápidamente en una situación de culpa y vergüenza: necesitamos ayuda, pero no la pedimos; nos enfadamos porque no la recibimos; nos avergüenza el mero hecho de pensar que alguien podría ayudarnos, cuando sabemos que eso no va a pasar.

En mi caso, pedir ayuda es una cuestión que todavía no he resuelto por completo.

CRECER Y ESTABLECER OBJETIVOS

A medida que adquirimos más fluidez a la hora de verbalizar la vergüenza, el poder y el significado de las palabras resultan más evidentes. Las mujeres con elevados niveles de resiliencia utilizan un lenguaje muy distinto del de las mujeres que tienen problemas de vergüenza en la misma área. Por ejemplo, cuando hablé con las entrevistadas sobre la imagen personal, la maternidad, la crianza de los hijos, el trabajo y la familia, aquellas que demostraban elevados niveles de resiliencia a la vergüenza hablaban menos de perfección y más de crecimiento. En efecto, algunos de los patrones de lenguaje que oí fueron:

- «Quiero trabajar duro para mejorar en...»
- «Me gustaría mejorar la forma en que yo...»
- «Me gustaría hacer un poco menos de esto y un poco más de...»
- «Estos son mis objetivos...»
- «Quiero que los demás consideren que estoy esforzándome por...»
- «Quiero que los demás consideren que estoy intentando...»

Cuando nos decantamos por el crecimiento en lugar de por la perfección, de inmediato incrementamos nuestra resiliencia a la vergüenza. Mejorar es un objetivo mucho más realista que alcanzar la perfección. El simple hecho de rehusar los objetivos inalcanzables nos hace menos susceptibles a la vergüenza. Cuando creemos que «debemos hacer esto» estamos ignorando quiénes somos en realidad, estamos ignorando nuestra capacidad y nuestras limitaciones. Partimos de la imagen de la perfección y, por supuesto, desde la perfección no hay otra posibilidad que la caída en picado.

Si pensamos: «Quiero que mis padres me consideren la hija

perfecta», lo único que nos espera es el fracaso. Primero, porque la perfección es inalcanzable. Segundo, porque no podemos controlar de qué manera nos ven los demás. Y por último, porque no hay forma de que hagamos todas las cosas que los demás esperan de nosotras o que *nosotras* esperamos de nosotras.

Ahora bien: si nuestro objetivo es el crecimiento y nos planteamos: «Me gustaría mejorar esto», partimos desde donde estamos y desde lo que somos. «Me gustaría mejorar la relación con mis padres» es un objetivo completamente diferente de «Quiero que mis padres me consideren la hija perfecta».

Para ilustrar la diferencia entre estos dos planteamientos, muchas de las mujeres a las que entrevisté describieron que las relaciones con sus padres mejoraban en cuanto ellas dejaban de intentar ser las «hijas perfectas». Lo mismo sucede en cuanto al aspecto físico, la maternidad y la crianza de los hijos.

Cuando nos damos permiso para ser imperfectas; cuando reconocemos lo que valemos a pesar de nuestras imperfecciones; cuando establecemos redes de conexión que nos afirman y valoran como seres imperfectos, somos mucho más capaces de cambiar.

Y esto nos remite a la frase que para mí marcó el punto inicial de este viaje: no podemos avergonzar ni menospreciar a la gente para hacerla cambiar. Lo cual significa que no podemos utilizar el odio hacia nosotras mismas para perder peso; no podemos avergonzarnos para convertirnos en mejores madres, y no podemos menospreciarnos, ni tampoco a nuestras familias, para convertirlas en lo que necesitamos que sean. Poner a la gente en el «tablón de perdedores» no funciona. *La vergüenza corroe esa parte de nosotros que está convencida de que somos capaces de cambiar.*

Establecer objetivos: Las mujeres con elevados niveles de resiliencia a la vergüenza sabían diferenciar perfectamente la perfección del objetivo de «trabajar en pos de la perfección».

Desarrollar la resiliencia a la vergüenza requiere establecer objetivos realistas. Decir «No quiero que nadie me considere impaciente» es lo mismo que proponer «Quiero ser más paciente para no enfadarme nunca». Al final, el objetivo de los dos planteamientos sigue siendo la perfección.

Al debatir con las mujeres sobre sus «objetivos de crecimiento» —como, por ejemplo, «Quiero ser más paciente»—, les pregunté cómo los conseguían. Y a partir de sus respuestas detecté una conexión directa entre su nivel de resiliencia a la vergüenza y su capacidad para identificar objetivos específicos relacionados con sus metas.

Por ejemplo, Cheryl, una buena amiga y colega, me contó que sus objetivos en cuanto a la crianza de sus hijos son ser «divertida, fuerte, amable, informada, paciente y cariñosa». Pero me aclaró específicamente que, si bien esos eran sus objetivos, sabía que resultaba completamente irreal pretender ser tantas cosas al mismo tiempo.

Cuando le pregunté qué hacía para alcanzar sus metas, con mucha seguridad comenzó a enumerar una serie de pasos simples, mensurables (suceden o no suceden) y tangibles. Estas fueron sus palabras: «Duermo, porque soy mejor madre cuando estoy descansada. Si bien es difícil, he establecido una serie de horarios para que mis hijos se sientan bien. Leo muchos libros sobre la educación de los niños; cuando son buenos, aprovecho los consejos, y cuando no, paso. Si veo a otra madre u otro padre hacer algo bien, me intereso y pregunto al respecto. Voy con mi marido a talleres de educación infantil. Me mantengo en contacto con mi grupo de madres. Cambié de pediatra varias veces hasta que encontré uno que comparte mis valores y me da los consejos que quiero y necesito. Marco límites en mi trabajo. Cuando alguien critica la forma en que crío a mis hijos, cuento con un sistema de apoyo de amigos con quienes hablo del tema. Intento cuidar de mí misma tomándome el tiempo que necesito para recuperarme. Porque cuando mi pozo está seco, no tengo nada que ofrecer a nadie».

Por extraño que parezca, crecer y establecer objetivos puede parecer más arduo que soñar con la perfección. Cuando intentamos ser perfectas, fracasamos con tanta frecuencia que casi nos acostumbramos a ello. Y después de un tiempo, nos engañamos para hacernos creer que prever la perfección es más noble que trabajar en pos de determinados objetivos. Resulta mucho más fácil decir: «Para diciembre estaré más delgada» que «Hoy empezaré a comer de forma mucho más sana y a practicar ejercicio». O «Las cosas nos irán fenomenal cuando no tengamos deudas» en lugar de «Esta semana no compraré nada con la tarjeta de crédito».

Cuando establecemos metas realistas para cumplir con «objetivos de crecimiento», nos responsabilizamos de lo que suceda hoy, mañana y pasado, en lugar de posponer la responsabilidad hasta dentro de seis meses.

Las mujeres que, a mi entender, mostraban los más elevados niveles de resiliencia a la vergüenza frente a cuestiones como la perfección, tenían objetivos muy realistas y una serie de estrategias concretas y mensurables para alcanzarlos. Un ejemplo fue el de una mujer que durante más de diez años sufrió un trastorno alimentario, y explicó que había superado ese problema y la vergüenza de ser bulímica poniéndose por escrito una serie de «objetivos saludables» realistas cada semana, en lugar de «objetivos de adelgazamiento» universales. Aseguró que ya no quiere que la vean «delgada», sino «sana», y que para conseguirlo practica ejercicio físico durante treinta minutos cinco veces a la semana y come al menos tres platos saludables al día.

Uno de los beneficios del crecimiento a través del establecimiento de objetivos es que no se trata de un planteamiento de tipo «todo o nada», en el que los únicos resultados posibles son el éxito o el fracaso. Si nuestro objetivo es ser mejores madres y nos proponemos dos objetivos razonables, como leer un artículo sobre paternidad al mes y hablar con otros padres cuyas aptitudes nos inspiren respeto, estaremos aprendiendo y creciendo aunque no cumplamos todos los objetivos.

Si no leemos el artículo pero aprendemos mucho de otro padre, eso es crecer. Y quizá nos demos cuenta de que leer artículos no es nuestro fuerte y que posiblemente nos resultaría más provechoso pasar más tiempo con otros padres. Cuando nos marcamos el objetivo de mejorar y nos planteamos metas mensurables para alcanzarlo, tanto lo que conseguimos como lo que no conseguimos puede servirnos para aprender y crecer. Pero si nuestro objetivo es la perfección, inevitablemente fracasaremos, y ese fracaso no nos ofrecerá nada en términos de aprendizaje y cambio: solo nos hará vulnerables a la vergüenza.

VOLVER ATRÁS

La capacidad de aprender de nuestros errores en lugar de verlos como intentos fallidos de alcanzar la perfección es la esencia de «volver atrás». En mi investigación, esta cuestión se transformó en un concepto de suma importancia. Las mujeres con elevados niveles de resiliencia a la vergüenza en las áreas del aspecto físico, la maternidad, la crianza de los hijos, el trabajo y la familia hablaban apasionadamente sobre el valor de creer que nunca es demasiado tarde para crecer y cambiar. Se resistían a ser definidas por sus errores y definían la «imperfección» como una parte necesaria del crecimiento y no como una barrera. Además, muchas de estas mismas mujeres recalcaban lo valioso que les resultaba que algunos miembros de su red de conexión hubiesen recurrido a la estrategia de «volver atrás» para crecer y cambiar, y valoraban especialmente que sus propios padres hubiesen demostrado voluntad de cambio y crecimiento en el ámbito de la paternidad.

En contraste, las mujeres que sufrían problemas de vergüenza permanentes en estas mismas áreas consideraban que los errores del pasado y los intentos fallidos de alcanzar la perfección eran sumamente resistentes y alteraban de forma irremediable sus niveles de conexión y poder. Al igual que las mujeres que demostraban altos niveles de resiliencia a la vergüenza, ellas también percibían la influencia de fuerzas externas, aunque en su caso se trataba mayoritariamente de miembros de sus telarañas de la vergüenza, en lugar de personas de sus redes de conexión. Cuando se referían a la persistencia de los errores y a su incapacidad para dejar de lado la perfección y avanzar en pos del crecimiento, al menos el 80 por 100 de ellas describió este atributo como algo aprendido de sus padres y/o familias.

En resumen, la primera razón por la que volver atrás resulta tan importante en el desarrollo de la resiliencia a la vergüenza tiene que ver con nuestra capacidad para deshacernos de los errores y fracasos del pasado, y avanzar hacia el cambio y el crecimiento. Y la segunda razón es la influencia que esta estrategia ejerce sobre nuestra voluntad de desarrollar empatía a través de las redes de conexión: no solo necesitamos estar dispuestas a volver atrás y aprender de nuestros errores, sino también que las personas que forman parte de nuestra vida demuestren interés en hacer lo mismo.

De todas las revelaciones que surgieron de este estudio, ninguna resultó tan poderosa para mí como la influencia que ejercen los padres sobre sus hijos. Ya hablara con mujeres de dieciocho años o de sesenta y ocho, a todas ellas parecía afectarles mucho el hecho de que sus padres estuvieran dispuestos a volver atrás para intentar mejorar constantemente la relación con sus hijos. Quedó muy claro en todas las áreas, pero en especial en aquellas que entran en la categoría de la «perfección». Según lo que contaron estas mujeres, de todas las voces que les gritaban expectativas o les susurraban afirmaciones, las de sus padres eran, sin lugar a dudas, de las más influyentes.

Cuando los padres imponen sobre sus hijos expectativas de perfección, resulta muy difícil que estos cambien dicho objetivo por el del crecimiento y el progreso. Se nota especialmente en los casos en que los padres recurren a la vergüenza como una herramienta para reforzar las expectativas en cuestión. Las mujeres cuyos padres demostraban su compromiso a volver atrás animándolas a luchar por crecer en lugar de por alcanzar la perfección sentían una mayor conexión y empatía hacia ellos.

Me cuesta mucho reflejar por escrito la emoción que transmitían las entrevistadas mientras me explicaban lo que significaba para ellas oír a sus padres decir «Lo siento» o «Entiendo cómo te ha hecho sentir todo esto». Cuando los padres reconocen el dolor de sus hijos, cuando realmente muestran empatía sin necesidad de dar explicaciones ni justificarse, puede producirse una curación emocional sorprendente.

Por el contrario, aquellas mujeres cuyos padres continuaban reforzando las expectativas de perfección en su adultez, seguían teniendo problemas con la vergüenza o bien se veían obligadas a trabajar arduamente para desarrollar resiliencia frente a las permanentes expectativas de sus padres.

¿Recuerdas el ejemplo del capítulo anterior, en el que una madre decía a su hija: «¡Dios mío, todavía estás gorda!»? Piensa en lo que habría sucedido si después de escuchar a su hija explicarle que ese comentario la había avergonzado mucho, la madre hubiese respondido: «No es mi intención avergonzarte ni hacerte daño. Lo siento mucho. Tenemos que estar unidas. Te quiero».

Esto no arreglaría la relación de inmediato, pero supondría un inmenso paso inicial hacia la curación. Sí, estoy segura de que en cierto momento esta madre querría explicar o defender su motivación diciendo: «Estoy muy preocupada por tu salud». Pero para volver atrás de verdad, es importante que primero reconozcamos el dolor que hemos causado y nuestro deseo de reconstruir la conexión.

Yo sé lo poderoso que resulta tener padres deseosos de volver atrás. Antes de ser madre, mi principal objetivo era hacer a la perfección todo lo que yo creía que ellos hacían mal. Ahora que tengo hijos solo deseo estar tan dispuesta a volver atrás como lo están mis padres. Hace poco estaba hablando con mi padre sobre la educación de los hijos y me dijo: «No puedes criar a tus hijos de forma perfecta. La única forma que tienes de cuantificar tu éxito es a través de la capacidad de tus hijos para criar a los suyos incluso mejor que tú, y de tu voluntad de apoyarles durante el proceso».

Me quedé pensando en esa frase durante mucho tiempo. Resulta impactante comprobar que tus padres están dispuestos a volver a analizar sus decisiones; e incluso mucho más si piensas que tus hijos algún día pedirán lo mismo de ti.

Una de las mayores barreras que se erigen al volver la vista atrás está relacionada con la empatía. Si nuestro objetivo es la perfección más que el crecimiento, resulta improbable que estemos dispuestos a volver atrás, porque para eso necesitaríamos cierto nivel de autoempatía, que es la capacidad de observar nuestras propias acciones con compresión y compasión; de entender nuestras experiencias en el contexto en el que tuvieron lugar y hacerlo sin juzgar. A esta habilidad de reflexionar sobre nuestras propias acciones con empatía la llamo «enraizamiento».

ENRAIZAMIENTO

Cuando elegimos el crecimiento en lugar de la perfección, nos decantamos por la empatía y la conexión. Uso el término *enraizamiento* porque para analizar dónde estamos, adónde queremos ir y cómo deseamos llegar hasta allí debemos contar con cierto nivel de autoaceptación sobre quiénes somos. El enraizamiento nos aporta la estabilidad que necesitamos para abrirnos a los demás y analizar lo que somos y lo que queremos ser. Cuanto más enraizados estamos, menos obligados nos sentimos a protegernos y a defender nuestras decisiones, y logramos mirarnos con compasión en lugar de odiarnos. El enraizamiento también evita que persigamos la aceptación y la integración en un intento de convertirnos en lo que los demás necesitan que seamos.

Durante las entrevistas conocí a dos mujeres con historias similares en relación con su aspecto físico. Ambas habían tenido mucho sobrepeso en la adolescencia y durante los primeros años de la juventud, y en el momento de la entrevista las dos habían superado ya los treinta años, eran muy delgadas y tenían hijas pequeñas.

La primera mujer sentía un gran desprecio por la persona que había sido. Su primer comentario fue: «Era gorda y desagradable. No puedo creer que tuviera ese aspecto». Luego continuó hablándome del rechazo que le provocaban las mujeres con sobrepeso, y añadió que su madre era muy delgada y que constantemente la presionaba en relación con el peso. A continuación me contó que tiene dos hijas y que controla todo lo que comen; que la mayor (que tenía siete años en el momento de la entrevista) ya estaba a dieta. En su opinión, era preferible que ella misma le dijera a su hija que estaba gorda antes de que sus compañeros de colegio se burlaran de ella. Me pareció que esta mujer, a pesar de haber perdido mucho peso, todavía sentía una gran culpa respecto a sus problemas de peso. Parecía más enterrada en la vergüenza que enraizada en la autoaceptación.

La segunda me contó que había luchado contra el sobrepeso durante veinte años. Que había sido una niña gorda y que no consiguió tener un cuerpo delgado hasta que cumplió los treinta. Cuando le pregunté cómo se sentía al pensar en aquella vida pasada en la que fue gorda, me respondió: «Es parte de lo que soy.

Me casé y tuve a mis hijos durante ese período; perdí a mi madre cuando tenía poco más de veinte años, así que, como todo el mundo, he tenido buenos y malos momentos». Luego me contó que su hija y su hijo eran demasiado pequeños para recordarla con sobrepeso, así que cuando ven películas y fotos a veces hacen comentarios al respecto. Y agregó: «Les expliqué que me duele que se rían de las fotos antiguas. También uso ese ejemplo para demostrarles por qué no se debe juzgar a las personas por su aspecto. Ellos me quieren y consideran que soy una mamá genial. Así que les dije que si lo único que veían era una mujer gorda, se perderían todo lo bueno. Por suerte, se han vuelto muy sensibles respecto a este tema con sus amigos». Esta mujer dijo que en la actualidad sentía un gran poder y libertad sobre su aspecto físico, y que contaba con un enorme sistema de apoyo formado por amigos y familiares. Ella, desde luego, parecía muy bien enraizada en la autoaceptación.

CELEBRAR LO COMÚN Y LO PASADO DE MODA

Una obsesión destructiva relacionada con el perfeccionismo es la fascinación por la cultura de la celebridad. Con desesperación hojeamos las revistas para descubrir todos los detalles íntimos de las estrellas que nos gustan y también de las que no soportamos. Queremos saber quién ha perdido peso, cómo decoran sus casas, qué comen, con qué alimentan a sus perros…, ¡todo! Si ellas lo comen, lo visten, lo tienen o lo pierden…, ¡nosotras queremos hacer lo mismo!

Deseamos conocer sus vidas porque creemos que es la manera de acercarnos a la perfección que buscamos. Los famosos también nos acercan a otro valor muy codiciado: lo «guay». No deberíamos menospreciar la importancia de sentirnos «guay». Sabemos que los adolescentes suelen exponerse a terribles riesgos físicos y psicológicos por mantener su reputación entre sus compañeros. Pero, por desgracia, en nuestra cultura el valor de «lo guay» no se acaba después del instituto. Mujeres de entre dieciocho y ochenta años me hablaron del dolor emocional que les provocaba que las considerasen «pasadas de moda» o «fuera de onda». E incluso me confesaron, con gran sinceridad, algunas de las consecuencias que tuvieron que afrontar por intentar que los demás siguiesen considerándolas «guay». Por desgracia, en una cultura en la que lo único que importa es ganar dinero, existen industrias multimillonarias que se aseguran de que la perfección y lo «guay» resulten tan esquivos como seductores. Nunca nada es lo bastante perfecto ni lo bastante «guay».

En su libro titulado *The Shelter of Each Other: Rebuilding Our Families*, Mary Pipher habla sabiamente sobre la verdadera amenaza que suponen los medios de comunicación para nuestras familias. En efecto, explica que los medios forman nuestra nueva comunidad, que es mucho menos diversa que la vida real. «Nosotros "conocemos" a los famosos, pero ellos no nos conocen a nosotras. La nueva comunidad no es un barrio recíproco como los de antes. David Letterman no saldrá a ayudarnos si nos quedamos sin batería en el coche una mañana de invierno. Donald Trump no nos traerá algo de comer si nuestro padre se queda sin trabajo. Estas relaciones indirectas crean una nueva forma de soledad, la soledad de las personas que se relacionan con personajes en lugar de con personas.»

Además de fomentar el perfeccionismo y la soledad (que suelen estar conectados), surge también el problema de comparar nuestras vidas con las de los famosos. Nos pasamos horas viendo programas de televisión que no hacen más que detallar sus idas y venidas. Y de forma consciente o inconsciente, comparamos nuestra vida con la de estas personas famosas.

En mi investigación tanto con mujeres como con hombres, muchos participantes hablaron de sentir vergüenza de sus «vidas pequeñas y aburridas». Con muy pocas excepciones, estos participantes comparaban sus vidas con las de quienes aparecían en televisión o en las revistas. La doctora Pipher también explica este fenómeno en el contexto de la nueva comunidad de los medios: «La comunidad electrónica es menos diversa que la vida real, y los problemas a los que se enfrenta no son los problemas de las personas reales. Ciertas situaciones, como que algunas jóvenes estrellas sufran amenazas o unos jóvenes atractivos luchen contra la delincuencia, están demasiado exploradas. Y otras historias mucho más comunes, como las reuniones de la junta escolar, la escritura de poesía, las visitas a museos, la práctica del piano o la entrega de comida a domicilio, son prácticamente ignoradas. Las personas que no resultan interesantes desde el punto de vista visual, como la mayoría de nosotros, no están representadas. Las historias elegidas son las que generan dinero, y la riqueza y la complejidad de la vida real acaban desapareciendo».

En nuestra cultura, el miedo y la vergüenza a ser comunes es muy real. De hecho, un gran porcentaje de las entrevistadas de edad más avanzada me contaron que, al echar un vistazo a sus vidas, añoraban la cantidad de cosas extraordinarias que no les sucedieron ni les sucederán nunca. Al parecer, cuantificamos las aportaciones de la gente (y a veces sus vidas enteras) por su nivel de reconocimiento público. En otras palabras, medimos la valía en términos de fama y fortuna.

Nuestra cultura se apresura a ignorar a los hombres y las mujeres tranquilos, comunes y corrientes, que trabajan arduamente día a día. En muchos sentidos, equiparamos *común* con *aburrido*, o incluso hacemos algo mucho más peligroso: convertir *común* en sinónimo de *carente de significado*. Una de las grandes consecuencias culturales de la devaluación de nuestra propia vida ha sido nuestra tolerancia frente a lo que la gente hace para alcanzar un estatus «extraordinario».

Los jugadores de béisbol que se hinchan a esteroides y hormonas son héroes. Los líderes empresariales con salarios y beneficios de miles de millones de dólares son envidiados, aunque al mismo tiempo sus empleados estén perdiendo sus propias pensiones y beneficios. Las chicas crean sus páginas web y chats para hablar sobre los trucos que usan las famosas para ocultar sus trastornos alimentarios y así mantenerse delgadas y hermosas. Los niños y las niñas sufren estrés y altos niveles de ansiedad debido a la enorme cantidad de actividades extraescolares a las que tienen que asistir, y a lo mucho que se insiste en la calificación estandarizada de los exámenes.

Estos ejemplos nos conducen directamente a la pregunta: ¿qué estamos dispuestos a sacrificar por nuestra búsqueda de lo extraordinario? Las herramientas de la resiliencia a la vergüenza pueden ayudarnos a aprender más sobre nuestros miedos y vulnerabilidades frente a las presiones culturales. Practicar la conciencia crítica resulta especialmente importante si pretendemos comprender mejor esa comunidad mediática que ha pasado a formar parte de nuestra vida.

EL MIEDO A LA VULNERABILIDAD

Si estamos dispuestos a reconocer y aceptar aquello que nos hace humanos, incluidas nuestras imperfecciones y vidas nada extraordinarias, debemos asumir nuestras vulnerabilidades. Y es muy difícil, porque ser vulnerables nos da miedo. Como expliqué en el capítulo 1, equiparamos vulnerabilidad con debilidad, y pocas cosas aborrecemos tanto en nuestra cultura como la debilidad.

Cuando escuchaba a las mujeres hablar de su miedo a ser vulnerables, oía lo mismo una y otra vez: «No quiero contarle algo a alguien y que después esa persona utilice la información en mi contra». Resulta sumamente doloroso compartir una vulnerabilidad o un miedo con alguien y que luego la utilice para insultarnos, la saque a relucir en una discusión o se valga de ella para cotillear sobre nosotros.

Un concepto que apareció en todas las entrevistas es lo que he dado en llamar *resaca de vulnerabilidad*, y que se relaciona directamente con nuestro miedo a dicha emoción. Por desgracia, casi todos la hemos experimentado. Todos hemos vivido alguna situación en la que, estando con un amigo, colega o familiar, hemos sentido un profundo anhelo de conectar con él o ella. A pesar del miedo, el impulso o la necesidad de contar algo que significa mucho para nosotros son más fuertes y, antes de darnos cuenta, ya lo hemos soltado. Le hemos contado todo, hemos compartido nuestras más profundas debilidades.

Una hora, un día o una semana más tarde, el arrepentimiento nos ahoga como si fuese una oleada de náuseas: «Dios mío, ¿por qué se lo he contado? ¿Qué pensará de mi familia? ¿A quién se lo dirá?». Es la resaca de la vulnerabilidad.

Cuando empezamos a trabajar nuestra resiliencia a la vergüenza, la necesidad de abrirnos frente a otras personas y hablar sobre nuestras experiencias puede convertirse en una fuerza importante. Tan importante, de hecho, que a veces nos conduce a contar cosas muy personales a personas con las que no hemos establecido una relación que le permita absorber dicha información.

Lo bueno sobre la resaca de la vulnerabilidad es que es universal. Cuando hablo de este concepto en mis conferencias suelo ver un montón de cabezas que asienten y expresiones que dicen: «Sí, sí, ya sé de qué se trata; he pasado por eso». Sería agradable creer que la mayoría de nosotros estamos capacitados para reconocer a la persona adecuada, el momento correcto y la forma más conveniente de contar algo. Pero, vaya, la realidad es que casi todos hemos recurrido a personas a las que apenas conocíamos y les hemos vomitado toda nuestra vulnerabilidad. Harriet Lerner ofrece un consejo estupendo sobre esta cuestión. Explica: «Antes de revelar nuestra vulnerabilidad, lo más sensato es que nos tomemos un tiempo para comprobar si la otra persona merece oír nuestras historias, y para valorar también nuestro propio nivel de seguridad y comodidad a la hora de compartir material delicado. Queremos confiar en que la otra persona no negará ni minimizará nuestro dolor, ni, por el contrario, se centrará excesivamente en nuestro problema de un modo que no nos ayude en absoluto. No queremos que nos menosprecien, sientan pena de nosotros ni chismorreen sobre nuestra vida, ni tampoco queremos que esa información tan delicada sea utilizada en nuestra contra».

MIEDO, VULNERABILIDAD Y EXPECTATIVAS

La vulnerabilidad también nos da miedo, porque suele estar relacionada con nuestras expectativas y con el dolor de la decepción. Elizabeth, una mujer que entrevisté hace muchos años, habló de la vergüenza que le produjo no recibir el ascenso que estaba esperando. Me contó: «Lo que más me avergonzaba era haberle contado a todo el mundo lo que significaba ese ascenso para mí. A todo el mundo: mi marido, mis hijos, mis vecinos, mi madre y mis colegas. No es que les dijera a todos que me lo iban a dar con seguridad, sino que fui sincera sobre lo mucho que lo esperaba. Así que después, en lugar de sentirme simplemente triste y decepcionada, me sentí triste, decepcionada y avergonzada».

Cuando alguien tiene el coraje de compartir con nosotros sus esperanzas, nos está ofreciendo la importante oportunidad de practicar la compasión y la conexión. Piensa en lo poderoso que podría haber sido para Elizabeth oír: «Has demostrado mucho coraje al solicitar ese ascenso y luego al expresar sinceramente lo mucho que lo deseabas. Estoy muy orgullosa de ser tu hija/amiga/madre».

Como demuestra el ejemplo de esta mujer, existe una compleja relación entre nuestras expectativas, vulnerabilidades y miedos. Cuando desarrollamos expectativas, creamos en nuestra cabeza una imagen de cómo serán las cosas y qué aspecto tendrán. A veces llegamos al punto de imaginar qué sensaciones nos provocarán, cómo sabrán y cómo olerán. Nos hacemos una imagen mental que para nosotros encierra un gran valor.

Las expectativas que creamos se basan no solo en cómo encajamos nosotras en esa imagen que hemos producido en nuestra mente, sino también en el papel que desempeñan las personas que nos rodean. Y, con frecuencia, el fracaso que sentimos cuando esas expectativas no se concretan nos produce vergüenza. Cuando pierda trece kilos, tendré este aspecto... Si me aceptan en la escuela de posgrado, me sentiré... Si podemos comprar esa casa, todo esto cambiará... Si le cuento a mi padre cómo me siento, entenderá... Si hago esto por mis hijos, me lo agradecerán. A veces las expectativas rotas solo conducen a una ligera decepción, pero en muchos casos provocan vergüenza, en especial si entran en juego la vulnerabilidad y el miedo.

Kelli, una de las participantes a las que entrevisté, me explicó muy sinceramente que sus expectativas y miedos la predisponían siempre a la vergüenza cada vez que se encontraba con su suegra. Al parecer, esta mujer criticaba constantemente la manera en que Kelli criaba a sus hijos, criticaba que se quedara en casa con los niños y criticaba también el trato que dispensaba a su marido (es decir, al hijo de esta señora). La presión que sentía Kelli era tanta que me explicó que planificaba los encuentros con su suegra durante semanas, incluso durante meses. Llegaba muy lejos imaginando situaciones que le permitieran demostrar que educaba a sus hijos y trataba a su marido tal como a su suegra le gustaría.

Pero, sin excepción, cada vez que esta mujer la visitaba, nada salía como estaba planeado. Así que su suegra no solo continuaba criticándola, sino que percibía enseguida los transparentes esfuerzos que hacía Kelli por crear situaciones que la dejaran bien parada.

Hagamos lo que hagamos, no podemos controlar de qué manera reaccionarán o responderán los demás. Si perdemos trece kilos para poder ver la cara que se les quedará a nuestras amigas cuando nos vean en la reunión de antiguos alumnos, ¿qué sucede si ni siquiera nos miran? Corremos el riesgo de experimentar desde una ligera decepción hasta una vergüenza increíble.

Kelli me contó que ha dejado de intentar predecir y controlar sus encuentros con su suegra. Cuando ella y su marido tomaron por fin la decisión de explicar a la señora lo que sentían, esta se mostró bastante indiferente. Así que Kelli ha desarrollado una estrategia diferente para llevar a buen puerto las visitas: limitar la duración de los encuentros y prepararse para ellos de un modo completamente distinto. En lugar de intentar controlar las reuniones, ha comenzado a rodearse del apoyo de sus familiares y amigas.

Kelli me contó esta historia como un ejemplo de desarrollo de resiliencia a la vergüenza. Dijo que nunca había esperado que la situación se modificara a partir de un cambio en ella misma, sino que pensó que sucedería porque al final la que cambiaría sería su suegra. Creo que ese es el problema de las expectativas: que suelen ser irreales y las centramos en las personas equivocadas. En la próxima sección analizaremos un interesante ejercicio que puede ayudarnos a reconocer nuestros miedos y a comprobar si nuestras expectativas se ajustan a la realidad.

LA BARAJA DE LA VIDA

La baraja del embarazo es un ejercicio sumamente poderoso que muchos hospitales ponen en práctica durante sus clases de preparación al parto. A los futuros padres se les entregan diez cartulinas y se les pide que escriban en cada una alguna importante expectativa sobre el parto. Como las familias casi siempre esperan que tanto el bebé como la madre no tengan ningún problema durante el proceso, esa cuestión debe quedar excluida. Las mujeres, por lo general, escriben cosas como «parto vaginal», «sin epidural», «sin inducción», «sin episiotomía», «que la familia llegue a tiempo», «sin fórceps», «que el bebé se aferre al pecho de inmediato», «alimentación con leche maternizada» y «enfermeras amables». En otras palabras, las cartas describen las imágenes mentales que ellas se han hecho sobre el parto y el nacimiento de sus hijos.

Cuando han acabado de escribir las cartulinas y las están contemplando con orgullo, se les pide que les den la vuelta para no poder ver lo que llevan escrito, que las barajen y que cojan cinco de esas diez. Entonces se les dice que esas cinco saldrán bien y que las otras no. Y se les pregunta: «¿Estáis preparados para que se cumplan cinco de diez, en lugar de diez de diez?».

Creo que se trata de un ejercicio muy profundo, y no solo en relación con el parto y el nacimiento. Deberíamos ampliarlo para que abarque la «baraja de la vida». Cuando en nuestra mente creamos expectativas en las que ponemos en juego toda nuestra valía como personas, nos estamos predisponiendo a la vergüenza. Recurrir a la baraja de la vida para reconocer nuestras vulnerabilidades y miedos es una forma eficaz de comprobar si nuestras expectativas se ajustan a la realidad.

EL PRINCIPIO DE LA MAGNIFICACIÓN

La baraja de la vida puede ayudarnos a entender cuánta emoción hemos volcado en una expectativa determinada. Pero para abordar las expectativas y el miedo a la vulnerabilidad tenemos que hablar primero de la forma en que la sociedad empuja a muchas mujeres a creer que ciertos acontecimientos nos «salvan»: por mal que vayan las cosas, si encontramos novio mejorarán. Si nos casamos, serán todavía mejores. Y si tenemos hijos, serán tan maravillosas que no lo soportaremos.

Gracias a mi investigación, he entendido que los problemas que trasladas a un acontecimiento de tu vida se magnifican instantáneamente en cuanto el jaleo que rodea dicho acontecimiento remite. Si estás soltera y tienes problemas de identidad, el hecho de encontrar pareja magnificará esos problemas; y aunque posiblemente dicha magnificación no haga acto de presencia hasta que se apague el fulgor del «nuevo amor», no dudes que aparecerá.

Los problemas que tú y tu pareja lleváis al matrimonio se magnifican. Lo mismo es aplicable a tener hijos. Los problemas no solo subsisten, sino que se vuelven más complicados y complejos. Si la aprobación de tus padres es muy importante para ti, tener un hijo no cambiará nada: simplemente tendrás más cuestiones que someter a su conformidad.

Entrevisté a una mujer de casi sesenta años que me contó que cuando era jovencita se había casado con su novio, que abusaba físicamente de ella, a pesar de las advertencias de sus amigos y familiares. Por aquel entonces había creído en las promesas del hombre, que había jurado controlar su ira una vez que se casaran. Tras el nacimiento de su primer hijo, su marido se volvió mucho más violento y ella se sintió completamente aislada. Me contó: «Yo no escuchaba a nadie; realmente estaba convencida de que casarnos o tener hijos cambiaría a mi marido. La situación era terrible, pero no podía recurrir a mis padres ni a mis amigos, porque ellos me lo habían advertido. Así que me quedé con él hasta que me rompió la nariz y un brazo. A mi familia no le pude ocultar eso».

El cambio es posible y siempre existe la posibilidad de crecer; sin embargo, un acontecimiento de la vida no provocará ese cambio ni el crecimiento que buscamos. Si nos casamos y nuestra pareja es celosa, su miedo crecerá, porque en el matrimonio el reto es mayor. La madre que espera que hagamos todo a la perfección tendrá expectativas todavía más altas, porque cada vez habrá más en juego. Las relaciones tensas entre hermanos se volverán todavía más tensas cuando tengan que cuidar de un familiar que no puede valerse por sí solo. En otras palabras, el principio de la magnificación actúa como un catalizador que saca a la luz las expectativas fallidas vinculadas a un acontecimiento importante. Cuando supeditamos lo que valemos como personas a la concreción de algo que está fuera de nuestro control, estamos poniendo nuestra valía en peligro. Por ejemplo, si decimos: «Esta relación mejorará; solo necesitamos casarnos» y las cosas empeoran después de la boda, ese hecho puede convertirse en una tremenda fuente de vergüenza.

Repito una vez más que si nuestra intención es reconocer y aceptar lo que nos hace humanos —incluidas nuestras imperfecciones y las vidas tan poco extraordinarias que llevamos—, debemos asumir nuestros miedos y nuestras vulnerabilidades. Comprender el temor forma parte del proceso de resiliencia a la vergüenza. También es una pieza importante en la construcción de las relaciones que necesitamos para gozar de vidas plenas y conectadas.

OCHO

ACTUAR DE FORMA COMPASIVA EN LA CULTURA DE LA INCULPACIÓN

¡ES CULPA TUYA! ¡ES TODO CULPA MÍA! Tú eres culpable. Yo soy culpable. Vivimos en una cultura obsesionada con encontrar y asignar culpas. Responsabilizarnos o hacer responsables a otras personas es bueno, pero inculpar y responsabilizar son cosas muy distintas. Creo que la diferencia entre responsabilizar e inculpar es muy similar a la relación que existe entre el sentimiento de culpa y la vergüenza. Al igual que el sentimiento de culpa, la acción de responsabilizar suele estar motivada por el deseo de reparar y renovar, e implica hacer a alguien responsable de sus acciones y de las consecuencias que estas pudieran tener.

Por otro lado, la inculpación suele nacer del deseo de descargar el miedo y la vergüenza: «Es muy doloroso; ¿a quién puedo culpar? ¡A ti! Eres malo y esto es culpa tuya» En la acción de responsabilizarnos o responsabilizar a otros de nuestro comportamiento aparece la expectativa de un cambio o una resolución. Pero, como en el caso de la vergüenza, la inculpación nos cierra y por ello no aporta ninguna herramienta eficaz para el cambio.

Si me avergüenza perder la paciencia con mi hijo y me culpo por ser una mala madre, estoy mucho más expuesta a sentir todavía más vergüenza. Si, por el contrario, pierdo la paciencia con mi hijo, siento vergüenza y me responsabilizo de mi comportamiento, es mucho más probable que me disculpe ante él e intente descubrir cómo dejar atrás la vergüenza para convertirme en la madre que quiero ser.

Las mismas ideas son aplicables a la tendencia a culpar a los demás. Maggie, una madre de poco más de veinte años, me contó que su peor experiencia con la vergüenza tuvo lugar cuando su hijo de seis años se cayó de un trampolín y se rompió la muñeca. Cuando la mejor amiga de esta mujer, Dana, llegó a la sala de urgencias, Maggie se derrumbó y se echó a llorar, diciendo: «¡Soy una madre horrible! No puedo creer que Matthew se rompiera la muñeca. Debería haberle vigilado en todo momento». Y Dana respondió: «No, deberías haber comprado esa valla de la que te hablé. Te dije que algo pasaría». Maggie se hundió todavía más en la vergüenza. Y Dana no sintió ninguna necesidad de demostrar compasión por su amiga, puesto que la culpaba de la lesión del niño.

La inculpación que describo en la historia de Maggie y Dana es muy evidente, pero las cosas no siempre son así. Con mucha frecuencia es tan sutil e insidiosa que ni siquiera sabemos que la estamos poniendo en práctica ni por qué motivo. Por ejemplo, si estamos conduciendo por la calle y se nos pincha una rueda, empezamos a regañarnos porque somos gordas y feas. Nos convencemos de que las mujeres hermosas y delgadas no sufren ningún pinchazo y que eso solo les pasa a las personas malas como nosotras. O si nos devuelven un cheque, en lugar de pensar: «Tengo que controlar mi cuenta un poco más», nos castigamos con una frase del tipo: «Soy idiota. Esto me pasa por no haber acabado la carrera».

La cultura de la inculpación se filtra en todos los aspectos de nuestra vida. Todo el rato estamos culpándonos y avergonzándonos, o culpando y avergonzando a los demás. En capítulos anteriores hemos hablado sobre separar y aislar. Ambas acciones son subproductos de la cultura de la inculpación. En este capítulo exploraremos cuatro conceptos más relacionados con este tema: la ira, la invisibilidad, los estereotipos y las etiquetas, y la exclusión. También explicaré de qué manera empleamos las mujeres los cuatro elementos de la resiliencia a la vergüenza para pasar de la inculpación a la compasión.

IRA

La emoción subyacente a nuestra obsesión por culpar y encontrar fallos es la ira. En nuestra cultura de la vergüenza y la inculpación, la ira visible está en todas partes. Los programas de televisión de índole política se han convertido en concursos de gritos. Un viaje corto hacia el mercado se transforma en una carrera de obstáculos plagada de conductores iracundos que nos hacen cortes de mangas. Cada vez son más frecuentes los exabruptos públicos de ira dirigidos a extraños y al personal de atención al cliente.

La ira puede estar motivada por muchas experiencias y sentimientos diferentes: la vergüenza, la humillación, el estrés, la ansiedad, el miedo y la angustia son algunos de los desencadenantes más frecuentes. La relación entre la vergüenza y la ira tiene que ver con recurrir a la inculpación y la ira para protegernos del dolor que nos provoca la vergüenza.

Las investigadoras de la vergüenza June Tangney y Ronda Dearing explican que una estrategia para protegernos durante una experiencia vergonzosa es «volver las tornas» y dirigir la culpa hacia fuera. En su investigación descubrieron que cuando culpamos a otros solemos experimentar la *ira del arrogante*. Como la ira es una emoción de potencia y autoridad, estar enfadados puede ayudarnos a recuperar la sensación de control. Y recuperar el control es importante, porque la vergüenza nos hace sentir indignos, paralizados e ineficaces. La respuesta de vergüenza/culpa/ira descrita por Tangney y Dearing es muy similar a la acción de *enfrentarse*, esa estrategia de desconexión de la que hablamos en el capítulo 3. *Enfrentarse* quiere decir intentar ganar poder sobre los demás, ser agresivo y utilizar la vergüenza para combatir la vergüenza.

Entrevisté a muchas mujeres que hablaban de la ira y la inculpación como herramientas para sobrellevar sus abrumadores sentimientos de vergüenza. Y lo que percibí en ellas fue una profunda sensación de arrepentimiento y tristeza por el mal uso que habían hecho de la ira. Recurrir a la furia y a la ira como solución a la vergüenza no hace más que reforzar nuestra idea de que tenemos muchos fallos y no merecemos establecer conexión con nadie.

Tangney y Dearing explican: «Huelga decir que esa ira basada en la vergüenza puede crear serios problemas en nuestras relaciones interpersonales. Los receptores de la ira nacida de la vergüenza tienden a interpretar dicho enfurecimiento como salido "de la nada". Y como le atribuyen poco sentido desde el punto de vista racional, los desafortunados observadores de este tipo de reacciones suelen quedarse pensando: "¿A qué ha venido *eso*?"».

Y continúan: «Por consiguiente, si bien la ira defensiva puede representar un beneficio a corto plazo, porque aligera de inmediato el dolor de la vergüenza, al final la secuencia vergüenza-inculpación suele resultar destructiva para las relaciones interpersonales, tanto en el momento en que tiene lugar como a largo plazo. La inculpación y la ira defensivas basadas en la vergüenza conducen al retraimiento (de una de las partes o de las dos) o a una escalada de antagonismo, inculpación y "contrainculpación". En cualquiera de los casos, es probable que el resultado final sea una desavenencia en la relación interpersonal».

La ira no es una «emoción mala». De hecho, sentir ira y expresarla de forma apropiada resulta vital para construir relaciones. Pero descargarnos contra los demás cuando sentimos vergüenza no tiene que ver con «estar enfadados», sino con sentir vergüenza y enmascararla con ira. Además, la ira y la inculpación motivadas por la vergüenza rara vez se expresan de un modo constructivo. La vergüenza nos inunda de emoción y dolor, y la reacción instintiva de avergonzar/inculpar/sentir ira nos conduce a volcar completamente nuestra furia en otra persona. Si una de nuestras principales cortinas de humo contra la vergüenza es la combinación de ira e inculpación, es fundamental que entendamos y reconozcamos dicha estrategia. Así que lo siguiente que debemos hacer es descubrir de qué manera podemos calmar la sensación de vergüenza y tomar conciencia de lo que nos pasa.

Muchas de las mujeres con las que hablé destacaron la importancia de respirar profundamente. Yo sé que quedarme callada y respirar profundamente varias veces me ayuda a recuperar mi estado emocional cuando siento vergüenza. Algunas mujeres explicaron que en algunos casos se excusaban y literalmente se retiraban del lugar donde estuviera sucediendo. Todos necesitamos encontrar la manera de pedir un «tiempo muerto» para salir de la vergüenza y tomar decisiones conscientes sobre nuestras reacciones y respuestas. En mi investigación y en mi vida personal he descubierto que esto requiere mucha práctica. También exige valor para volver atrás y enmendar situaciones cuando nuestras respuestas de ira/inculpación nos superan.

INVISIBILIDAD

Utilizar la ira y la culpa como protección frente a la vergüenza tiene sentido cuando relacionas la vergüenza con «quedar expuesta». Para muchas de nosotras, esta emoción está íntimamente relacionada con la exposición o con el miedo a la exposición. Por eso nos esforzamos tanto por esconder las partes más defectuosas de nosotras, esas que nos ponen en riesgo de ser ridiculizadas o juzgadas. Nuestro miedo al menosprecio nos impide expresar nuestra opinión; es tanta nuestra necesidad de parecer o actuar de forma perfecta que preferimos quedarnos en casa, bajo las mantas.

Pero, además de avergonzarnos de lo que vemos en nosotras o de lo que ven los demás, también podemos avergonzarnos de lo que *no vemos*. Este otro lado de la vergüenza es en ocasiones más difícil de identificar y nombrar: es la vergüenza de la invisibilidad.

Durante varios años dicté un curso sobre problemas femeninos dirigido a graduadas en Trabajo Social. Cada semestre dedicaba una clase al «día de la revista»: las alumnas traían a clase sus revistas de moda favoritas, y solíamos acabar con al menos 150 ejemplares dispersos por el suelo. Yo les entregaba tijeras, cola y papel. Su primera tarea consistía en recortar imágenes para componer un collage que representara el aspecto ideal que les gustaría tener, con la ropa, las joyas, el pelo, el maquillaje, los brazos, las piernas, los pies, los zapatos, etc. que más les inspiraran.

Al final de esa primera hora de clase, cada alumna tenía que completar su collage, y muchas de ellas lo hacían de forma muy detallada. Una de las cuestiones más significativas y de la que más tomábamos conciencia a partir de este ejercicio es la facilidad con que cortamos a las mujeres en pedazos para formar nuestra imagen ideal. Queremos los ojos de una, la nariz de otra, aquellos labios, ese pelo pero en este otro color; sus brazos son demasiado flacos, pero me gustan sus muslos. Básicamente desmembramos a las mujeres para forjar la perfección.

La siguiente tarea consistía en buscar y recortar imágenes de revistas que en verdad reprodujeran la forma en que ellas se veían, es decir, imágenes que representaran fielmente su aspecto, el tamaño y la forma de sus cuerpos (brazos, piernas, nalgas), la ropa que llevaban ese día, su pelo, etc. Después de quince minutos, las alumnas solían frustrarse y dejaban de buscar. Cuando entregaban los collages, algunas tenían un par de zapatos o un peinado similar, pero eso era todo. Yo formulaba a la clase una pregunta simple en relación con el ejercicio: «¿Dónde estáis? Vosotras pagáis por esta revista. Os encanta. ¿Dónde aparecéis reflejadas aquí?».

La respuesta también es simple, pero potencialmente vergonzosa: no estamos ahí porque en esta cultura no importamos nada. Y cuanto más te alejas del ideal (joven, hermosa, blanca, de rasgos elegantes, sexual, delgada y con aspecto infantil/opulento/seductor/de víctima a la espera de ser rescatada/confundida/en peligro), menos importas.

El último paso del ejercicio de las revistas consiste en responder la pregunta: «¿Cómo te sientes al ser invisible?». La gran mayoría de las mujeres me dijeron que de inmediato sintieron vergüenza de sí mismas: *Soy invisible porque no soy lo bastante buena*, o *Soy invisible porque no importo*. Solo cuando empezamos a hablar de la conciencia crítica, las mujeres se dieron cuenta de que culparse a sí mismas resultaba vergonzoso y destructivo.

La invisibilidad tiene que ver con la desconexión y la impotencia. Cuando no nos vemos reflejadas en nuestra cultura nos sentimos reducidas a algo sumamente pequeño e insignificante, algo que puede ser fácilmente eliminado del mundo de las cosas importantes. Y tanto el proceso de nuestro menoscabo como su producto final —la invisibilidad— pueden provocar una vergüenza increíble.

En las entrevistas centradas en el envejecimiento, los traumas y los estereotipos aprecié una fuerte conexión con esta cuestión de la invisibilidad, evidente también entre las participantes que hablaban sobre problemas de identidad como la raza y la orientación sexual. Al compartir conmigo sus experiencias y opiniones, las mujeres entrevistadas me ayudaron a descubrir el principal mecanismo utilizado para reducirnos y borrarnos: los estereotipos.

ESTEREOTIPOS Y ETIQUETAS

Si bien todos utilizamos estereotipos a diario y sabemos lo que son, no está de más que los definamos. La descripción más clara que he encontrado es: «Un estereotipo es una definición extremadamente generalizada y rígida sobre una serie de características grupales asignadas a personas a partir de su pertenencia a un grupo».

A veces nos parece adecuado recurrir a los estereotipos porque no los aplicamos con malicia ni para prejuzgar, sino simplemente para dar una imagen rápida de alguien:

- No lo hará. Es una verdadera *hippie*.
- No estoy segura de lo que pensará. Es bastante conservadora.
- No se lo pidas a ella. Es la típica «mamá de fútbol»*.

Los que yo uso con más frecuencia tienen que ver con el calzado: «es de zuecos», o es más «de chanclas» que «de mocasines».
En principio parecen bastante inofensivos, pero de benévolos a vergonzosos hay un camino muy corto. Echemos un vistazo ahora a estas frases que surgieron en las entrevistas:

- Ella es china o algo así; ya sabes, es muy lista.
- Es india. Son supergroseras.
- Es tan cerrada... No soporto a las ancianas.
- Creo que ella es así porque la violaron hace un par de años.
- No herirá sus sentimientos... ¡Es como una abuelita dulce!
- No creo que esté loca, sino que carga con la típica rabia de los negros.
- Su novio es de Pakistán; probablemente no la dejará salir.

---

* En inglés, *soccer mom*, término que describe a las mujeres de clase media-alta que viven en zonas residenciales en el extrarradio de las ciudades y se dedican a llevar a sus hijos a sus actividades deportivas. *(N. de la T.)*

Estas frases no son inofensivas, sino hirientes y vergonzosas. Y, si bien podríamos hacer un mal gesto al leerlas, hemos de reconocer que la mayoría de nosotras estereotipamos de esta manera constantemente. Estereotipar nos facilita clasificar a las personas en categorías predeterminadas que entendemos y que para nosotras tienen sentido, y también nos da permiso para culparlas de sus problemas, a la vez que nos exime de la responsabilidad de practicar la compasión: «No necesito estar a tu lado mientras sufres; tú te lo has buscado».

Ya sean positivos o negativos, lo cierto es que los estereotipos hacen daño, tanto a nivel individual como colectivo. Según los investigadores, los estereotipos positivos producen imágenes idealizadas y menos censurables, en tanto que los estereotipos negativos generan retratos degradantes y ridículos. En cualquiera de los dos casos, lo que hacemos es reducir a las personas a la categoría de algo que podemos guardar en el cajón de nuestra mente.

Esto es lo que explica Michelle Hunt, experta en desarrollo organizativo y diversidad, sobre los estereotipos: «No quiero que me clasifiquen. No puedo permitírmelo. Me he pasado la vida construyendo lo que soy con mis múltiples dimensiones y complejidades, y me ofende que me encasillen en una categoría como (por ejemplo) feminista o afroamericana, lo cual presupone que camino, hablo y pienso como un grupo entero de personas. Y ese es el peligro de algunas de las formas en que se aborda actualmente la diversidad. El debate amenaza con incrementar la categorización, no con disminuirla. Al mismo tiempo, mi cualidad única —que incluye ser mujer y afroamericana y todo lo demás que también soy— es lo que quiero que se valore. Necesito que se me permita poner mi cualidad única sobre la mesa».

Cuando las mujeres me hablaban de lo que implicaba para ellas sentirse estereotipadas e invisibles, yo percibía en sus palabras dos cuestiones diferentes. A la primera la llamo «etiquetas susurradas». Y he elegido ese nombre porque es así como las participantes las describían, como susurros a sus espaldas; trozos de sus vidas utilizados para etiquetar quiénes o qué eran. Por ejemplo: *No es más que una madre. Ha superado un cáncer. Fue violada de niña. Es una alcohólica en proceso de rehabilitación. Su marido se suicidó. Está vieja y senil. Es feminista. Su marido le pega. Vive en una autocaravana. Es hija única. Vive de la asistencia pública. Es lesbiana. Es mexicana. Fue violada hace un par de años.*

Si dices: «Es hija única» como un hecho, en realidad no estás haciendo un comentario hiriente. Sin embargo, si dices «Es hija única» como una manera de explicar por qué alguien es de cierta manera —«Es muy egocéntrica. Ya sabes, es hija única»—, entonces tu comentario se convierte en una etiqueta. Del mismo modo, si describes la etnia de una persona diciendo «Es mexicana», perfecto. Pero si usas esas palabras para explicar por qué se comporta de determinada manera o para crear expectativas sobre ella, la cosa cambia: ya estamos hablando de un estereotipo hiriente.

La tendencia a estereotipar y etiquetar limita nuestra capacidad de conexión. Cuando pensamos que conocemos a alguien porque es miembro de un grupo en particular, estamos basando nuestra relación con esa persona en meras suposiciones. Y con esa actitud nos perdemos la oportunidad de conocer a gente nueva y también de darnos a conocer. Para muchas mujeres, las etiquetas representan una especie de pelea «amañada» contra las expectativas sociales y comunitarias preconcebidas, que al final las convierte en personas invisibles. Así explicó una participante sus experiencias:

- Lo más duro cuando la gente descubre que eres lesbiana es que hacen suposiciones sobre ti. Automáticamente dan por sentado que lo saben todo de tu vida. En cuanto se enteran de que eres homosexual, se creen con derecho a completar los espacios en blanco del resto de tu vida. Suponen que probablemente un hombre te ha violado en algún momento de tu vida, que odias a todos los hombres o que eres masculina y te gustan los deportes; esperan que actúes, te vistas, votes y gastes tu dinero de una determinada manera. La mayoría de la gente que está fuera de la comunidad gay y lesbiana no comprende que entre nosotros hay tanta diversidad como entre los heterosexuales. Nunca oyes a nadie decir: «Ah, eres heterosexual, no digas más: lo sé todo sobre ti». La orientación sexual no dicta tu política, tu religión, tus creencias, tus valores, lo que te gusta ni lo que eres. Yo no doy por sentado que te conozco cuando me entero de que eres hetero. Así que no des por sentado que me conoces cuando te enteras de que soy lesbiana.

La segunda cuestión asociada a los estereotipos es el insulto, que casi siempre se alimenta de expectativas sociales y comunitarias. Se puede insultar recurriendo a etiquetas hirientes como zorra, puta, gentuza, charlatana, tocapelotas, cabrona, loca, reina del drama, neurótica, bollera y sinvergüenza. Incluso términos como *lesbiana* o *rarita* resultan igualmente ofensivos cuando se los utiliza en sentido peyorativo. Muchos de estos nombres ya están prefabricados y listos para aplicar en cuanto alguien no cumple con las expectativas impuestas por la sociedad y la comunidad. Y se los utiliza con tanta frecuencia que es fácil que olvidemos el daño que pueden causar. También se nos suele pasar por alto que el insulto es una de las herramientas más poderosas para reforzar un estereotipo. Valerse de las identidades para insultar es una forma de despreciar tanto a individuos aislados como a grupos enteros de personas.

SIEMPRE LA EXCEPCIÓN QUE CONFIRMA LA REGLA

Si somos sinceras con nosotras mismas, creo que la mayoría admitiríamos que somos muy susceptibles de depender de los estereotipos, las etiquetas y los insultos. Uno de los mecanismos que nos ayudan a mantenerlos vivos y fuertes es «el factor de la excepción». Muchas tenemos la costumbre de aplicar determinados estereotipos a la población general, pero a restarles importancia si no encajan con nuestra experiencia personal. Si, por ejemplo, estamos haciendo alguna generalización sobre las feministas y alguien nos planta cara diciendo: «Yo soy feminista y no soy así», automáticamente le concedemos una inmunidad especial y le respondemos con una frase del tipo: «No, claro, tú no. Estoy hablando de las demás feministas» o «Por supuesto, tú eres diferente».

Estos son algunos ejemplos de cómo el «factor de la excepción» se contrapone a nuestros esfuerzos por establecer conexiones y desarrollar resiliencia:

- Tengo treinta y dos años y dos hijos. Participo activamente en mi comunidad y además soy vicepresidenta de la asociación de vecinos. Cuando iba a la universidad era miembro de una hermandad y bebía mucho. Al graduarme me di cuenta de que tenía un problema con la bebida y fui a Alcohólicos Anónimos. Ahora me estoy recuperando y llevo ocho años sobria. La gente se aferra tanto a la idea de que todos los alcohólicos son empresarios viejos, aduladores y faltos de escrúpulos que siempre me dicen que soy «rara» o me preguntan cosas como «¿Estás segura de que eres alcohólica?». Cuando les explico que hay muchas personas en rehabilitación que tienen exactamente el mismo aspecto que yo, se niegan en rotundo a creerme. Creen que convertirme en la excepción es un cumplido, cuando

en realidad me da vergüenza y me hace daño. Ese tipo de gente sin educación y estrecha de miras es la que hace tan difícil sacar el tema de las adicciones.
- Un día estaba hablando con mi mejor amiga sobre mi novio, Matt. Nuestra relación ya empezaba a ir en serio y ella quería que le contara todo sobre nosotros. En un momento me preguntó si iba a contarle a Matt que mi padre había abusado sexualmente de mí, y le respondí que ya habíamos tocado el tema, pero que se lo explicaría todo en detalle más adelante. Entonces ella, espantada, me dijo: «Más te vale que no lo hagas; las cosas cambiarían mucho». Le pregunté a qué se refería y me advirtió que probablemente Matt dejaría de disfrutar sexualmente conmigo o creería que iba a engañarle, o, incluso peor, que tal vez él no querría casarse porque tendría miedo de que yo le hiciera a nuestros hijos lo mismo que mi padre me hizo a mí. Me quedé helada y sentí un dolor inmenso. Le pregunté si el hecho de haber sufrido abuso sexual me hacía rara, promiscua o más proclive a abusar de mis propios hijos, y respondió: «No creo eso de ti necesariamente, pero quizá podría pasarle a otras personas que han sufrido abusos». Nunca sabrá el enorme daño que me hizo ni lo mucho que cambiaron mis sentimientos hacia ella desde entonces.

En las escuelas de Trabajo Social pasamos una considerable cantidad de tiempo estudiando los estereotipos y las etiquetas. Como ya he explicado, no creemos en el concepto de la objetividad pura, así que para mantener relaciones significativas y éticas con nuestros clientes tenemos que explorar nuestras creencias, valores y estereotipos. Si no lo hacemos, probablemente llegaríamos a conclusiones precipitadas sobre ellos, sus problemas y nuestro trabajo.

Con el paso de los años, me he dado cuenta de lo importante

que resulta entender que no somos inmunes a los estereotipos que nos aplicamos a nosotras mismas ni a otras personas que comparten identidades específicas. Los estereotipos más difíciles de sacar a la luz y analizar son aquellos que nos creemos con derecho a expresar porque van dirigidos a nuestro propio grupo. De alguna manera hemos llegado a creer que ser mujeres nos permite estereotipar y etiquetar a otras mujeres; que ser lesbianas nos da derecho a estereotipar y etiquetar a otras lesbianas, etc.

Hace unos cinco años creé un ejercicio para ayudar a los trabajadores sociales a identificar estos «estereotipos permitidos». Lo primero que les pido es que enumeren tres grupos de identidad a los que pertenezcan; luego, que identifiquen algunos de los estereotipos y etiquetas asociados a cada grupo de identidad, y, por último, que mencionen qué estereotipos utilizan ellos para caracterizar a los miembros de su grupo de identidad.

Nuestro alumnado es principalmente femenino, así que la mayoría de las estudiantes identifican que pertenecen al grupo «mujeres». Cuando describen los estereotipos asociados a las mujeres utilizan etiquetas como cotillas, mentirosas, traidoras, manipuladoras, histéricas y neuróticas, si bien muchas se apresuran a admitir que recurren a esos términos para describir a «otras». Esto siempre desencadena una interesante conversación, porque yo normalmente respondo diciendo: «No creo ser una cotilla, una mentirosa ni una traidora. No me considero manipuladora, neurótica ni histérica. A ninguna de vosotras os veo tampoco de esa forma. Entonces tengo curiosidad por saber algo: si estos son los términos que usamos para describir a otras mujeres, pero nosotras no somos nada de esto, ¿quiénes somos? ¿Dónde están todas estas mujeres cotillas, traidoras, mentirosas, aficionadas a formar alianzas, neuróticas y locas?».

Y es en ese momento cuando me dicen: «Bueno, nosotras somos la excepción», y me explican que si forman parte del grupo se consideran en posición de utilizar esas etiquetas para describir a otros miembros. En otras palabras; si tengo sobrepeso, tengo permiso para llamarte «culo gordo»; si compartimos una identidad racial o cultural, tengo permiso para usar términos que otras personas que se encuentran fuera del grupo no pueden emplear. Creo que permitirnos estereotipar y etiquetar a los miembros de nuestro propio grupo se convierte en una resbaladiza cuesta de vergüenza. Con frecuencia no caemos en la cuenta de que volvernos en nuestra propia contra es una forma de abandonarnos y de descuidar también a otros miembros de nuestro grupo.

ENVEJECIMIENTO

Durante un taller reciente pregunté si alguien quería contar cómo le había ido con el ejercicio de los desencadenantes de la vergüenza. Entonces una mujer levantó la mano y dijo: «Analicé los desencadenantes y las percepciones y me di cuenta de que lo que me duele no es envejecer, sino el hecho de creerme todos los mitos sobre mí, mis habilidades y mi cuerpo. No considero que mi cuerpo me haya traicionado: los que me están traicionando son mis estereotipos».

En lo relativo al paso de los años, las participantes explicaron que los estereotipos del envejecimiento ostentan un poder que resulta mucho más doloroso que el proceso de envejecer en sí, en parte porque impregnan todos los aspectos de la vida occidental. Marty Kaplan, analista de medios y decano asociado de la Escuela de Comunicación Annenberg de la Universidad del Sur de California, asegura que los anunciantes y programadores de televisión no tienen ningún interés por los hombres y las mujeres de más de cincuenta años. Y advierte: «De hecho, algunos programadores están abiertamente en contra de la gente de más de cincuenta años. Si, según las estadísticas, ese grupo demográfico es tu principal público, para los anunciantes es como kriptonita».

Eso fue lo que explicó el doctor Kaplan en una sección del programa *CBS Sunday Morning* dedicada al análisis de la codiciada franja de entre dieciocho y cuarenta y nueve años, que es el sector demográfico más valioso de Estados Unidos desde el punto de vista del marketing y la publicidad. En el programa se mencionó también un anuncio de la AARP (Asociación Norteamericana de Jubilados) que reza: «En la actualidad no son los médicos quienes te sentencian a muerte: son los mercados».

Analicemos ahora algunos de los estereotipos más negativos del envejecimiento y sus características asociadas, que según los investigadores son:

- abatido: temeroso, deprimido, impotente, solitario, rechazado;
- solitario: ingenuo, callado, tímido;
- arpía/cascarrabias: amargado, quejoso, exigente, inflexible, con prejuicios, entrometido, terco;
- con discapacidad leve: dependiente, frágil, de movimientos lentos, cansado;
- con discapacidad grave: débil, con dificultad para expresarse, incoherente, senil;
- vulnerable: temeroso, aburrido, que no expresa emoción, hipocondríaco, avaro, desconfiado, victimizado.

Ahora veamos cuatro de los estereotipos positivos que surgieron de la misma investigación:

- en la edad de oro: activo, alerta, capaz, vital, sociable, sano;
- abuelo perfecto: amante de la diversión, agradecido, feliz, cariñoso, sabio;
- pueblerino: frugal, anticuado, fuerte;
- conservador, del tipo John Wayne: emotivo, nostálgico, patriota, religioso.

Al leerlos resulta difícil negar que describen muy bien a algunas de las personas que conocemos. Y eso es lo que convierte a los estereotipos en elementos tan peligrosos. El estereotipo encaja tan perfectamente que nos permitimos pasar por alto cualquier elemento que nos desvíe de la imagen descrita. Cuando vemos a una mujer en la calle y la consideramos «la abuela perfecta», es muy poco probable que notemos sus magulladuras o cualquier otro signo de los golpes que ha recibido; además, es posible que ella esté tan volcada en cumplir con dicha expectativa que probablemente nunca nos lo contaría. Cuando necesitamos que nuestro padre «John Wayne» esté a la altura de su imagen de tío duro, es posible que le hagamos sentir demasiada vergüenza como para que nos cuente sus miedos o vulnerabilidades. O, como veremos en el siguiente ejemplo extraído de las entrevistas, también podríamos creer en el estereotipo de la abuela en la edad de oro y convencernos de que la nuestra es tan feliz que no le importa acabar convertida en una fuente de entretenimiento para su familia:

- Mis hijos y mis nietos me dicen cosas como: «¡Baila para nosotros, abuela, venga!». Y no porque yo haya sido una magnífica bailarina, sino porque me miran y se ríen de mí. A veces, mientras estoy bailando, dicen: «¡Sí, abuela, así!», y a mí me resulta muy doloroso. Me avergüenza que ellos disfruten riéndose de mí. Me ven como una persona vieja que les entretiene. Para ellos soy la abuela, y no una mujer real con sentimientos: no me consideran una persona con talento ni interesante. Me da vergüenza que esto me moleste tanto. Yo sé que me quieren mucho; pero es que a veces son muy insensibles.

Estereotipar es una forma de culpar y reducir, dos de los ingredientes fundamentales para generar vergüenza. Si queremos pasar de la culpa a la conexión y la compasión, debemos esforzarnos por tomar conciencia de cómo, cuándo y por qué estereotipamos.

SUPERAR UN TRAUMA

Como hemos aprendido en el capítulo anterior, muchos de los mensajes que desatan la vergüenza tienen que ver con la perfección, pero en lo referente a superar un trauma, los estereotipos se basan en la *imperfección* —el estigma de haber sufrido algún daño o haber quedado herido de forma permanente— y en la *culpa*, es decir, en el hecho de considerarse de alguna manera responsable del trauma sufrido.

Al hablar con las entrevistadas sobre lo que significa superar un trauma y recuperarse, aprendí que las expectativas de carácter social y comunitario y los estereotipos que rodean al trauma les obligan a abordar dos acciones distintas: primero, superar el acontecimiento en sí, y segundo, superar la vergüenza que les causamos los demás cuando recurrimos a estereotipos para cuestionar sus experiencias y definirlas a ellas como «supervivientes». Cuando digo «cuestionar sus experiencias» hablo de un abanico de reacciones que abarcan desde utilizar estereotipos sobre las mujeres en general hasta formular preguntas como: «¿De verdad fue tan duro?» o «¿Qué estabas haciendo con él?». En lugar de escucharlas e intentar comprenderlas, invalidamos y menospreciamos lo que les ha sucedido.

Pero además de cuestionar, los estereotipos actúan como marcos que circunscriben la identidad de la persona afectada. Prácticamente todos tenemos ideas muy internalizadas sobre la capacidad o la *incapacidad* de la gente para superar sus traumas. Hace poco tiempo di una conferencia en una organización profesional de mujeres, y durante la firma de libros que tuvo lugar a continuación, una mujer apoyó cuatro libros sobre la mesa y, con el rostro cubierto de lágrimas, me dijo: «Un libro es para mí, y los otros son para mi hermana y sus dos hijas. Mi sobrina fue violada en la universidad hace unos meses». Respiró profundamente y continuó: «Era una chica hermosa y muy inteligente. Tenía toda la vida por delante».

Al principio me pilló desprevenida y pensé: «Dios mío, la mataron», pero después me di cuenta de que estaba firmando un libro para ella. Así que lo que esta mujer estaba intentando decir era que la chica había sido hermosa e inteligente *antes* de ser violada. Viéndola de pie frente a mí y llorando en público por su sobrina, realmente dudo que fuera consciente de lo que estaba diciendo o de lo mucho que podía avergonzar a la joven en cuestión.

Todos somos susceptibles de hacer este tipo de suposiciones o juicios. ¿Cuántas veces hemos oído o pensado: «Nunca volverá a ser la de antes» o «Ya la han fastidiado para siempre»? Y también es posible que hagamos uso de la información que tenemos sobre el trauma vivido por una persona para explicar su comportamiento. La historia de Alicia es un excelente ejemplo.

Alicia y Tom llevaban casi dos años de novios cuando la entrevisté y, en palabras de esta mujer, su relación estaba «acercándose a un triste final». Cuando le pregunté el motivo, respondió que varios meses antes le había confesado a Tom que su madre y su padrastro la habían maltratado físicamente cuando era niña, y que por esa razón su abuela se había encargado de criarla. Y si bien Tom en aquel momento se había mostrado muy compasivo y le había ofrecido todo su apoyo, ahora, cada vez que ella se enfadaba o se mostraba molesta, él lo atribuía al hecho de haber sido una «niña maltratada».

Alicia me explicó que esa era la nueva identidad que su novio le había conferido; la razón que justificaba, a los ojos de él, todos sus comportamientos. Y continuó explicando: «Incluso regresó al lugar en el que empezamos a salir y dijo cosas como "Ahora tiene mucho más sentido; por eso aquella película te pareció tan horrible"». Solo un par de días antes de la entrevista, Alicia me contó que, al llegar a su casa después del trabajo, se había echado a llorar porque su jefe le había hecho pasar un momento realmente malo frente a uno de sus colegas, y que la respuesta de Tom había sido: «Si te cuesta tanto manejar las críticas en el trabajo es porque tus padres te maltrataron». Alicia le había explicado entonces que era normal no querer recibir críticas frente a otros compañeros de trabajo, y le había preguntado: «¿Es que no puedo ser como todo el mundo?», ante lo cual Tom se había mostrado indiferente. En aquel mismo momento, Alicia le había pedido que se marchara. La reflexión que hizo esta mujer frente a mí fue: «De niña fui maltratada; me causó mucha vergüenza y no pude hacer nada, porque era pequeña. Ahora que tengo más de treinta años me niego a que sigan definiéndome de esa manera. Tengo derecho de ser alguien, además de aquella chica».

Cuando las mujeres hablan de la vergüenza que les produce haber sufrido abusos sexuales o haber sido violadas, asocian la mayor parte de esa vergüenza al dolor de ser definidas a partir de su trauma. Los acontecimientos son, por supuesto, horribles y suelen tener un efecto muy duradero. Pero la reacción social y comunitaria a su experiencia, y la consiguiente pérdida de identidad y del derecho a ser «normales», resultan igual de dolorosas, y por lo general provocan una vergüenza todavía más persistente.

- Si su padre pudo hacerle semejante cosa, ¿qué dice eso de ella?
- Ella nunca será la misma; le han hecho daño.
- Ella nunca volverá a ser una persona íntegra después de lo que le pasó.
- No sé cómo puede llegar a ser una buena _____ (llenar el espacio en blanco: madre, pareja, vicepresidenta).

En ocasiones, nuestros sentimientos, pensamientos y acciones se relacionan directamente con nuestro pasado o nuestras dificultades actuales. Pero, desde luego, existen otros momentos en los que no es así. El problema surge cuando, en algún punto concreto, empezamos a creernos las expectativas sobre lo que supuestamente deberíamos ser, el aspecto físico que supuestamente deberíamos tener, la actividad a que supuestamente deberíamos dedicarnos, lo mucho que deberíamos llegar a ser... y también *lo poco*.

El hecho es que nos da miedo desechar esas expectativas, porque tenemos pruebas de que, si las desechamos, experimentaremos una desconexión y un rechazo muy dolorosos. Así que internalizamos las expectativas en cuestión y permitimos que se conviertan en nuestra prisión emocional. La vergüenza, mientras tanto, monta guardia.

EXCLUSIÓN

Creo que es imposible hablar de vergüenza y culpa sin oír historias sobre el dolor que causa no «encajar» o sentirse excluida. A lo largo de mi investigación, las entrevistadas me explicaron que para ellas «cotillear», «excluir» y «traicionar» eran tremendas causas de vergüenza.

- Odio trabajar con otras mujeres. Son mezquinas y celosas. Se toman las cosas demasiado a pecho y lo único que hacen es hablar mal unas de otras.
- Por fuera soy como cualquier otra persona de nuestro barrio. Pero por dentro estoy luchando por mantener a flote un matrimonio que se está hundiendo en mis narices. Mis hijos tienen problemas. La vergüenza es lo que surge en lo más profundo de ti, y cuanto peor es allí dentro, más

tienes que esforzarte para darle un buen aspecto exterior. A veces desearía que todos mostrásemos nuestro interior para que no nos doliera tanto. Pero, desde luego, yo jamás lo haría, porque sé lo crueles que son las mujeres cuando hablan de las demás.

- La vergüenza es para mí cuando cojo a mi hijo del hombro apretando los dientes con fuerza, con furia en la mirada, preparada para arremeter contra él, y al levantar la vista otra madre me está mirando. Yo no quiero ser ese tipo de madre. A veces siento que he llegado al límite y no puedo evitarlo. Me siento muy avergonzada cuando otras madres me pillan en esos momentos, porque quisiera gritarles: «Yo realmente no soy así. En serio, soy una buena madre; no soy así todo el tiempo». Pero sé que le dicen a todo el mundo que estoy chiflada; ¿de qué otra cosa van a hablar si no?

- Hace un par de meses fui a una fiesta y una mujer se me acercó y me preguntó cómo me ganaba la vida, así que respondí que me quedo en casa para criar a mis tres hijos. De inmediato noté en su rostro la típica mirada de decepción, como si pensara «Ay, la pobre», pero dijo: «Ah, bueno, ¡enhorabuena!», y se marchó. Unos veinte minutos más tarde la vi hablando con otra mujer y pensé: «Ya no resulto interesante; en mi vida no importa nada que no tenga que ver con mis hijos». Y deseé empezar a gritar con todas mis fuerzas en mitad de la fiesta: «¡Yo era ingeniera, era alguien, lo juro, lo prometo; era una persona importante, como vosotras!».

- En el trabajo, la manera en que los tíos motivan a las mujeres es sugiriendo que puedes juntarte con ellos si vendes mucho, si trabajas más, si abandonas a tu familia. Por un lado, yo trato desesperadamente de formar parte del club de los chicos. Ellos se divierten más, tienen mejores clientes, ganan más dinero y tienen más libertad. Pero por otro lado los odio. No quiero ser como ellos ni hacer lo que ellos hacen. Yo simplemente quiero disfrutar de los beneficios. Y, en lo referente a las mujeres de ese grupo..., son incluso más desagradables que los hombres. Te tratan como si fueses una mierda.

- Antes de que me ascendieran en el trabajo, yo tenía muchos amigos en mi departamento. Incluso quedábamos después del trabajo y los fines de semana. Pero cuando me ascendieron me transformé en «la puta que saltó desde la cama a lo más alto». Jamás he salido ni me he acostado con nadie del trabajo, y ellos lo saben. No sé lo que pasa en el caso de los hombres, pero cuando ascienden a una mujer, tienen que trasladarla a otro departamento.

- Una vez conté a una de las mujeres del grupo de juegos de mi hijo que a veces le pegábamos con un cinturón. En una semana, todas las personas de ese grupo se acercaron a mí para preguntarme sobre el tema. Estaban sorprendidas y disgustadas. Un par de ellas incluso me dijeron que eso era maltrato infantil. A mí me pilló completamente por sorpresa. Actuaban como si yo fuese un monstruo e incluso dijeron que sentían pena por mis hijos. Nadie volvió a invitar a mi hijo a su casa a jugar. Ni siquiera volvieron a invitarlo a las fiestas de cumpleaños.

Si bien algunas personas sugieren que ciertas partes del comportamiento «excluyente» están predeterminadas genéticamente, yo estoy en desacuerdo. No creo que las mujeres tengamos una tendencia natural a ser cotillas malvadas y manipuladoras. Tampoco creo que todas las mujeres seamos cuidadoras amables y sustentadoras por naturaleza. No creo que ninguno de estos estereotipos sea absolutamente cierto, ni considero que las generalizaciones nos ayuden a entender o cambiar algunos de los comportamientos que en realidad deberíamos modificar.

Mientras repasaba las entrevistas e intentaba comprender esta cuestión del cotilleo y la exclusión, comencé a fijarme en ciertos paralelismos entre dichos comportamientos y las experiencias de mi hija en la escuela infantil. No porque las mujeres seamos infantiles e inmaduras en nuestra forma de actuar, sino porque la observación de los niños pequeños puede enseñarnos mucho sobre nosotras como adultas. Casi todos los niños son auténticos de verdad: lo que ves en ellos es lo que hay; todavía no han aprendido a ocultar, filtrar ni manipular sus experiencias para que encajen con lo que otros esperan. Y como además sus motivaciones son más que claras, estudiarlas puede ayudarnos a comprender mejor las nuestras, esas que tan bien ocultamos bajo capas de simulación y protección.

La principal conexión que veo es la que vincula el cotilleo con la intimidación, dos dolorosas formas de exclusión. En muchas situaciones de acoso escolar, los niños se burlan de otros niños, y no por odio ni maldad, sino por su necesidad de pertenecer. Por supuesto, también hay niños que, por diversas razones, tienen serios problemas y son «abusones solitarios», pero por lo general la intimidación se lleva a cabo en grupo. Cuando hablas con cada niño individualmente, él o ella suele admitir que participa en el acoso solo como una manera de mantener la conexión y la sensación de pertenecer a un grupo. Lo mismo se observa en la mentalidad pandillera: herir o excluir a otros suele ser la manera en la que los miembros demuestran su lealtad y aumentan su grado de aceptación en el grupo.

Creo que esta misma dinámica suele observarse en los adultos cuando nos encontramos en situaciones grupales. Aunque nos cueste admitirlo, una de las estrategias a las que recurrimos para conectar con otras mujeres y ganarnos su aceptación es apartar o juzgar a otra. Piensa en lo sencillo que resulta establecer una conexión instantánea hablando de alguien a sus espaldas o diciendo algo cruel sobre algún conocido común. Es casi un ritual de iniciación entre las nuevas amigas: si no se te ocurre nada que decir, habla mal de alguien.

Podríamos consentir el cotilleo «de pasillo» junto a la máquina de café, y no porque creamos nada de lo que allí se dice, sino porque nos permite conectar con las compañeras de trabajo que nos rodean. Nos apiñamos y compartimos información secreta. Formamos un jurado cohesivo y todas juntas emitimos un juicio. Y cuando nos alejamos de la máquina de café, al volver a nuestra mesa damos un saltito y pensamos: «Son mis amigas. Me caen bien y yo les caigo bien a ellas».

Por supuesto, a lo largo del día empezamos a sentirnos mal mientras nos preguntamos: «¿También hablarán así de mí?». Cuando la mujer que antes juzgamos y condenamos pasa junto a nosotros y dice algo amistoso, o simplemente hace una pregunta sobre el proyecto en el que estamos trabajando, nos preguntamos si está al tanto de lo que decimos sobre ella. Intentamos imaginar cómo se sentiría si tuviera alguna pista sobre nuestras charlas; y nos sentimos mal durante un segundo, pero enseguida apartamos esa sensación desagradable y continuamos con lo que estamos haciendo.

Sin embargo, casi todas comprobamos que ese sentimiento desagradable reaparece y entonces nos enfadamos con nosotras mismas: «¿Por qué lo hice? Me odio cuando cotilleo de esa forma». Ahora los saltitos que dábamos al caminar han desaparecido y nos encontramos en un terreno inestable. Hemos perdido el contacto con nuestro coraje y nuestra compasión. También hemos establecido un vínculo muy poco sólido con nuestras compañeras de trabajo. Sabemos lo que pasa junto a la máquina de café y consideramos que tenemos dos opciones: unirnos a ellas en el cotilleo o arriesgarnos a ser su próximo objetivo.

Con mucha frecuencia me preguntan si el cotilleo es realmente una forma grave de exclusión: ¿tiene que ver con la vergüenza o solo se trata de algo que nos hace sentir levemente culpables? Creo que hay varias respuestas para esta pregunta. Primero tenemos que aclarar que cotillear y ser el objetivo de los cotilleos ajenos son dos cuestiones bien distintas. Yo no puedo decirte si cotillear sobre otras personas es vergonzoso, porque se trata de una cuestión muy personal. Para muchas de las mujeres que entrevisté, el cotilleo les resultaba vergonzoso porque solía estar motivado por su necesidad de pertenencia y porque las alejaba de la posibilidad de ser personas compasivas. Para otras, era una especie de hábito que las hacía sentir mal y culpables. En mi caso, cotillear puede provocarme vergüenza o culpa. Depende de por qué lo esté haciendo, qué esté diciendo y cómo me esté sintiendo.

Sin embargo, ser el objetivo del cotilleo de los demás suele resultar muy vergonzoso y extremadamente doloroso. Lo que la gente dice a nuestras espaldas puede reflejar nuestra lista de identidades indeseadas. Es nuestro mayor temor: salir de una sala y que las personas empiecen a utilizar nuestras identidades más odiadas para describirnos. Esto fue precisamente lo que le sucedió a una de las participantes de la investigación, así que echemos un vistazo a su historia.

Conocí a Lori a través de su mejor amiga, Melanie, que participó en una primera ronda de entrevistas y luego repitió el año pasado. Durante mi segunda entrevista con Melanie fue ella quien me sugirió que llamase a Lori, porque, según explicó, había experimentado «uno de los acontecimientos más vergonzosos que te puedas imaginar». Al final Lori y yo nos pusimos en contacto por teléfono.

Lori y Melanie habían sido amigas desde el instituto. Ahora que tienen más de treinta años viven en diferentes ciudades, pero se las arreglan para mantenerse en contacto a través del correo electrónico y algunas visitas ocasionales. Lori vive en un gran barrio de las afueras y tiene muchas amigas. Trabaja a tiempo parcial para la empresa de su marido y está muy involucrada en las actividades del vecindario. Melanie la describió como una persona que conoce a todos los vecinos y a todo el mundo en la escuela de sus hijos. Tanto Lori como Melanie hicieron hincapié en que Lori está comprometida con el objetivo de ser una buena madre y criar bien a sus hijos.

Todos los meses, Lori y otras ocho familias del barrio se turnan para organizar en sus respectivas casas una cena familiar en la que cada uno lleva algún plato para compartir. Lori se encontraba en una de estas reuniones con su familia cuando se produjo esta historia de vergüenza «difícil de imaginar».

Lori se hallaba en la cocina con cinco o seis madres más; los hombres estaban fuera y los niños jugaban en el cuarto de estar y en las habitaciones. Entonces sucedió lo siguiente: «Mi hija menor entró en la cocina y me dijo que su hermana, Callie, no había comido la pizza, pero se estaba tomando la segunda magdalena. Yo, frustrada, salí de la cocina tras mi hija para buscar a Callie. La encontré, hablé con ella para explicarle que no debía saltarse la cena y regresé a la cocina. Pero me detuve al encontrar un montón de migas de magdalenas en el suelo, justo en la puerta».

Lori continuó describiendo la escena: «Mientras limpiaba el suelo, oí murmurar a mis amigas. Una de ellas decía: "Es muy dura con las niñas". Y otra asentía: "Sí, se vuelve loca cuando no comen, pero mírala a ella. Es piel y huesos. ¿Qué espera?". Y una tercera añadió: "Lo sé. Es una perfeccionista. Creéis que es anoréxica?".»

Por supuesto, ni siquiera se le había cruzado por la cabeza que pudiesen estar hablando de ella. Pero en cuanto entró en la cocina le quedó claro que estaba siendo el blanco de sus comentarios, sencillamente por la expresión con que se quedaron mirándola.

Continuó contándome: «Me quedé allí con la boca abierta. No sabía si debía gritar y salir corriendo de la casa o simplemente echarme a llorar». Luego me explicó que al final una de las mujeres le dijo: «Lo siento, Lori; simplemente estábamos hablando», y que otra saltó enseguida y añadió: «De verdad, lo sentimos mucho. Es que nos preocupamos un poco. Sabes que te queremos un montón».

Lori simplemente las miró y respondió: «No pasa nada. Tengo que irme», y a continuación reunió a sus hijas y a su marido y regresaron a su casa.

No salió en todo el fin de semana. Sheila, una de las mujeres que había estado en aquella cocina, le dejó dos mensajes pidiéndole que la llamara, pero Lori no lo hizo. El lunes por la mañana, ella y su marido dejaron a las niñas en el colegio. A primera hora de la tarde de ese mismo lunes, tres mujeres se presentaron en su casa. Ella abrió la puerta a regañadientes, pero no las invitó a entrar. Las tres se quedaron en el porche y se disculparon. Pero Lori me aclaró: «Lamentaban que yo hubiese oído su conversación y que eso me hubiese hecho daño, pero no se estaban disculpando por lo que habían dicho».

Alrededor de dos semanas más tarde, Lori finalmente contó a Melanie lo que le había pasado. Y me confesó: «Incluso me daba vergüenza contárselo a ella. Para Melanie resulta degradante saber que mis amigas piensan eso de mí». Le habló también de las tres mujeres que se habían presentado en su casa y de otra que le había dejado cinco mensajes en el contestador.

Melanie la escuchó y le ofreció su apoyo, pero además sugirió a Lori que devolviera las llamadas. Un par de días más tarde, Sheila volvió a telefonearla, y Lori, consultando el identificador de llamadas, decidió responder. Sheila estaba profundamente apenada. Se disculpó por no haberla defendido ni haber acabado con aquel cotilleo. Y aseguró: «Nosotras somos tus amigas. Deberíamos decirte que estamos preocupadas por tu salud o directamente no decir nada. Sin lugar a dudas, no deberíamos hablar a tus espaldas. Siento muchísimo no haber dicho ni una palabra mientras ellas hablaban ni cuando tú entraste en la cocina».

Lori me contó que hablaron durante una hora: «Yo estaba llorando; no dejaba de preguntarle cómo podía enfrentarme a las demás y volver a actuar con normalidad. Pero también quise saber por qué no había venido a casa con el otro grupo de mujeres ni me había dejado un mensaje para disculparse, a lo que Sheila me respondió que necesitaba hacerlo sola, matizando: "En realidad, lo que me metió en esta pesadilla fue intentar encajar en ese grupo", añadiendo luego: "No te dejé ningún mensaje en el contestador porque no sabía si se lo habías contado a tu marido o no. Probablemente yo me sentiría demasiado avergonzada como para contárselo a nadie"».

Estas respuestas hicieron que Lori se sintiera mejor, porque Sheila estaba siendo sincera. Le molestó un poquito la explicación de por qué Sheila no se había disculpado en el contestador, pero en cualquier caso sus palabras le habían transmitido que comprendía lo vergonzoso de aquella experiencia.

Ambas mujeres decidieron ir juntas a recoger a sus hijos, y Sheila se comprometió a ayudar a Lori a reintegrarse al grupo. Incluso se ofreció voluntariamente a convocar una reunión de amigas por si Lori quería hablar del tema, pero esta se negó.

«Las cosas ahora están lo más normales que pueden estar. No sé si alguna vez volverá a ser como antes. Sheila y yo estamos mucho más unidas, pero el grupo parece algo más disgregado. Yo, desde luego, no volveré a ser la misma, porque fue un momento de increíble dolor para mí. Jamás pensé que cotillear y hablar de otras personas pudiera hacer tanto daño».

Si te quedaba alguna duda sobre el dolor y la vergüenza que puede causar el cotilleo, esta historia debería ofrecerte una buena respuesta. A nadie le gusta pensar en lo que un grupo de vecinas cotillas podrían estar diciendo de nosotras a nuestras espaldas.

RESILIENCIA Y EXCLUSIÓN

El mayor desafío para muchas de nosotras es encontrar la manera de salir de la exclusión y del cotilleo en el momento mismo en que están teniendo lugar. Si nos encontramos con amigos o colegas que empiezan a hablar mal o a atacar masivamente a otra persona, ¿cómo nos negamos a participar? Te repito que es una situación difícil, porque nuestra conexión corre peligro.

Durante un par de años probé varias técnicas para mantenerme conectada con otras mujeres sin recurrir a la exclusión y la competencia como catalizadores de la conexión. Y así descubrí que algunos de esos procedimientos resultan muy eficaces y otros acaban incitándote a atacar. Lo que más solemos utilizar es la técnica estándar de trasladar el blanco de una persona a otra. Pero, por desgracia, con ese método siempre dejamos a alguien con una diana estampada en la espalda.

Por ejemplo, supongamos que alguien dice: «Menuda zorra. No puedo creer que la hayan ascendido. ¿Con quién crees que se ha acostado para conseguirlo?». Podríamos intentar avergonzar a esa persona que está avergonzando a otra, soltándole una frase del tipo: «*No puedo creer que estés aceptando la idea de que las mujeres que triunfan son unas zorras que se acuestan con quien haga falta para llegar a lo más alto. Estás recurriendo a un estereotipo terriblemente degradante. ¡Y no haces más que alimentarlo y hacernos quedar mal a todas las mujeres!*».

La primera vez que practiqué la conciencia crítica sentí la necesidad de responsabilizar públicamente a quienes se dedicaban a avergonzar a otras personas. Pero enseguida me di cuenta de que no es buena idea arrinconar a nadie. Ni siquiera plantear un punto de vista válido justifica utilizar la vergüenza ni dejar intencionadamente en evidencia a alguien frente a otras personas.

Luego probé la táctica de «enseñar/sermonear». Si bien es un poquito menos drástica que avergonzar, tampoco da buenos resultados. Siguiendo con el mismo ejemplo, podríamos haber respondido al comentario diciendo: «*No voy a hablar mal de ella. Hace daño a todas las mujeres. Necesitamos apoyarnos mutuamente*». Pero cuando enseñamos/sermoneamos, es muy probable que en cuanto nos alejemos del grupo pavoneándonos nos encontremos el blanco pegado a la espalda.

He llegado a un punto en mi vida en el que me gusta expresar lo que siento sobre las frases que me parecen hirientes y/u odiosas. Pero, para mí, la mejor manera de conseguirlo es hablando con la otra persona cara a cara y centrándome en cómo me ha hecho sentir un determinado comentario o charla. Cuando me encuentro en una situación de «ataque grupal», he descubierto dos técnicas que dan buenos resultados sin necesidad de recurrir a «mover el blanco». Reflexionar y/o redirigir son métodos muy eficaces para «no participar» e incitar a pensar en lo sucedido.

Reflexionar es una forma de introducir en una conversación una pregunta o afirmación inquisitiva. Redirigir consiste en alejar la conversación de la inculpación para acercarla a la empatía.

«Menuda zorra. No puedo creer que la hayan ascendido. ¿Con quién crees que se ha acostado para conseguirlo?»
Reflexionar: «*En realidad, no la conozco*».
Esto nos conduce a la pregunta: ¿cuánto sabemos de alguien? Muchas veces, este tipo de reflexión obliga a la gente a tomar conciencia de que no sabe mucho de la persona a la que está atacando, o, como mínimo, de que sus insultos no se basan en hechos reales.

«¿Puedes creer que de un golpe le arrancó el juguete a su hija de las manos?»
Reflexionar: «*Yo no lo he visto. En realidad no sé qué sucedió*».
Esto nos conduce a la pregunta: ¿cuánto sabemos sobre una situación? Si tuviéramos la oportunidad de elegir, casi todos con-

sideraríamos injusto que la forma en que educamos a nuestros hijos quedase definida por uno o dos momentos malos.

«Es malísima. No me extraña que él vaya a dejarla.»
Reflexionar y redirigir: «*En realidad no sé mucho de él ni de su matrimonio. A mí ella me cae muy bien. Me pregunto si podríamos hacer algo por ayudarla*».
Esto refleja que no sabemos lo que está sucediendo y que deberíamos ofrecer nuestro apoyo en lugar de cotillear.

«Susie es una lunática, una delirante. ¿Alguna vez has trabajado con ella?»
Reflexionar: «*Sí, un par de veces, y la verdad es que mí no me lo parece*».
Esto revela que tienes derecho a dar tu opinión, pero que no estás de acuerdo.

«Me he enterado de que Bonnie todavía está tratando de quedarse embarazada. Está obsesionada; es ridículo.»
Reflexionar y redirigir: «*No puedo imaginarme esa situación. Pero parece que ella lo está pasando realmente mal*».
Esto también da a entender que deberíamos intentar ayudar en lugar de juzgar.

En la próxima sección analizaremos algunas de las estrategias más amplias que podemos poner en práctica para desarrollar la compasión en una cultura en la que prevalece la vergüenza.

RESILIENCIA Y CULPA

A la hora de gestionar la culpa, las mujeres que mostraban elevados niveles de resiliencia a la vergüenza aseguraron confiar enormemente en sus redes de conexión para comprender y combatir la invisibilidad y los estereotipos. Si bien es posible que la gente nos suprima, nos reduzca o nos rechace porque pertenecemos a un determinado colectivo, lo cierto es que los grupos suelen convertirse en tremendas fuentes de fortaleza y apoyo. Las mujeres aludieron una y otra vez al poder que ostentaban aquellos miembros de su red de conexión que compartían características de identidad, como raza, etnia, habilidad física, condición laboral, religión, orientación sexual, clase, aspecto físico, edad, género u otras experiencias de vida.

Casi todas hemos sido testigos de lo poderosos que resultan los grupos que se unen para mejorar su visibilidad y luchar por sus derechos humanos básicos. Podemos comprobarlo en los grupos organizados de ciudadanos de la tercera edad, en los grupos de identidad racial, en los grupos profesionales, en los grupos de mujeres y en los grupos que han trabajado por luchar contra el estigma de la enfermedad física y mental, la adicción y el trauma. Casi todas conocemos también el apoyo que nos aporta pertenecer a grupos de identidad informales, ya sean comunitarios, cívicos o parentales. Establecer conexión con grupos de identidad es una excelente forma de volver las tornas en lo relativo a la invisibilidad y los estereotipos.

A nivel personal, hay un par de formas en las que podemos tomar más conciencia de la invisibilidad, los estereotipos y las etiquetas. La primera estrategia tiene que ver con completar el ejercicio que les paso a mis alumnas. Es importante que reconozcamos de qué manera interpretamos nuestra propia identidad y que admitamos que somos susceptibles de estereotipar a miembros de nuestro propio grupo. A continuación, podemos identificar los estereotipos a los que a veces estamos sujetas y analizarlos a partir de un diálogo desarrollado por la investigadora y educadora Mary Bricker-Jenkins. La doctora Bricker-Jenkins sugiere que nos preguntemos:

- ¿Quién soy?
- ¿Quién lo dice?
- ¿Quién se beneficia de esas etiquetas?
- Si esas etiquetas no me benefician a mí, ¿qué debe cambiar y cómo?

Las participantes con elevados niveles de resiliencia a la vergüenza realmente subrayaron la importancia del cambio. La invisibilidad resulta insidiosa y los estereotipos reflejan una forma de pensar predeterminada, pero si no reconocemos ni admitimos el papel que desempeñamos en estos procesos, no podemos cambiarlos.

Una mujer que habló sobre envejecer dijo: «Preferiría invertir mi tiempo, energía y dinero en trabajar para redefinir lo que significa ser mayor. Gastar tus recursos para intentar mantener la juventud es una batalla agotadora e imposible. Al menos mientras luchas contra la discriminación por edad puedes introducir cambios no solo para ti».

Finalizaré este capítulo compartiendo contigo algunos de los escritos de Annie, otra de las participantes en la investigación. Ella fue violada en su apartamento durante el primer ciclo universitario. Como puedes ver por sus respuestas a los ejercicios que le planteé, ha desarrollado una tremenda resiliencia a la vergüenza acercándose a otras jóvenes para hablarles de las violaciones en los campus universitarios.

LOS EJERCICIOS DE ANNIE

Desencadenantes. Quiero que me consideren normal, sana, la misma persona que era antes del abuso, y no sentirme culpable.

Conciencia crítica. Nadie puede volver atrás en el tiempo ni hacerlo desaparecer, pero las personas que me rodean pueden ayudarme evitando murmurar a mis espaldas o dando por hecho que yo no puedo volver a ser feliz. Sé que es mucho pedir, porque necesito que legitimen las dificultades que he tenido, pero al mismo tiempo que no me definan a partir de ellas.

Red de conexión. Mi terapeuta, mi grupo de apoyo, hablar con universitarias sobre la agresión sexual, mi madre y mi padre, mi hermana y mi hermano, mi novio y mi mejor amiga.

Identidades indeseadas/desencadenantes. No quiero que me consideren «rota», incapaz de volver a ser la de antes, mentalmente afectada, siempre a punto de volverme loca.

Conciencia crítica. No estoy negando ser diferente en algunos aspectos; lo soy y es normal. Me han despojado de muchas cosas y estoy trabajando ese tema. Pero no quiero que mis amigos me quiten todavía más al cambiar su relación conmigo o tratarme de un modo diferente. Si relacionas todo lo que hago o digo con la agresión que sufrí, me arrebatas más aún.

Telaraña de la vergüenza. Mis amigos, los estereotipos sobre las personas que superan una agresión sexual, las amigas de mi madre, mi tía y mis primos.

NUEVE

PRACTICAR LA CONEXIÓN EN UNA CULTURA DE DESCONEXIÓN

A VECES EXPLICO MI INVESTIGACIÓN sobre la vergüenza como un estudio sobre el poder de la conexión y los peligros que la desconexión. La desconexión es tanto el origen como la consecuencia de la vergüenza, el miedo y la culpa. Aislar, juzgar a otros, culpar, encolerizarse, estereotipar y etiquetar son formas de desconexión. Pero existe otra forma desconexión que suele ser aún más dolorosa y confusa que las anteriores: la sensación de estar desconectadas de nosotras mismas. Por lo general, nos influye tanto lo que piensan los demás y nos abrumamos tanto por intentar ser quienes otras personas necesitan que seamos, que acabamos perdiendo el contacto con nuestro verdadero yo. Perdemos el enraizamiento. Perdemos nuestra autenticidad. Y la razón por la que nos resulta tan doloroso es que nuestra autenticidad es la base desde la que se produce el cambio significativo.

En este capítulo analizaremos el concepto de la autenticidad y el motivo por el que debemos ser auténticas si queremos poner en práctica el coraje, la compasión y la conexión. También exploraremos de qué manera la resiliencia a la vergüenza se relaciona con la adicción, con la expresión de nuestra opinión, con la espiritualidad y con nuestra necesidad de sentirnos «normales».

AUTENTICIDAD

¿Qué es la autenticidad? Posiblemente no sepamos cómo definirla, pero desde luego la reconocemos en cuanto la vemos; de hecho, cuando estamos en presencia de una persona auténtica algunos lo notamos incluso en nuestros huesos. Por eso nos acercamos de inmediato a quienes consideramos honestos, reales y sinceros; nos encantan las mujeres que irradian calidez y esa sensación de «tener los pies en la tierra»; nos gusta reunirnos en torno a la gente que sabe «llamar a las cosas por su nombre» y reírse de sí misma mientras tanto.

La autenticidad es algo que veneramos en los demás y que luchamos por mantener en nuestra propia vida. No nos gustan las verdades a medias, las conexiones falsas y el silencio del miedo. Todos queremos tener una clara percepción de quiénes somos y qué creemos, y sentirnos lo suficientemente seguros como para compartir esa sensación con los demás. Siempre me ha gustado esa frase que habla de «sentirse a gusto en la propia piel».

La vergüenza suele impedirnos exhibir nuestro verdadero yo a las personas que nos rodean; en otras palabras, sabotea nuestros esfuerzos por ser auténticas. ¿Cómo podemos ser genuinas si estamos intentando desesperadamente gestionar y controlar la manera en que nos ven los demás? ¿Cómo podemos dar a la gente nuestra sincera opinión sobre algo y, al mismo tiempo, decirle lo que creemos que quiere oír? ¿Cómo podemos defender aquello en lo que creemos si estamos intentando que quienes nos rodean se sientan a gusto para evitar que se enfaden y nos menosprecien?

Los profesores de Trabajo Social Dean H. Hepworth, Ronald H. Rooney y Jane Lawson definen la *autenticidad* como la acción de «compartir el yo estableciendo una relación natural, sincera, espontánea, abierta y genuina». *No podemos* compartirnos con otras personas si nos consideramos defectuosas e indignas de establecer conexión. No podemos ser «reales» si nos avergonzamos de quienes somos o de lo que creemos.

La vergüenza engendra más vergüenza. Cuando nuestro afán por controlar de qué manera nos ven los demás nos lleva a sacrificar la autenticidad, solemos quedarnos atrapadas en un ciclo peligroso y debilitante: la vergüenza, o el miedo a sentir vergüenza, nos aleja de nuestro yo auténtico. Le decimos a la gente lo que quiere oír, o dejamos de expresar nuestra opinión cuando deberíamos hacerlo. Y a su vez sentimos vergüenza por no ser sinceras, por no expresar acertadamente nuestras creencias o por no tomar una postura importante. Puedes apreciar el ciclo en las siguientes citas:

- A veces digo lo que la gente necesita oír. Si estoy con mis amigas liberales, actúo de forma liberal. Si estoy con mis amigas conservadoras, actúo como una conservadora. Creo que tengo tanto miedo de decir algo que moleste a alguien que simplemente sigo la corriente a todo el mundo. Pero esto me hace sentir muy superficial y deshonesta.
- Mi fe religiosa es una parte muy importante de mi vida. Quiero sentirme tan libre de hablar sobre mis creencias espirituales como se siente la gente que expresa sus creencias políticas o sus ideas sociales. Pero no puedo. En cuanto pronuncio la palabra *iglesia*, la gente se ofende. Me miran como si estuviese loca e intentara convertirlos. En el trabajo, yo tenía un contestador automático cuyo mensaje era: «Gracias por llamar, que Dios te bendiga», pero mi jefe me hizo borrarlo porque lo consideraba «ofensivo». Mis compañeros de oficina dicen palabrotas todo el rato, pero intentan hacerme sentir marginada a mí porque digo «que Dios te bendiga».
- Como soy norteamericana de origen japonés, constantemente oigo a la gente hacer suposiciones estereotipadas

sobre las mujeres asiáticas. Algunos nos retratan como una minoría perfecta: inteligentes, trabajadoras y extremadamente competentes. Otros estereotipos son de naturaleza sexual: las mujeres asiáticas suelen ser consideradas permisivas y sumisas. Todas estas suposiciones y estereotipos reducen nuestra humanidad. Yo siempre quiero decir algo, pero me da demasiada vergüenza. En parte por mi cultura, pero también porque soy mujer. Me gustaría expresar mi opinión con más frecuencia, pero es muy difícil y me hace sentir sumamente vulnerable.

- Trabajo con un grupo de hombres y mujeres que son absolutamente intolerantes. Siempre dicen cosas degradantes sobre las minorías, y cuentan chistes horribles y envían mensajes de correo electrónico de tinte claramente racista. Iba a informar sobre ello al jefe de recursos humanos, pero él es el peor de todos. Un día me encontraba en la sala de descanso y un pequeño grupo de estas personas hizo un chiste horrible sobre un hombre gay, Matthew Shepard, que fue asesinado a golpes en Laramie, Wyoming. Yo no me reí, pero tampoco dije nada. Simplemente miré hacia abajo. Me sentía fatal. Mientras veía *The Laramie Project* en la televisión, lloré todo el rato. No podía dejar de pensar: «¿Por qué no dije nada? ¿Por qué no les dije lo hirientes que eran?». Realmente me avergoncé de mí misma.
- Yo veo los informativos y leo el periódico; me interesa mucho la política y lo que sucede en el mundo. Pero aunque intento reflexionar sobre mis opiniones y mis posiciones antes de hablar de ellas, indefectiblemente meto la pata. Me pongo nerviosa cuando alguien no está de acuerdo conmigo o cuestiona lo que yo propongo. A veces reacciono cerrándome, y otras, si realmente me siento arrinconada, empiezo a hablar en voz alta de una manera mucho más emocional. En cualquier caso, parezco estúpida. Lo odio.

- ¿Por qué tengo que practicar? ¿Por qué no puedo decir lo que pienso y ya?
- En los últimos dos años me he hecho trilingüe. Mientras estoy en el trabajo utilizo un «lenguaje blanco». Cuando estoy en casa hablo de forma natural, como hacía cuando era pequeña. Hace poco hice nuevos amigos en la iglesia, y al principio me evitaban porque mi forma natural de hablar no era «lo bastante negra», así que rápidamente comencé a hablar un tercer idioma para que no creyeran que intentaba actuar como una mujer blanca. Una cosa es no sentirte «real» en el mundo blanco, pero dejar de ser quien eres para sentirte aceptada por los miembros de tu propia comunidad resulta mucho más deshonesto.

A continuación encontrarás una lista de los mensajes y expectativas que las mujeres mencionaron en referencia a la expresión de sus opiniones. Si analizamos las características de la autenticidad —natural, sincera, espontánea, abierta y genuina—, empezaremos a entender lo difícil que puede resultar ser auténticas si tratamos de filtrar nuestras acciones y pensamientos a través de tan estrechas expectativas.

- No hagas sentir incómodo a nadie, pero sé sincera.
- No suenes como si te sintieras superior, pero sí procura dar una imagen de seguridad.
- No ofendas ni hieras los sentimientos de nadie, pero di lo que piensas.
- No seas ofensiva, sino directa.
- Ofrece una imagen de mujer informada y educada, pero no de una sabelotodo.
- Ofrece una imagen de mujer comprometida, pero no demasiado reaccionaria.

- No digas nada impopular ni controvertido, pero ten el coraje de no estar de acuerdo con las masas.
- No des la impresión de ser demasiado apasionada ni tampoco ofrezcas una imagen excesivamente desapasionada.
- No te muestres demasiado emotiva, pero tampoco excesivamente desapegada.
- No tienes que citar datos y cifras, pero no cometas errores.

A primera vista parecen ridículos, puesto que son de lo más contradictorios y subjetivos. ¿Quién define lo que es *ofensivo* o *emotivo*? ¿Qué significa ser demasiado apasionada o excesivamente desapasionada?

Estas «reglas» surgen de estrictos roles de género que dejan a las mujeres muy poco espacio para cumplir con las expectativas a la vez que mantienen la autenticidad. Si rompemos una de estas reglas, automáticamente se nos etiqueta y estereotipa; si nos mantenemos firmes, nos convertimos en las zorras gritonas y avasalladoras a las que a todo el mundo le encanta odiar; si aclaramos o corregimos, nos convertimos en las arrogantes sabelotodo que nadie soporta; si somos sinceras sobre alguna cuestión tabú o que hace sentir incómodos a los demás, se nos etiqueta de «bichos raros» o «estrafalarias». Si dos mujeres entran en un debate político acalorado en la televisión, es una «pelea de mujeres», en tanto que si dos hombres se enzarzan en el mismo debate, este se convierte en una discusión intensa sobre cuestiones importantes. Cuando empezamos a analizar los mensajes y las expectativas que alimentan nuestras identidades indeseadas, resulta fácil entender hasta qué punto la vergüenza puede socavar nuestra autenticidad: en efecto, si nos sentimos rehenes de lo que los demás piensan, sencillamente no podemos exponer nuestra verdad. En la próxima sección echaremos un vistazo al concepto de la normalidad. A veces, nuestra necesidad de sentirnos normales o de ser consideradas normales echa por tierra nuestro compromiso con la autenticidad, lo cual se nota particularmente en relación con los desencadenantes de la vergüenza, que nos hacen sentir solas y una especie de intrusas.

VERGÜENZA Y NORMALIDAD

La vergüenza nos hace sentir diferentes, como si fuésemos las únicas. Durante el proceso de las entrevistas, no te imaginas la cantidad de veces que oí a las mujeres repetir: «Solo quiero sentirme normal». A las mujeres se nos bombardea sin piedad a través de los mensajes que crean los medios de comunicación para definir la normalidad, en especial en temas como el sexo y el bienestar físico y mental. Un magnífico ejemplo de ello es una reciente portada de la revista *Glamour*, que planteaba: «¿Eres normal en el sexo? Detalles íntimos sobre lo que hace todo el mundo». Para superar esa sensación de vergüenza que nos provoca ser extrañas y anormales, buscamos la normalidad. Ser reales, genuinas o sinceras puede parecernos menos importante que encajar en un grupo.

Durante las entrevistas, me di cuenta de que a veces la búsqueda de la normalidad se remite a una serie de cifras. ¿Cuántas veces a la semana necesitamos hacer el amor mi marido y yo para sentirnos normales? ¿Cuantas parejas sexuales se me permite tener si soy una mujer soltera de 25 años? En una escala del uno al diez, ¿cuán raro es que a mi marido le guste hacer esto? ¿Cuántas parejas prueban esto otro? ¿Cuántas mujeres conoces que estén dispuestas a hacer tal cosa? ¿Cuántas mujeres de mi edad toman este medicamento? ¿Cuáles son mis posibilidades si dejo las hormonas? ¿A cuántas mujeres les hacen este diagnóstico? ¿Cuántas veces has visto un caso como el mío? ¿Cuánto tiempo tendré que esperar para recuperar el impulso sexual? ¿Cuánto peso tengo que perder para evitar un sermón la próxima vez que me pese en la consulta del médico? ¡Que alguien, por favor, me dé una cifra!

Cuando no conseguimos buena información porque está contaminada por una estrategia de marketing o porque los temas resultan tabú para debatirlos en público, nos desesperamos por encontrar la manera de cuantificar nuestra normalidad. Queremos saber lo que es normal, porque «ser normales» nos ofrece una mayor oportunidad de aceptación y pertenencia.

Cuando hablé de sexo y salud con las mujeres de mi estudio, a muchas les interesó saber cómo eran sus respuestas en comparación con las de las demás participantes. En efecto, al debatir sobre estos temas me plantearon preguntas como: «¿Qué es lo que dicen las otras mujeres?» o «¿Esto encaja con lo que oyes decir al resto de la gente?».

Lo que confiere tanto peligro a las expectativas generadas por los medios es que explotan nuestra necesidad de sentirnos normales mostrándonos imágenes de la realidad y etiquetándolas como «anormales». Piensa en todos los anuncios que dicen: «Si te sientes cansada y abrumada...», o «Si no tienes demasiadas relaciones sexuales...», o «Si estás demasiado angustiada por la seguridad de tus hijos...», o «Si tu piel tiene este aspecto...».

Claramente, algunas intervenciones y medicamentos son de gran utilidad y resultan apropiados. Sin embargo, muchos anuncios atacan la vulnerabilidad femenina explotando nuestro deseo de sentirnos normales, por no mencionar que también se aprovechan de nuestra necesidad absolutamente humana de aceptación y pertenencia mostrándonos imágenes de personas solas y tristes que «tienen pocas relaciones sexuales» o «están enfermas». De más está decir que, en las imágenes finales del anuncio, la persona que antes parecía consternada luce radiante y aparece rodeada de amigos y familiares sonriendo a cámara lenta después de haber probado la píldora o la loción que vende el anunciante.

El dinero y el marketing que sustentan esos anuncios provocan mucho más que la prescripción exagerada o el uso excesivo de medicamentos y «remedios». En un entorno médico regido por los intereses económicos y en el que se otorga gran importancia a la conveniencia y las ganancias, a muchas mujeres que podrían beneficiarse de una terapia farmacológica se les niega el servicio porque carecen de recursos para pagar sus gastos médicos. Además, a partir del momento en que las aseguradoras norteamericanas retiraron la cobertura de salud mental de la mayoría de los planes médicos, las mujeres que podrían beneficiarse de una combinación de medicación y terapia (que, según las investigaciones, resulta mucho más eficaz que la medicación solamente) solo pueden acceder a los fármacos.

Recuerdo haber observado con mucha atención los anuncios televisivos de las empresas farmacéuticas emitidos la semana siguiente a los atentados del 11 septiembre. Tres o cuatro días después de los ataques, se lanzó una campaña de publicidad dirigida a las mujeres que se preocupaban demasiado por sus hijos. Los anuncios utilizaban frases como «Tú eras más divertida» o «Tú sonreías más». En un primer momento yo me enfadaba muchísimo y pensaba: «Qué siniestro. En este país no habrá ni una sola madre que no esté preocupada por sus hijos ahora mismo». Y un minuto después me autoconvencía: «Pues sí, necesito esas pastillas. Estoy obsesionada con la seguridad. Creo que es exactamente lo que me hace falta».

Después de aproximadamente una semana, temí estar perdiendo la cabeza, porque aquella situación me trastornaba. Al final llamé a una amiga que tiene hijos pequeños y es terapeuta familiar, y le expliqué: «Esto es lo que estoy haciendo y esto es lo que estoy pensando. ¿Soy normal?». Y ella me respondió: «Sí, mucho. Tú eres normal y los otros cientos de mujeres que me han llamado también son normales. Si estás tan preocupada por Ellen que has dejado de funcionar con normalidad en tu vida, entonces tenemos que hablar más de este tema. Pero si estás agobiada porque crees que preocuparte tanto es una locura, eres normal. Preocuparnos por nuestros hijos y nuestra seguridad es una reacción de lo más apropiada en estos momentos. Son días terribles».

Este sentimiento ilustra un patrón de vulnerabilidad que oí una y otra vez durante las conversaciones sobre salud y sexo. Así es como yo lo resumo.

> *Soy incapaz de descifrar qué pienso realmente sobre el sexo, mi cuerpo, mi salud física o mi salud mental y emocional, porque me bloquean el camino demasiados mensajes y expectativas. Estoy tan preocupada por qué, quién y cómo se supone que debo ser, que no consigo darme cuenta de quién soy y quién quiero ser en realidad. Si intento hablar del tema me siento silenciada, porque muy pocas personas están dispuestas a tener conversaciones sinceras sobre temas como el sexo y la salud. Al final, abandono la idea de ser auténtica y simplemente espero que los demás me consideren normal.*

Cuando la avalancha de mensajes y expectativas se combina con el estigma de hablar de sexo y salud, acabamos abrumadas por la vergüenza. Y si nos sentimos de esa manera es mucho más probable que reforcemos los mensajes y las expectativas, individualicemos los problemas y sintamos que nuestra incapacidad para cumplir con las expectativas se debe a nuestras deficiencias o patologías. Cuando el código de silencio nos impide abrirnos frente a otras personas, nos sentimos solas, alimentamos la vergüenza a base de secretismo y silencio, y acabamos recurriendo a nuestras cortinas de humo contra la vergüenza:

- A mi marido le gusta hacer el amor todo el tiempo. Y yo acepto porque no quiero que me engañe ni lo haga con otra persona. A veces me pregunto si soy la única que se siente así, si tengo algún problema o si las demás mujeres tienen maridos como el mío. Lo difícil de todo esto es que en realidad no puedes hablar del tema con nadie, así que no sé qué se hace.
- Cuando tenía veinte años me encantaba el sexo, o al menos creo que me gustaba. En cualquier caso, me acostaba con mucha gente. Ahora que estoy casada y tengo hijos, parece que libro una batalla constante con mi marido. Haría lo que fuera con tal de evitar el sexo. Simulo estar enferma; empiezo una discusión; hago cualquier cosa. En realidad, lo que más me apetece es entrar en la habitación, cerrar la puerta y ser yo misma, ni más ni menos. Lo último que quiero es tener relaciones sexuales. Mi marido me dice que tengo un problema. A veces creo que tiene razón, y otras, cuando oigo a otras personas hablar de este tema, considero que estoy bien.
- Cuando pienso en el sexo y la vergüenza, lo primero que me viene a la cabeza son las mamadas. No creo que exista algo más vergonzoso que eso. Es degradante. Por supuesto, ahora que esta cuestión se ha hecho tan popular, si dices que no, te sientes la única persona que no lo hace, y tu novio pasa a ser el único tío del universo con una novia a la que no le gusta. A veces accedo porque me parece que es lo que supuestamente debo hacer. Una vez casi me eché a llorar.
- Nadie sabe que me diagnosticaron depresión clínica. Ni siquiera mi pareja. Ella cree que he estado actuando de forma un poco extraña porque estoy entrando en la menopausia. Una vez que le cuentas a alguien que tienes un problema mental, te echan la culpa de todo por estar

«loca». Automáticamente te conviertes en una persona en la que no se puede confiar, en una persona inestable. Y yo no quiero que los demás piensen que soy débil o incapaz de manejar mi propia vida.
- Soy incapaz de someterme a citologías ginecológicas o mamografías. Jamás he podido hacerme una colonoscopia. Sé que es horrible y sé que es necesario que me haga esos estudios, pero, sencillamente, no puedo. Siempre me preocupa mucho lo que pensarán las enfermeras o lo que pensará el médico. ¿Y si hago algo vulgar? ¿Y si piensan que soy desagradable? No puedo exponerme a eso. Mis hijos me preguntan si he ido y yo les miento y les digo que sí, pero eso me hace sentir todavía peor.
- El sexo es la cuestión más delicada de mi matrimonio. Los dos sabemos que para nosotros es un problema, pero es de lo único que no podemos hablar. Saber que otras parejas también tienen dificultades nos ayuda, pero en realidad no mejora nuestra situación. Ya prácticamente he abandonado la idea de tener una buena vida sexual. A veces desearía que pudiésemos hacer más el amor para no sentirme tan rara. ¡Me pone tan tensa! He perdido el contacto con mis sensaciones físicas y emocionales.

Cuando experimentamos los dolorosos y abrumadores sentimientos asociados a la vergüenza, se nos hace bastante difícil determinar con precisión dónde estamos o qué queremos. Es una situación muy complicada para las mujeres: ¿cómo podemos mantenernos lo suficientemente alejadas de la vergüenza que nos provocan el sexo y la salud como para hacernos resilientes a la vergüenza derivada, precisamente, del sexo y la salud? Para responder esta pregunta, analicemos algunas de las estrategias empleadas por las mujeres que han alcanzado niveles elevados de resiliencia en estas áreas.

RESILIENCIA Y NORMALIDAD

Las mujeres que han desarrollado resiliencia a la vergüenza frente a cuestiones como el sexo y la salud trabajan los cuatro elementos, pero son particularmente conscientes de las vulnerabilidades creadas por el secretismo y el silencio que envuelven estos dos temas. A través de una variedad de estrategias que se relacionan directamente con las cuatro escalas, estas mujeres han conseguido oír sus propias voces por encima de los mensajes contradictorios e incompatibles y las expectativas que las rodean. Han conseguido desarrollar suficiente empatía como para pensar con claridad, evaluar sus propias necesidades y determinar qué las hace sentirse conectadas, poderosas y libres.

La primera vez que empecé a hablar de sexo y salud con las entrevistadas, pensé que la diferencia entre «querer ser normal» y «no saber qué es la normalidad ni darle importancia» tenía que ver con el nivel de seguridad personal de cada una de ellas más que con su resiliencia a la vergüenza. Sin embargo, a partir de las conversaciones con esas mujeres me di cuenta de que las más resilientes no necesariamente son las más seguras, sino que, en realidad, lo que hacen es entregarse de lleno a trabajar cada una de las cuatro «escalas» y así desarrollar la resiliencia. Así resumo el patrón que surgió de todas las entrevistas:

> *Para poder saber qué siento realmente en cuanto al sexo, mi cuerpo, mi salud física o mi salud mental y emocional, tengo que reconocer y filtrar todos los mensajes y las expectativas que obstruyen mi camino. Cuando estoy tan preocupada por lo que supuestamente debo ser, la persona que supuestamente tengo que ser y la manera en que supuestamente debo actuar, no puedo determinar quién soy ni quién quiero ser. Tengo que comprender de dónde provienen esos*

mensajes para poder abordarlos y seguir adelante. Necesito *hablar del tema, y puesto que tan poca gente está dispuesta a tener conversaciones sinceras sobre el sexo y la salud, tengo que construir conexiones con personas ante a las cuales pueda abrirme. Necesito hablar sobre mis sentimientos y mis necesidades para no aislarme de estas partes tan importantes de mi vida. Yo no sé lo que es normal; solo quiero ser yo misma.*

Si aíslas las diferentes secciones de este patrón, podrás ver cómo encajan las piezas en las escalas:

Reconocer los desencadenantes de la vergüenza
- Cuando estoy tan preocupada por lo que supuestamente debo ser, la persona que supuestamente tengo que ser y la manera en que supuestamente debo actuar, no puedo determinar quién soy ni quién quiero ser. Tengo que comprender de dónde provienen esos mensajes para poder abordarlos y seguir adelante.

Poner en práctica la conciencia crítica
- Para poder saber qué siento realmente en cuanto al sexo, mi cuerpo, mi salud física o mi salud mental y emocional, tengo que reconocer y filtrar todos los mensajes y las expectativas que obstruyen mi camino.

Abrirse a los demás
- Necesito hablar del tema, y puesto que tan poca gente está dispuesta a tener conversaciones sinceras sobre el sexo y la salud, tengo que construir conexiones con personas ante a las cuales pueda abrirme.

Verbalizar la vergüenza
- Necesito hablar sobre mis sentimientos y mis necesidades para no aislarme de estas partes tan importantes de mi vida. Yo no sé lo que es normal; solo quiero ser yo misma.

A continuación estudiaremos la compleja relación entre adicción y vergüenza.

El abuso de determinadas sustancias es una de las vías que utilizamos para aliviar el dolor y el malestar que nos produce sentirnos poco auténticas y diferentes. Recurrimos a la comida, el alcohol, las drogas, el sexo y las relaciones para mitigar nuestro sufrimiento. En la próxima sección analizaremos más en detalle la compleja relación entre vergüenza y adicción.

ADICCIÓN

«Las adicciones son a la vergüenza lo que el agua salada es a la sed.»
TERRANCE REAL, autor de *I Don't Want to Talk About It: Overcoming the Secret Legacy of Male Depression*

A partir de lo que estás leyendo en este libro, de los ejemplos e historias que he incluido, te resultará evidente a estas alturas que la adicción y la vergüenza están estrechamente vinculadas. Y también son muy similares: ambas nos hacen sentir desconectadas e impotentes. La adicción nos incita a cerrarnos o a mostrar un comportamiento negativo; suele hacernos sentir solas y «fuera» del sistema al que pertenecemos; y, por último, suele estar envuelta en un manto de secretismo y silencio.

Si bien mucha gente piensa que las adicciones son «cosa de tíos», no podrían estar más equivocados. Muchos de los estudios más recientes sobre alcoholismo y drogadicción demuestran que las adolescentes están bebiendo más que los chicos y que comienzan a una edad todavía más temprana. Nuevas investigaciones también demuestran que cada vez son más las mujeres en edad universitaria que beben, y que beben para emborracharse. Los investigadores están constatando que las mujeres suelen recurrir al alcohol para mejorar su estado anímico, incrementar la seguridad en sí mismas, reducir la tensión y superar la timidez. La doctora Nora Volkow, directora del Instituto Nacional sobre Abuso de Drogas, define el alcohol como un «lubricante social».

Cuando pienso en mi propia historia, la idea de un «lubricante social» encaja a la perfección. Al igual que muchas chicas, yo comencé a beber socialmente en el instituto. Y cuando estaba en la universidad me parecía que un cigarrillo y una cerveza eran mi espada y mi escudo. Creo que no habría podido salir airosa de una fiesta o un bar sin ese equipamiento. Lo cierto es que en aquella época jamás reflexioné seriamente sobre mi dependencia social del alcohol y el tabaco; toda la gente de mi entorno bebía y fumaba, y también lo hacían las personas como las que yo aspiraba a ser. Corrían los años ochenta: éramos rebeldes como las mujeres de los anuncios de los cigarrillos Virginia Slims e íbamos juntas a ver películas como *St. Elmo, punto de encuentro* (*St. Elmo's Fire*) o *¿Qué pasó anoche?* (*About Last Night*).

Pero cuando realmente me enteré del problema de alcoholismo de mi familia fue mientras hacía el posgrado. En casa nunca había demasiado alcohol ni yo había crecido rodeada de personas que bebiesen. Sin embargo, al indagar en mi propia historia —algo que hacen la mayoría de los alumnos de Trabajo Social mientras cursan sus estudios—, me enteré de que el alcohol había destrozado la vida de muchos de los miembros de mi numerosa familia. También empecé a entender más claramente mi propia dependencia social del alcohol. Dejé de fumar y de beber en 1996, el mismo fin de semana en el que obtuve mi máster en Trabajo Social. Tuve suerte: conté con la información y las herramientas precisas para tomar esa decisión, y encontré el apoyo que necesitaba para bajar la espada y el escudo. Considero que mi viaje hacia la recuperación es uno de los regalos más importantes que me ha hecho la vida.

Por desgracia, para un gran número de chicas y mujeres, «tocar fondo» tiene implicaciones mucho más graves: pierden a su pareja, su trabajo, su libertad o a sus hijos. Para muchas, el consumo problemático de alcohol está conectado con la agresión sexual, la violencia y/o la dependencia de otras drogas. Un artículo reciente de *Newsweek* cita diversos estudios que demuestran que las jóvenes que abusan crónicamente del alcohol desarrollan graves enfermedades hepáticas y úlceras, y que las mujeres que beben más de una copa al día están más expuestas a sufrir apoplejías, hipertensión y cáncer de mama, o incluso son más proclives al suicidio.

Para comprender mejor el papel que desempeña la vergüenza en la adicción (o quizás el papel que desempeña la adicción en la vergüenza) tenemos que entender de qué manera se conectan ambas entre sí. Yo sabía de forma intuitiva que existía una conexión, pero en realidad no la entendía. La vergüenza y la adicción parecen tan intrincadamente unidas en tantos sentidos que resulta difícil entender dónde empieza una y acaba la otra. Para tener una noción más clara de la manera en que la vergüenza y la adicción actúan en paralelo, consulté la última investigación que analiza la relación entre ambas.

En el capítulo 2 recomendé el libro *Shame and Guilt*, de June Tangney y Ronda Dearing. Además del exhaustivo trabajo que han llevado a cabo sobre el tema, las autoras han escrito un importante artículo que apareció recientemente en la publicación *Addictive Behaviours* («Comportamientos adictivos»). Ronda Dearing, que dirigió el estudio, es miembro del Instituto de Investigación sobre las Adicciones, de la Universidad de Buffalo, perteneciente al sistema público de la Universidad Estatal de Nueva York. Como me pareció que en lugar de trasladar los resultados de su investigación resultaría más interesante reproducir las palabras de la investigadora, entrevisté a la doctora Dearing específicamente para este libro y le pedí que nos ayudase a entender mejor la importancia de sus descubrimientos y la manera en que podrían afectarnos. Y esto es lo que me dijo:

> **BB**: He leído el libro que has escrito con June Tangney y creo que estamos de acuerdo en que la vergüenza y la culpa son dos emociones distintas (la vergüenza se refleja en la idea «soy mala» y la culpa en «hice algo malo»). ¿Que significan exactamente los términos *propensión a la vergüenza* y *propensión a la culpa*?
>
> **RD**: Cuando hablamos de propensión a la vergüenza y propensión a la culpa nos estamos refiriendo a la *tendencia* de un individuo a experimentar dichas emociones. En una situación determinada, algunas personas están más predispuestas a responder con una reacción emocional de vergüenza, en tanto que otras tienen menos probabilidades de experimentar dicha emoción, al margen de los desencadenantes situacionales. Así, nos referimos al individuo que tiende a responder avergonzándose con la expresión *propenso a la vergüenza*. Para utilizar un ejemplo diferente, algunas personas pueden ser «propensas» a llorar cuando se sienten tristes, en tanto que otras pueden sentir tristeza con la misma frecuencia pero no es muy probable que lloren en respuesta a su aflicción. La mayoría de la gente tiene una idea bastante acertada de si es propensa a llorar o no. Utilizando mediciones como las que aporta TOSCA [un instrumento de investigación], planteamos a los individuos una variedad de situaciones cotidianas y les pedimos que indiquen su forma más habitual de responder a ellas (algunas son respuestas de vergüenza, y otras, de culpa). A partir de lo que dicen,

podemos determinar la propensión de cada persona a la vergüenza y su propensión a la culpa. Si bien es posible ser propenso a la vergüenza y a la culpa, lo más frecuente es responder más prevalentemente con una de estas emociones que con la otra. En consecuencia, es más probable que un individuo sea propenso a la vergüenza *o* a la culpa, y no a las dos cosas.

BB: En tu artículo hablas sobre los factores que conducen a la adicción. Específicamente, explicas la importancia de entender la diferencia entre los factores «estáticos» y «dinámicos» asociados al abuso de sustancias. ¿Puedes ayudarnos a entender qué significan estos términos?

RD: Cuando hablo de factores estáticos me estoy refiriendo a las cosas que no se pueden cambiar. Así que, por ejemplo, aunque sabemos que los factores genéticos están relacionados con la probabilidad de que una persona desarrolle una adicción, esta en realidad no puede cambiar los genes con los que ha nacido. Por otro lado, los factores dinámicos están cambiando constantemente (o al menos tienen posibilidades de cambiar). Algo como el entorno social de la persona podría ser considerado un factor dinámico. La gente tiene la capacidad de elegir con quién socializa, y cada individuo puede escoger socializar con personas que consumen drogas o con personas que no lo hacen (a modo de ejemplo). Creemos que la propensión a la vergüenza y la propensión a la culpa son dinámicas, porque existe la posibilidad de cambiarlas. En el ámbito de la terapia, lo ideal es ayudar a los clientes a aprender a ser menos propensos a la vergüenza y más propensos a la culpa.

BB: En este estudio has descubierto un vínculo positivo entre la propensión a la vergüenza y el consumo problemático de drogas y alcohol. ¿Qué es lo que consideras más importante sobre este descubrimiento? ¿Y qué significa para las personas que tienen problemas de adicción?

RD: Bueno, en primer lugar, creo que este descubrimiento es congruente con la mayoría de las demás investigaciones llevadas a cabo sobre la propensión a la vergüenza. Específicamente, la tendencia a experimentar vergüenza parece estar asociada a consecuencias vitales negativas, como, por ejemplo, la dificultad para gestionar la ira, la presencia de síntomas depresivos, los problemas de adicción o cualquier otro. Así que creo que lo más importante sobre este hallazgo es que aporta evidencia adicional que confirma que quienes tienden a experimentar vergüenza deben aprender a desbaratar esta emoción en favor de la reacción emocional más sana, que es la culpa. Muchos terapeutas intentan ayudar a sus clientes a desarrollar esta actitud, independientemente de que lo consideren un trabajo de «reducción de la vergüenza» o no. Sin embargo, existe muy poca investigación sistemática que busque formas de enseñar a las personas a reducir su tendencia a la vergüenza. Es muy necesario contar con intervenciones específicas de este tipo. Y es fundamental que probemos y validemos dichas intervenciones utilizando métodos de investigación sólidos capaces de proporcionar a los terapeutas herramientas específicas que ayuden a sus clientes a reducir la vergüenza.

BB: También has descubierto que la propensión a la culpa puede en realidad ejercer un efecto protector contra el desarrollo de patrones de abuso del alcohol u otras sustancias. ¿Nos podrías ayudar a entender qué significa todo esto?

RD: Las personas propensas a la culpa tienen más probabilidades de centrarse en el comportamiento que les trae problemas. Por ejemplo, un individuo propenso a la culpa que pierde un día de trabajo porque se ha pasado la noche anterior bebiendo, probablemente piense: «Si sigo faltando al trabajo, podrían echarme». Por el contrario, una persona propensa a la vergüenza quizás se centre mucho más en lo que él o ella considera un defecto («Soy un fracaso absoluto porque falto mucho al trabajo»). Evidentemente, resulta mucho más sencillo cambiar o mejorar un comportamiento determinado que «arreglar» un defecto de la personalidad. Así que, como resultado, la persona propensa a la culpa intentará descubrir qué puede modificar de su forma de actuar. Por ejemplo, podría plantearse no beber por la noche si al día siguiente tiene que trabajar, o no beber hasta un punto que le impida funcionar correctamente al día siguiente. Por el contrario, la persona propensa a la vergüenza —que se siente abrumada por la turbación que le produce darse cuenta de que es mala (defectuosa, indigna, etc.)— no puede resolver el problema y, por consiguiente, es incapaz de hacer planes para actuar de forma diferente (e incluso mucho mejor) la próxima vez que se encuentre en una situación similar. En esencia, la persona propensa a la vergüenza se estanca en la emoción, en tanto que la persona propensa a la culpa es capaz de avanzar.

BB: Con frecuencia me preguntan si la vergüenza conduce a la adicción o si la adicción conduce a la vergüenza. ¿Qué piensas a ese respecto?

RD: No creo que sea una cosa o la otra, sino ambas. Considero que si una persona tiene un estilo emocional propenso a la vergüenza, corre el riesgo de desarrollar una adicción. Sin embargo, opino que una vez que la persona comienza a tener problemas derivados de su adicción, la vergüenza es una consecuencia inevitable. Pensemos, por ejemplo, en un adicto al alcohol: si ya es propenso a la vergüenza, los problemas de su vida que se originen en el consumo de dicha sustancia (problemas en el trabajo, problemas en casa, problemas en sus relaciones, etc.) probablemente le harán evaluar sus fallos y reaccionar ante ellos con vergüenza, además de autodefinirse en términos como «Debo de ser una mala persona». Por eso creo que el vínculo entre la vergüenza y la adicción es un círculo vicioso, bastante difícil de cambiar.

RESILIENCIA Y ADICCIÓN

En esta entrevista hay varios temas que me resultan sumamente importantes. El primero es la relación cíclica entre la vergüenza y la adicción. En el capítulo dedicado a la verbalización de la vergüenza, hablamos de tres estrategias de desconexión: apartarse, avanzar y enfrentarse. El problema es que, después de años de aplicarlas para combatir la vergüenza, no nos resulta sencillo deshacernos de ellas incluso cuando sabemos, a cierto nivel, que no son eficaces. De hecho, muchas empleamos estas estrategias para sobrellevar nuestra necesidad insatisfecha de empatía. Pero estancarnos en estas desconexiones nos aparta de la autenticidad, y, por si eso fuera poco, al parecer desempeña un importante papel en la relación entre la vergüenza y la adicción.

El segundo tema, las referencias de la doctora Dearing a la ayuda que pueden ofrecer los terapeutas a sus clientes, es para mí de suma importancia. A lo largo de este libro, mientras explicaba las distintas maneras en que podemos hacernos resilientes a la vergüenza, he intentado enfatizar —y creo que merece la pena repetirlo aquí— que debido a las complejidades de la vergüenza, desarrollar resiliencia a ella puede requerir la ayuda profesional de un terapeuta o asesor. Si tenemos problemas de adicción, por lo general nuestra familia y amigos acaban afectados muy negativamente y de verdad son incapaces de ayudarnos. El doctor Abi Williams, director del Centro para Familias en Rehabilitación, una división del Consejo sobre Alcohol y Drogas de Houston, explica: «Estimamos que entre tres y cuatro miembros de una misma familia resultan afectados en cierto grado cuando uno de ellos está tomando decisiones equivocadas. Estos familiares afectados suelen creer que de ellos depende mantener el buen funcionamiento familiar; pero, en realidad, esta idea puede empeorar todavía más las cosas. El riesgo en estos casos es que los comportamientos en dicho grupo familiar se vuelvan tan destructivos como el problema original que sus miembros estaban intentando corregir».

En esta sección dedicada a la adicción, quiero especificar claramente que creo que debemos buscar ayuda exterior para superar este problema. La ayuda podría provenir de un terapeuta, un centro de rehabilitación o un grupo del tipo de Alcohólicos Anónimos, pero siempre debe tratarse de ayuda exterior. La recuperación de una adicción requiere asesoramiento, apoyo e información (y a veces atención médica), algo que lamentablemente no podemos conseguir ni siquiera en las redes de conexión más sustentadoras.

Por último, en el ejemplo de la doctora Dearing, ella explica: «La gente tiene la capacidad de elegir con quién socializa, y cada individuo puede escoger socializar con personas que consumen drogas o con personas que no lo hacen». Es verdad, pero además de tener en cuenta nuestras «redes sociales», debemos analizar otra influencia: nuestra cultura.

Somos miembros de una cultura que fomenta y luego denigra la adicción. La psicóloga y activista Charlotte Sophia Kasl asegura: «El patriarcado, la jerarquización y el capitalismo crean, estimulan, mantienen y perpetúan la adicción y la dependencia». Como ya hemos explicado en estas páginas, la telaraña de la vergüenza está plagada de expectativas basadas en prescripciones de género sumamente rígidas. Si combinamos el poder de estas expectativas con la mentalidad del «nosotras y ellas» a la que nos referimos en la sección dedicada a la *otredad* y la influencia de la cultura de los medios, creo que Kasl tiene razón. Recurrimos a la comida, las drogas, el alcohol, el sexo y las relaciones de dependencia para aliviar temporalmente el estrés. Pero, como bien expresa la cita que abre esta sección, la adicción no mitiga el estrés, sino que nos hace buscar desesperadamente nuevas herramientas de alivio.

Además, vivimos en una cultura que actúa de forma ambigua frente a la adicción. Por un lado, utilizamos estereotipos negativos para describir a las personas que tienen problemas de adicción, y las llamamos pelotas, escurridizas, mentirosas, tramposas, poco fiables y manipuladoras. Pero, por otro lado, solemos emplear estereotipos positivos para retratar de forma poco realista a hombres y mujeres en fase de rehabilitación, describiéndolos como pilares de fortaleza espiritual que llevan denodadas vidas de riguroso crecimiento y análisis interior.

Al apoyar estos estereotipos culturales solemos cometer el error de no reconocer que *todos* estamos, de alguna manera, luchando contra una adicción o conectados con alguien que está pasándolo mal en ese sentido. Y si reflexionamos sinceramente sobre nuestra propia vida, sabemos que los estereotipos jamás consiguen captar la diversidad, complejidad y profundidad de las experiencias reales.

ESPIRITUALIDAD

La relación entre espiritualidad/fe y vergüenza es muy compleja. Como ves en las ilustraciones de la telaraña de la vergüenza y la red de conexión, la espiritualidad/fe/religión se convierte en una fuente de vergüenza para algunas mujeres y en una herramienta de resiliencia para otras. A mí me han preguntado en muchas ocasiones si alguna religión ha sido identificada como más «vergonzosa» que otra. La respuesta es no. No encontré ninguna evidencia de que una religión o confesión provoque más vergüenza que otras.

Pero sí detecté importantes patrones y temas en la forma en que mis entrevistadas experimentaban su fe y espiritualidad. Por ejemplo, las mujeres que describían su vergüenza utilizaban las palabras *iglesia* y *religión* más que las demás. Y las mujeres que hablaban de resiliencia se decantaban por términos como *fe, espiritualidad* y *creencias* con mayor frecuencia. Al principio me pregunté si no existía una conexión entre la «religión organizada» y la vergüenza, pero no encontré ninguna. Al menos la mitad de las mujeres que empleaban los términos *fe, espiritualidad* y *creencias* iban a la iglesia y eran miembros de religiones organizadas.

Lo que sí me quedó claro es lo siguiente: para las mujeres, su mayor fuente de resiliencia suele ser la relación que mantienen con Dios, el poder superior, su mundo espiritual o como queramos llamarlo. La esencia de la resiliencia, en un sentido espiritual, tiene que ver con la relación, el espíritu y la fe. Para muchas mujeres, la conexión espiritual resulta esencial para el desarrollo de la resiliencia a la vergüenza; de hecho, más de la mitad de las mujeres que de niñas experimentaron una profunda vergüenza en relación con la religion desarrollaron resiliencia a ese sentimiento siguiendo nuevas sendas espirituales. Pueden haber cambiado de iglesia o de creencias, pero la espiritualidad y la fe han continuado ocupando un lugar importante en su vida. Otro patrón que me quedó claro es la idea de que la fe tiene que ver con alimentar lo mejor de nosotros y que la vergüenza nos aleja de dicho propósito. Por lo que parece, las fuentes de la vergüenza están muy conectadas con las reglas y regulaciones terrenales hechas e interpretadas por los hombres y con las expectativas de carácter social y comunitario relacionadas con la religión (¿Vas a la iglesia con regularidad? ¿Eres leal a la religión familiar? ¿Estás educando a tus hijos de alguna forma determinada? ¿Estás rompiendo reglas que podrían avergonzar a tu familia o a tu comunidad? ¿Conoces el lugar que ocupas como mujer?).

Tal como sucede en muchas otras instituciones (empresariales, escolares, médicas, gubernamentales), los individuos y grupos que ocupan posiciones de liderazgo pueden utilizar la vergüenza como un instrumento de control. Cuando esto sucede de un modo repetido y sistemático, toda la cultura organizativa acaba basándose en la vergüenza. No obstante, no creo que ninguna institución sea esencialmente vergonzosa, incluidas aquellas que forman nuestras comunidades de fe.

Para quienes buscamos conexión espiritual, comprender nuestra historia de fe en relación con la vergüenza es sumamente importante. Muchas de las mujeres que de niñas experimentaron vergüenza por cuestiones religiosas encontraron un gran apoyo en la fe y la espiritualidad. Si bien por lo general cambiaban de iglesia, denominación, y a veces incluso de creencia, curaron con la espiritualidad las heridas causadas por la vergüenza religiosa.

Mi trabajo como investigadora de la vergüenza ha modificado mi camino espiritual personal. Ahora intento ver mis sanas experiencias de culpa como un sistema de «pesos y contrapesos» del espíritu. Si hago cosas o pienso cosas que son incoherentes con lo que deseo ser, me esfuerzo por experimentar la culpa como una oportunidad de crecimiento interior. Y por otro lado, cuando siento vergüenza, mi idea actual es que me aparta de ese desarrollo espiritual que tan importante es para mí. La maestra de crecimiento personal Marianne Williamson es la autora de la magnífica cita que encontrarás a continuación y que tanto me inspira. Mientras la lees, te invito a que analices lo que Williamson ha escrito en el contexto de la sensación de vergüenza.

Nuestro temor más profundo no es resultar inadecuados. Nuestro temor más profundo es ostentar un poder sin medida. Es nuestra Luz, y no nuestra Oscuridad, lo que más nos asusta. Nos preguntamos: ¿quién soy yo para ser brillante, espléndido, talentoso, fabuloso? Pero en realidad la pregunta es: ¿quién NO soy yo para llegar a ser todo eso? Tú eres un hijo de Dios. Minimizarte no tiene ninguna utilidad para el mundo. No tiene nada de luminoso encogerte para que los demás no se sientan inseguros a tu lado. Hemos nacido para poner de manifiesto la gloria de Dios que vive en nosotros. Y no solo en algunos, sino en todos. Cuando dejamos brillar nuestra propia Luz, de forma inconsciente permitimos que otras personas hagan lo mismo. Cuando nos liberamos de nuestro propio miedo, nuestra presencia automáticamente libera a otros.

Dada la importancia que tienen las relaciones en nuestra vida espiritual, puedes ver por qué resulta imprescindible que mantengamos nuestra autenticidad en el campo de las creencias espirituales. En la próxima sección conocerás herramientas específicas que las mujeres están utilizando para desarrollar y mantener la autenticidad frente a la vergüenza y la desconexión.

AUTENTICIDAD Y RESILIENCIA

Ya hemos leído al principio de este capítulo que algunas de las cualidades de la autenticidad incluyen ser natural, sincera, espontánea, abierta y genuina. ¿Pero qué aspecto tiene la autenticidad en una persona? Cuando pienso en autenticidad, la primera imagen que me viene a la cabeza es la de Chaz, un amigo muy querido. Nos conocemos desde hace más de diez años y es una de las personas más auténticas que conozco. Es un crack.

Chaz demuestra, sin lugar a dudas, todas las características que acabamos de mencionar, pero yo veo su autenticidad como algo más. Él es quien es, no importa con quién se encuentre ni en qué circunstancia. Si me dedicara a reunir aleatoriamente a algunas personas que forman parte de su vida —personas que no se conocen entre sí, pero que sí le conocen a él—, comprobaría que le describen de formas muy parecidas. Chaz se encuentra muy cómodo moviéndose entre muchos tipos de gente diferentes, pero articula y representa el mismo conjunto de valores y creencias frente a todos, sin importar quién le acompañe o qué esperen de él.

Percibí esta misma característica en las mujeres que claramente mostraban elevados niveles de resiliencia a la vergüenza. A mi entender, la cualidad de *ser quien eres sin importar con quién te encuentres* es la esencia misma de la autenticidad, el resultado de actuar de forma natural, sincera, espontánea, abierta y genuina.

Y entonces, ¿cómo se relaciona la autenticidad con la resiliencia a la vergüenza? A tenor de los datos, yo diría que es difícil, si no imposible, desarrollar la autenticidad sin algún grado de resiliencia a la vergüenza. Resulta mucho más sencillo ser auténtico cuando ejercitamos el coraje, la compasión y la conexión. Las participantes hablaron de la importancia de establecer conexiones con personas que apoyen nuestro propósito de ser auténticas. A veces esas personas piensan de manera similar a la nuestra o comparten nuestro mismo espíritu, pero ese no es el requisito más importante: lo fundamental es que compartan con nosotras el compromiso de la autenticidad, y no solo nuestras creencias o valores.

- Durante una conversación muy difícil que mantuve con mi hermana, ella me dijo que le costaba confiar en mí porque yo siempre trataba de prever lo que la gente quería y me esforzaba por decir lo que, en mi opinión, deseaban oír. En concreto sentenció: «No me importa si no estamos de acuerdo en algo. Yo solo quiero poder confiar en que me digas la verdad». Me avergonzó mucho que me viera de esa manera, pero en realidad me hizo entender que estaba siendo deshonesta con todo el mundo, y en especial conmigo. En los primeros meses posteriores a esa conversación no fui capaz de responder las preguntas de nadie. Había perdido completamente la noción de lo que en verdad pensaba. Ahora ya ha pasado casi un año y soy mucho más honesta conmigo misma y con mi familia. Mi hermana me apoya muchísimo y creo que me he convertido en una persona más íntegra.

- Antes creía que frente a mis padres tenía dos posibilidades: evitar las conversaciones sobre religión o mentir. Ambas opciones me hacían sentir mal y causaban enormes problemas entre mi marido y yo. Mis padres son católicos y siempre nos preguntaban si íbamos a misa o si nuestro hijo asistía a catequesis. Yo les respondía que sí e intentaba poner fin a la conversación. Pero mi marido les diría la verdad —que somos metodistas— y ellos se pondrían histéricos. Mi marido me dijo que se sentía abandonado cuando yo mentía a mis padres para hacerles felices. Y entonces me di cuenta de que no estaba actuando de forma sincera y que me estaba haciendo daño a mí misma y a él. Hablé con algunos amigos de mi iglesia que habían tenido experiencias similares y ellos me hicieron una serie de sugerencias magníficas. Al final les conté la verdad a mis padres y les expliqué que si no podían apoyarnos sería mejor dejar de hablar de religión. Se enfadaron mucho, pero fueron respetuosos…, y está bien así.

AUTOEMPATÍA Y PERSPECTIVA DE LAS FORTALEZAS

Una cuestión que ha quedado clara a partir del material obtenido en las entrevistas es lo increíblemente duras que somos con nosotras mismas. En la mayoría de las ocasiones formamos parte de nuestra propia telaraña de la vergüenza. Y aunque únicamente nos limitemos a reforzar las expectativas que oímos de otras personas o de los medios, aun así estamos alimentando activamente nuestra propia vergüenza.

Si nuestra intención es desarrollar resiliencia a dicha emoción y cultivar la autenticidad, debemos aprender a transformarnos en miembros de nuestra propia red de conexión. Debemos aprender a respondernos con empatía y comprensión. Requiere mucho esfuerzo dejar de juzgar a los demás, y mucho más dejar de juzgarnos a nosotras mismas. Nuestra capacidad para ser auténticas y genuinas solo depende de nuestro nivel de autoaceptación, de nuestra sensación de debernos a nosotras mismas y de nuestra capacidad de expresar autoempatía.

Una de las formas en que podemos incrementar autoempatía y conexión con nosotras mismas es a través de la exploración y el reconocimiento de nuestras fortalezas, así como nuestros problemas y limitaciones. Muchas trabajadoras sociales lo hacemos utilizando un método llamado «perspectiva de los puntos fuertes». Según Dennis Saleebey, profesor de Trabajo Social, la perspectiva de las fortalezas nos ofrece la oportunidad de administrar nuestros problemas a la luz de nuestras capacidades, talentos, competencias, posibilidades, ambiciones, valores y esperanzas. Esta perspectiva no rechaza el dolor ni la gravedad de nuestros problemas; sin embargo, requiere que consideremos nuestras cualidades positivas como recursos potenciales. El doctor Saleebey explica: «Resulta tan desacertado negar lo posible como negar el problema».

Un método eficaz para comprender nuestras fortalezas es el análisis de la relación entre fuerzas y limitaciones. Si examinamos lo que hacemos mejor y lo que más queremos cambiar, con frecuencia descubriremos que los dos comportamientos son grados diferentes de un mismo comportamiento central. Por ejemplo, yo pienso en mis propios problemas de autenticidad. A veces, cuando me pongo muy crítica conmigo misma, cuestiono realmente mi autenticidad: me juzgo por ser demasiado política y por tener comportamientos camaleónicos. Cuando me encuentro en mi «rama laboral» soy de un color y cuando estoy en casa soy de otro. En compañía de un grupo de colegas me decanto por una tonalidad, y adopto otra completamente distinta cuando estoy con un grupo de colegas diferente. Puedo convencerme de que abarco todo el espectro entre ligeramente insincera y rotundamente cursi.

Sin embargo, al analizar esos mismos comportamientos desde la perspectiva de las fortalezas, podría replantear por completo mis experiencias. En lugar de sentirme poco auténtica y camaleónica, puedo decir honestamente que me siento cómoda con personas muy diferentes, en entornos muy distintos, y que también me encuentro muy a gusto debatiendo temas que oscilan entre la economía y el último programa de televisión. No me contradigo, si bien evito algunos temas con ciertos grupos. Por lo general me abruma reconocer los diferentes roles que desempeño y lo rápido que se supone que debo cambiar el chip; sin embargo, creo que lo hago bastante bien, así que describiría este aspecto de mí como una fortaleza.

Puedo revisar casi todos mis «fallos» o «limitaciones» y encontrar fortalezas. El propósito de hacer esto no es menospreciar las cuestiones que nos gustaría cambiar ni invalidar nuestros problemas, sino permitirnos trabajar sobre ellos desde un lugar de autoestima, empatía y conexión. Creo que una de las cosas más importantes que he aprendido en esta investigación, y uno de los mensajes clave que espero estar transmitiendo en este libro, es que *no podemos cambiar y crecer cuando estamos avergonzadas, ni podemos utilizar la vergüenza para cambiar o hacer cambiar a los demás.*

Puedo avergonzarme por ser demasiado controladora y rígida en mi trabajo, o bien reconocer que soy muy responsable, que se puede confiar en mí y que me comprometo con la calidad de lo que hago. Mis dificultades en el área laboral no desaparecen, pero desde la perspectiva de las fortalezas me siento lo bastante segura como para mirarme y evaluar las cuestiones que me gustaría cambiar. Es importante entender que la perspectiva de las fortalezas no es una herramienta que simplemente nos permite aplicar una mirada positiva sobre un problema y considerarlo solucionado, sino un recurso que nos ayuda a listar nuestras fortalezas a fin de poder utilizarlas a la hora de abordar los desafíos que nos propone la vida.

Puedo avergonzarme por estar todo el tiempo preocupada por mi hija, o bien replantear esa idea recurriendo a mis fortalezas y centrándome en que estoy intentando criar bien a Ellen y que soy una madre muy considerada, comprometida y concienzuda. Desde la autoestima me resulta más sencillo pensar que puedo ser mejor madre si compruebo si algunos de mis miedos se justifican y reconozco que estoy haciendo todo lo posible por que mi hija esté segura y feliz. Desde la vergüenza y la desconexión me resultaría muy difícil evaluar mis comportamientos, y más difícil todavía intentar cambiarlos.

Con frecuencia les pido a mis alumnas que a principio del semestre me presenten una «evaluación de fortalezas». En concreto, les indico que deben confeccionar una lista de entre diez y quince fortalezas personales. Te aseguro que no acepto frases como «soy una persona sociable» o «me llevo bien con la gente». Odian hacer este ejercicio, lo cual es irónico considerando que es algo que los trabajadores sociales con mucha frecuencia esperan que hagan sus clientes. Y por ilógico que suene, cuando les pido que identifiquen sus limitaciones o los aspectos de sí mismas que podrían cambiar para crecer, se alborotan y normalmente hacen una lista que incluye bastante más que los cinco ejemplos que les pido. Es la naturaleza humana. Nos centramos en nuestros defectos e ignoramos y subestimamos nuestras fortalezas.

Por eso es fundamental que notemos cuándo hacemos las cosas bien. Si logramos reconocer nuestras fortalezas, estas se convertirán en herramientas que nos ayudarán a alcanzar nuestros objetivos. Por ejemplo, Natalie, una de las participantes en la investigación, me contó: «No tengo problema en hablar sobre mi fe, porque creo que no existe una única respuesta correcta; no temo sonar como una estúpida. Me da igual que me juzguen; a mí solo me interesa ser sincera. Pero me quedo paralizada cuando la gente habla de política o de cuestiones públicas. Me da mucha vergüenza no saber más o no disponer de la información adecuada».

Si Natalie quiere trabajar su autenticidad para hablar de política o problemas sociales, le resultaría muy útil evaluar las fortalezas que le permiten ser auténtica en sus debates sobre la fe. ¿Qué es lo que hace para sentirse auténtica? ¿Que herramientas está utilizando para ser genuina en sus debates? ¿Por qué se encuentra a gusto hablando de fe y no de política?

Por lo que he hablado con Natalie, considero que le resultaría útil replantear su idea de que la política y las cuestiones sociales tienen solo una respuesta adecuada. También le sería muy conveniente reemplazar el objetivo de acertar siempre, disponer de información adecuada y saber más por el de ser sincera sobre lo que piensa. Al parecer, eso lo hace muy bien.

Por último, podemos identificar más fácilmente nuestras fortalezas y aumentar nuestra resiliencia adaptando las «preguntas de comprobación» con el fin de analizar las expectativas que intentan regir nuestra forma de articular y expresar nuestras creencias y valores.

- ¿Hasta qué punto son realistas estas expectativas?
- ¿Puedo ser todas estas cosas en todo momento? ¿Quiero serlo?
- ¿Pueden existir todas estas características en una persona auténtica?
- ¿Cumplir con las expectativas me convierte en una persona más o menos auténtica?
- ¿Estoy describiendo mi yo auténtico o la persona que otros quieren que yo sea?

Cuando pregunté a las participantes de qué manera determinaban quién forma parte de su red de conexión y quién de su telaraña de la vergüenza, alrededor del 80 por 100 de las mujeres dijeron algo similar a: «Si siempre puedo ser yo misma frente a alguien, entonces esa persona forma parte de mi red de conexión». Creo que la habilidad de ser «nosotras mismas» es tanto la esencia de la autenticidad como el verdadero beneficio de desarrollar resiliencia a la vergüenza.

LA TEORÍA DE LA RESILIENCIA A LA VERGÜENZA

La información de este libro se basa en la teoría de la resiliencia la vergüenza nacida de mi investigación. Me gusta mucho la definición de *teoría* que encontré en *The Fifth Discipline Fieldbook*, un libro maravilloso sobre el desarrollo de organizaciones de aprendizaje. Los autores definen la teoría como un «conjunto fundamental de proposiciones sobre cómo funciona el mundo, que ha sido sometido a diversas pruebas y en el cual confiamos. La palabra *teoría* deriva del griego *theo-rós*, que significa "espectador". El término tiene la misma raíz que la palabra *teatro*. Los seres humanos inventan teorías por las mismas razones básicas que inventaron el teatro: para llevar a un espacio público un grupo de ideas que podrían ayudarnos a entender mejor nuestro mundo».

Mi teoría sobre la vergüenza se llama Teoría de la Resiliencia a la Vergüenza, y ofrece un conjunto de proposiciones sobre la forma en que esta emoción afecta a las mujeres. Si consideramos que las escalas de la resiliencia son piezas de un rompecabezas más grande, entenderemos la conformación general de la teoría. Las principales proposiciones que explican el funcionamiento de la vergüenza son:

- La mejor definición de la vergüenza es aquella que la describe como la sensación o experiencia intensamente dolorosa de creer que somos defectuosas y, por consiguiente, indignas de ser aceptadas y de encajar. Las mujeres solemos experimentar vergüenza cuando quedamos atrapadas en una red de expectativas comunitarias y sociales estratificadas, contradictorias e incompatibles. La vergüenza produce miedo, culpa y desconexión.
- Lo contrario de experimentar vergüenza es experimentar empatía.
- La empatía requiere que practiquemos el coraje común, la compasión y la conexión.
- No podemos oponer resistencia a la vergüenza; sin embargo, podemos desarrollar resiliencia a esta emoción. La resiliencia a la vergüenza se conceptualiza mejor como un continuo, o escala, en la que la vergüenza ocupa uno de los extremos y la empatía el opuesto.
- Nuestro nivel de resiliencia a la vergüenza queda determinado por nuestra habilidad para reconocer la vergüenza y nuestros desencadenantes específicos, nuestro nivel de conciencia crítica, nuestra voluntad de abrirnos frente a los demás y nuestra capacidad para verbalizar la vergüenza. En otras palabras, nuestra posición en la escala de la resi-

liencia a la vergüenza es en realidad la suma de nuestras posiciones sobre esos otros cuatro continuos.
- Debemos evaluar nuestra resiliencia a cada una de las categorías de la vergüenza de forma independiente. Un elevado nivel de resiliencia a la vergüenza en un área no garantiza resiliencia en todas.
- Las mujeres con elevados niveles de resiliencia a la vergüenza reconocen esta emoción cuando la están experimentando, y también detectan sus desencadenantes. Comprender nuestros desencadenantes nos permite reconocer mejor la vergüenza y buscar apoyo. Cuando no conocemos nuestras vulnerabilidades, recurrimos a métodos ineficaces para protegernos del dolor que nos causa la vergüenza. Yo los denomino «cortinas de humo contra la vergüenza».
- Las mujeres que ponen en práctica la conciencia crítica demuestran niveles superiores de resiliencia a la vergüenza. La conciencia crítica nos ayuda a desmitificar, contextualizar y normalizar nuestras experiencias vergonzosas. Por el contrario, la falta de conciencia crítica puede inducirnos a reforzarlas, individualizarlas y patologizarlas.
- Las mujeres que se abren a otras personas que están experimentando vergüenza demuestran niveles superiores de resiliencia a esta emoción. Abrirnos nos permite compartir nuestras historias y provocar un cambio. Cuando no nos abrimos a los demás, solemos comenzar a separarnos y a aislarnos del resto de la gente.
- Las mujeres que verbalizan la vergüenza demuestran niveles superiores de resiliencia. Verbalizar la vergüenza nos ofrece las herramientas que necesitamos para expresar cómo nos sentimos y pedir lo que necesitamos. Cuando no verbalizamos la vergüenza, solemos empezar a cerrarnos o a actuar de forma incorrecta.

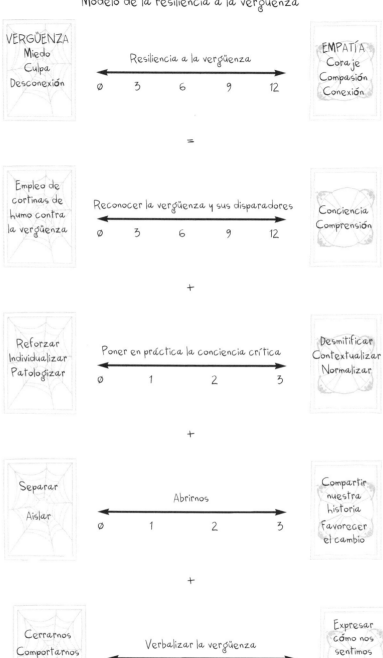

DIEZ

CREAR UNA CULTURA DE CONEXIÓN

EN ABRIL DE 2006 ASISTÍ a una cena de entrega de premios organizada por la Fundación Mayoría Feminista. La celebración era en honor de cuatro mujeres que habían ganado el prestigioso premio Nobel de la Paz: Shirin Ebadi (Irán, 2004), Rigoberta Menchú Tum (Guatemala, 1992), Betty Williams (Irlanda, 1975) y Jody Williams (Estados Unidos, 1997). Al final de la noche, Mavis Leno, activista por los derechos de las mujeres, subió al escenario para cerrar el evento. Miró a la entusiasta audiencia y exclamó: «Entre todas podemos marcar la diferencia». Yo respiré hondo y esperé a oír lo que vendría a continuación.

A menos que quieras sonar como la pegatina de un coche, ¿cómo puedes motivar a la gente a cambiar el mundo en una o dos frases? ¿Cómo ayudarles a creer que realmente es posible cambiar sin abrumarles con la responsabilidad ni ir de lista soltándoles clichés? Prácticamente ninguna de nosotras hemos dedicado nuestra vida a la paz mundial; no estamos convencidas de tener lo que hay que tener para cambiar el mundo. De hecho, a veces el simple acto de vaciar el lavavajillas consume toda nuestra energía.

Bueno, pues tengo que decir que aquella noche en particular me emocioné. Mavis Leno lo clavó. Miró a la audiencia y simplemente dijo: «Si queréis marcar la diferencia, la próxima vez que veáis que alguien actúa con crueldad frente a otro ser humano, tomáoslo como algo personal. ¡Tomáoslo como algo personal porque *es* personal!». Fue la llamada al cambio más inspiradora que he oído jamás.

Todos sabemos cómo tomarnos las cosas a título personal. De hecho, cuando somos testigos de alguna crueldad, nos lo tomamos de ese modo, porque es lo que dicta nuestra naturaleza humana. Si elegimos no involucrarnos o simulamos que no está pasando, vamos en contra del mismísimo sentido de conexión que nos hace humanos.

Si queremos transformar nuestra cultura de la vergüenza en una cultura de conexión, debemos tomarnos *a título personal* lo que vemos, oímos, presenciamos y hacemos. Avergonzar a otra persona es cruel. Si nuestros hijos están viendo *realities* televisivos que recurren a la vergüenza y la degradación como una forma de entretenimiento, debemos apagar el televisor y explicarles por qué. Si alguien recurre a estereotipos hirientes y peyorativos, tenemos que encontrar el coraje para explicar por qué no nos sentimos a gusto con esa conversación. Si alguien comparte con nosotros una experiencia vergonzosa, debemos elegir practicar la compasión, es decir, esforzarnos por oír lo que está diciendo y conectar con lo que está sintiendo.

Tomarnos las cosas a título personal significa cambiar la cultura reconociendo nuestras experiencias y asumiendo la responsabilidad que nos corresponde tanto a nosotras como a los demás. Lo más habitual es que cuando sentimos vergüenza nos quedemos calladas. Pero si nos armamos de valor para contar nuestra historia, por lo general nos tachan de «demasiado sensibles» o nos dicen que nos lo estamos tomando «demasiado a pecho». Yo jamás he entendido eso. ¿Es que acaso deberíamos ser insensibles y desapegadas? La cultura de la vergüenza se alimenta de la insensibilidad y del desapego.

Caroline ejemplifica a la perfección el poder de tomarse las cosas a título personal. En la introducción incluí parte de su historia:

> Un día, mientras conducía por mi barrio, me detuve en un semáforo junto a un coche en el que viajaban varios chicos jóvenes que me miraban y sonreían. Yo les devolví la sonrisa e incluso me sonrojé un poco. Entonces, inesperadamente, mi hija de quince años, que iba en el asiento de atrás con su mejor amiga, me soltó: «Eh, mamá, deja de mirarles. ¿Qué te crees, que están intentando ligar contigo? ¡Sé realista!». Me costó contener las lágrimas. ¿Cómo podía haber sido tan estúpida, con la edad que tengo?

Caroline tenía poco más de cincuenta años cuando nos conocimos en 2003. Me contó esta historia en 2005, cuando la entrevisté por segunda vez, y me explicó que la forma en que resolvió ese momento vergonzoso fue para ella un punto de inflexión en su vida. Esta es la historia de Caroline, una muestra de coraje común y resiliencia.

> No es esta experiencia lo que cambió mi forma de verme a mí misma, sino la manera en que la gestioné frente a mi hija. En lugar de gritarle o enfurruñarme, decidí aplicar lo que sabía sobre la resiliencia. Dejé a las chicas, volví a casa y llamé a mi vecina. Somos amigas desde hace mucho tiempo. Le conté lo sucedido y lo avergonzada que me sentía. Le aclaré que sentía vergüenza por haber sonreído a aquellos jovencitos y por la manera en que mi hija me había tratado delante de su amiga. Y cuando me preguntó por qué me avergonzaba de haber sonreído a los chicos, le respondí que había pensado, por una milésima de segundo, que me habían sonreído a mí. Le expliqué que a veces me olvido de que soy

mayor y que ya nadie flirtea conmigo. Ella entendió mi vergüenza, pero no intentó hacerme sentir mejor: simplemente me escuchó. Por último dijo: «Duele cuando no nos ven...: los chicos del coche, nuestros hijos... ¡Es que dejan de vernos!». Me entendió.

Mi marido pasó a recoger a mi hija a casa de su amiga y a mi otra hija a su entrenamiento de softball. Cuando los tres llegaron a casa yo estaba en mi cuarto. Salí de inmediato y le pregunté a mi hija si podíamos hablar un momento. Y su respuesta fue: «Ay, Dios, ¿estás menopáusica otra vez?». El resto de la familia rio. Esta vez, en lugar de reírme con ellos o simular que no me importaba, dije: «No. Hoy me has hecho mucho daño y tenemos que hablar de ese tema». Al oír mi tono, mi esposo y mi hija menor salieron volando.

Me senté con mi hija y le expliqué lo avergonzada que me había sentido frente a su comentario, y también le di las razones. Incluso le expliqué lo duro que había sido aquello para mí como mujer; no como madre, sino como mujer. Le dije que entendía que fuese muy importante para ella ser «guay» y tener amigas como ella, pero que, sin embargo, era absolutamente inaceptable que hiriera a otra persona para conseguirlo.

Durante todo el rato que duró mi discurso, ella se lo pasó gesticulando y girando los ojos hacia arriba, en señal de fastidio. Al final me le acerqué, le cogí las dos manos y dije: «Lo que dijiste en el coche me hizo sentir muy avergonzada y herida. Te lo cuento porque sé que me quieres y que nuestra relación es importante para ti. También te lo cuento para que sepas que no deberías permitir que otras personas te avergüencen o te menosprecien para parecer «guays» o populares. No te permitiré que me lo hagas a mí y espero que tú no permitas que nadie te lo haga a ti».

Mientras Caroline me contaba su historia, yo esperaba impaciente oírle relatar la sentida disculpa de la chica y el tierno abrazo entre madre e hija. Pero, por supuesto, nada de eso pasó. La jovencita respondió con un estridente: «Dios mío, ¿puedo marcharme ya, por favor?», y Caroline le dijo que sí, pero que antes debía disculparse. La chica así lo hizo, se marchó a su habitación, cerró la puerta y encendió la radio. Nunca sabremos qué impacto tuvo esta conversación en la adolescente; sin embargo, a partir de mi experiencia profesional y personal, creo que este tipo de charlas pueden cambiar la vida de la gente.

Caroline se tomó aquel incidente como algo personal, y si, como ella, todos los padres respetaran sus propias convicciones y hablaran con sus hijos sobre ellas, empezaríamos a percibir un cambio en nuestra cultura. A su vez, si los niños que oyen estas charlas esperaran más de sí mismos y de sus amigos, seríamos testigos de un cambio cultural. No es necesario que se produzcan acontecimientos trascendentales: simplemente basta con involucrar a una masa crítica. Si bastantes de nosotros introdujésemos pequeños cambios en nuestra vida, todos veríamos grandes transformaciones.

Para crear un verdadero cambio cultural, creo que resulta igualmente importante entender de qué manera la vergüenza afecta a los hombres y a los niños. Me parece bastante lógico, sin embargo, que la resiliencia a la vergüenza empiece por las mujeres, porque con frecuencia somos las principales cuidadoras de nuestros hijos y existen muchas más probabilidades de que nos convirtamos en agentes de cambio psicológico y cultural para nuestras familias.

La resiliencia puede empezar por nosotras, pero no puede quedarse ahí. Tenemos que entender cómo y por qué luchan los hombres contra la vergüenza y de qué manera desarrollan resiliencia. Necesitamos comprender de qué forma podemos apoyar a nuestra pareja, nuestros hijos, nuestros padres, nuestros hermanos, nuestros amigos y nuestros colegas, y además conectar con ellos. Pero también tenemos que entender más sobre la vergüenza y los niños, puesto que, en una amplia mayoría de los casos, nuestros problemas actuales con la vergüenza provienen de las experiencias que vivimos con nuestros padres y maestros. De hecho, el 80 por 100 de las personas a las que entrevisté recordaban algún incidente vergonzoso específico de la escuela primaria o secundaria que les había hecho cambiar su manera de verse como alumnos.

En las próximas dos secciones explicaré a grandes rasgos mi nueva investigación sobre los hombres y la vergüenza, y mi estudio sobre el desarrollo de esta emoción tanto en el ámbito de la paternidad como en las aulas. Son indagaciones que estoy llevando a cabo ahora mismo, pero lo que he aprendido hasta el momento deja a las claras lo estrechamente conectados que estamos todos.

LOS HOMBRES Y LA VERGÜENZA

Mi decisión inicial de estudiar solo a las mujeres se basó en la literatura académica actual sobre la vergüenza. Muchos investigadores consideran que las experiencias de vergüenza de hombres y mujeres son diferentes, y dado que mi intención era llevar a cabo un estudio en profundidad sobre la resiliencia, elegí centrarme únicamente en las mujeres. Me preocupaba que al combinar datos de hombres y mujeres pudiese pasar por alto algunos matices importantes de sus respectivas experiencias. De todas formas, al principio de mi estudio sí que entrevisté a algunos jóvenes, y compartiré contigo esa experiencia porque me resultó sumamente profunda.

Hace varios años, cuando las categorías de la vergüenza (el aspecto físico y la imagen corporal, la maternidad, la familia, la crianza de los hijos, el dinero y el trabajo, la salud mental y física, la adicción, el sexo, el envejecimiento, la religión, los estereotipos y las «etiquetas», la expresión de las propias opiniones y la capacidad de superar acontecimientos traumáticos) empezaron a vislumbrarse a partir de la investigación, entrevisté a grupos de adolescentes menores de veinte años para descubrir cómo encajaban dichas categorías en ese grupo de edad en concreto. Mi intención era entrevistar solamente a jovencitas. Pero los clínicos que llevaban los grupos me organizaron reuniones con varios grupos de chicos.

Yo nunca había trabajado con adolescentes mayores de sexo masculino y estaba un poco nerviosa. Recuerdo que escribí las categorías en una pizarra, me senté, miré al grupo de jovencitos y pensé: «No van a decir nada».

Pero de todas formas empecé con una pregunta sobre el aspecto físico:

—Muy bien, chicos, ¿qué podéis decirme sobre vuestra apariencia? ¿Existen algunas expectativas sobre el aspecto que supuestamente deberíais tener?

Se miraron entre sí y uno de ellos dijo:

—Sí, señorita. Tengo que tener pinta de poder patearle el culo a alguien.

El resto de los chicos rio y asintió.

Yo continué:

—Muy bien. ¿Y sobre la salud?

De nuevo se echaron a reír, y otro chico dijo:

—Sí, señorita, es lo mismo. No puedes estar tan enfermo como para no poder patearle el culo alguien.

Muchos de estos jovencitos ya eran padres, así que pensé saltarme las preguntas fáciles y entrar en temas más complejos, como la paternidad.

—Vale, habladme ahora sobre la paternidad. —Y volvieron a reír, pero un poco menos en este caso.

Uno de los chicos dijo:

—Mire. Si habla de mi bebé o de la madre de mi bebé le patearé el culo.

Claro, como buena investigadora que soy, empecé a percibir que esas palabras encerraban un tema interesante. Cuanto más hablábamos, más evidente resultaba que aquellos jóvenes iban en serio; no importaba qué hicieran o qué aspecto tuvieran, siempre que mantuviesen la imagen de ser capaces de patearle el culo a otro. Tomé algunas notas sobre «patear el culo» y las archivé. Solo me di cuenta de lo sinceros, agudos y veraces que habían sido estos chicos cuando comencé a entrevistar a hombres el año pasado. En su propio lenguaje, me contaron casi todo lo que yo necesitaba saber.

UN EXTRAÑO, UN PENE Y UNA FEMINISTA

En 2005, tres incidentes separados me convencieron de que tenía que dedicar más tiempo a estudiar la vergüenza en los hombres: un extraño, un pene y una feminista.

Empezaremos por el extraño. Era un hombre alto y delgado que tendría poco más de sesenta años y asistía a una de mis conferencias con su esposa. Una vez terminada mi exposición, el hombre siguió a su mujer, que quería hablar conmigo, hacia la parte delantera de la sala. Se quedó a un lado mientras ambas conversábamos unos minutos, y cuando ya su esposa se estaba alejando, él se le acercó y le dijo: «Enseguida vuelvo, dame un minuto». La mujer pareció preocupada; creo que no le gustaba la idea de que su esposo se quedara a hablar conmigo. Al final empezó caminar hacia el otro extremo de la sala y él se giró hacia mí.

—Me gusta lo que dices sobre la vergüenza. Es interesante —me dijo.

Le agradecí y esperé: sospechaba que quería decirme algo más. Y así fue:

—Tengo curiosidad. ¿Qué pasa con los hombres y la vergüenza? ¿Qué has aprendido sobre nosotros?

Sentí un alivio instantáneo. No iba a llevarme mucho tiempo, porque en realidad yo no sabía mucho, así que le expliqué:

—No he entrevistado a muchos hombres, solo a mujeres.

Entonces él asintió y dijo:

—Muy bien. Es conveniente.

Sentí curiosidad por aquel comentario. Sonriendo le pregunté:

—¿Por qué conveniente?

Y a modo de respuesta me preguntó si de verdad quería saberlo. Le respondí que sí, y era cierto.

Se le llenaron los ojos de lágrimas.

—Nosotros sentimos vergüenza. Vergüenza profunda. Pero cuando nos abrimos frente a otra persona y contamos nuestras historias, nos arrebatan toda esa mierda de la emotividad.

Luché por mantener el contacto visual con él. Yo también tenía ganas de llorar. Y continuó:

—Y no solo los otros tíos; por supuesto, ellos rechazan cualquier muestra de sensibilidad. También lo hacen las mujeres. Decís que queréis que seamos vulnerables y reales, pero, ¡venga!, no podéis soportarlo. Os da asco vernos así.

A estas alturas yo ya no pude contener las lágrimas; fue una reacción sumamente visceral a lo que aquel hombre me estaba contando. Suspiró largamente y con la misma velocidad con que había comenzado me dijo:

—Eso es todo lo que quería decir. Gracias por escucharme —y se alejó.

Estaba todavía procesando esa conversación cuando, unos días más tarde, me encontraba tumbada sobre una camilla mientras una mujer deslizaba un pequeño receptor de un lado a otro de mi enorme tripa de embarazada. Dirigiéndose a Ellen, le preguntó:

—¿Qué quieres: un hermano o una hermana?

Y Ellen gritó:
—Un hermano. ¡Quiero un hermano!
La mujer entonces sonrió y dijo:
—Pues es tu día de suerte: mamá va a tener un niño.
Sonreí a Ellen y me puse la mano sobre el vientre.
—¿Está segura? —pregunté. Y sin dejar de sonreír, ella me respondió—: ¡Le veo el pene!
Por dentro, yo gritaba: «¡Un niño! ¡No! ¡Un niño, no! A ellos les arrebatan toda esa mierda de la emotividad ¿Cómo lo protegeré? No sé nada del mundo de los chicos».

Ahora avancemos rápidamente hasta unas semanas después del nacimiento de Charlie, mi hermoso bebé. Los dos estábamos comiendo con algunas de mis amigas feministas favoritas cuando empezamos a hablar de los retos de educar a varones. Mientras todas mirábamos a Charlie y se nos caía la baba, mi amiga Debbie Okrina, trabajadora social y activista contra la violencia doméstica, dijo: «Mirad, si no ayudamos a los chicos y a los hombres, tampoco estaremos ayudando a las chicas ni a las mujeres. Tenemos que hacer más». Su frase dio pie a una larga e importante conversación sobre género y masculinidad. Y esa conversación me ayudó a poner palabras a mi fuerte convicción de que el feminismo no tiene que ver solo con la igualdad para las mujeres, sino también con la lucha por liberar tanto a los hombres como a las mujeres de la camisa de fuerza del género. En otras palabras, a menos que a los hombres y a las mujeres se nos permita *ser quienes somos* en lugar de *quienes supuestamente debemos ser*, nos resultará imposible conseguir la libertad y la igualdad que buscamos.

Un extraño, un pene y una feminista: quizá suene como el inicio de un chiste malo, pero estos tres factores cambiaron mi mentalidad y mi vida. A la semana siguiente comencé a leer libros relacionados con esta temática y a concertar entrevistas. Fue abrumador. En cierto sentido, creo que mi resistencia se basaba en una percepción intuitiva de que acabaría en un mundo nuevo y extraño: un mundo de dolor.

DESCRIBIR LA VERGÜENZA

Antes de empezar con las entrevistas, ya había presentado mi teoría a miles de profesionales y profanos para que me ofrecieran ayuda. Con el paso de los años he contactado por correo electrónico y he hablado de mi trabajo con muchos hombres, algunos de los cuales eran completos extraños, y otros, amigos y colegas. Casi todos me decían algo así: «Tu trabajo está bien, pero hay algo diferente en nuestras experiencias. Nuestro mundo es distinto. Las expectativas son distintas».

Como investigadora, la gran pregunta para mí era la siguiente: ¿la teoría de la resiliencia a la vergüenza es aplicable a los hombres? Si entrevistara a varios hombres y les preguntara sobre sus experiencias con la vergüenza y las diversas estrategias que utilizan para combatirla, ¿descubriría que, al igual que las mujeres, ellos también sienten miedo, culpa y desconexión cuando se avergüenzan? O, puesto que las expectativas que originan la vergüenza tanto en los hombres como en las mujeres son muy específicas de cada género, ¿necesitaría desarrollar una teoría completamente nueva, un planteamiento dirigido especialmente al colectivo masculino?

La conclusion a la que he llegado a partir de mi investigación es esta: cuando experimentamos vergüenza, respondemos a ella con todo nuestro ser. Afecta a nuestra forma de sentir, pensar y actuar; y, con frecuencia, nos produce una fuerte respuesta física. En otras palabras, la vergüenza es una emoción fundamental que ataca nuestro centro y se irradia hacia cada una de las partes que nos conforman. Si bien existen, desde luego, diferencias significativas entre las experiencias masculinas y femeninas, en lo más profundo de nosotros, en nuestro núcleo, somos muy similares. Como expliqué en la introducción, hemos nacido para establecer conexión. Todos nosotros, hombres y mujeres por igual, tenemos la necesidad básica de sentirnos aceptados y de creer que pertenecemos a un cierto grupo y que los demás nos valoran. La definición que desarrollé a partir de mis entrevistas con las mujeres encaja igualmente bien con los hombres. Como nosotras, ellos experimentan también la vergüenza como *un sentimiento o experiencia intensamente dolorosa que les lleva a creer que tienen algún defecto y que, por consiguiente, son indignos de ser aceptados y de integrarse*. Y, al igual que les sucede a las mujeres, la vergüenza provoca que los hombres se sientan abrumados por el miedo, la culpa y la desconexión. De hecho, si analizas el modelo de la resiliencia a la vergüenza (página 377), todo encaja. Después de entrevistar a 51 hombres, tengo la certeza de que sus experiencias de vergüenza y las estrategias que emplean para desarrollar resiliencia a esta emoción repiten fundamentalmente el mismo proceso básico que experimentamos las mujeres.

Pero existen tremendas diferencias en lo relativo a las expectativas de carácter social y comunitario que desencadenan la vergüenza, y también en los mensajes que refuerzan dichas expectativas. Para los hombres, las expectativas y los mensajes se centran en la masculinidad y en lo que significa «ser un hombre». En otras palabras, el «*cómo* experimentamos la vergüenza» puede ser igual, pero el «*por qué* sentimos vergüenza» difiere sustancialmente.

En el capítulo 2 presenté el concepto de la telaraña de la vergüenza y expliqué que las mujeres, en la mayoría de los casos, experimentamos la vergüenza como una red de expectativas de carácter social y comunitario estratificadas, contradictorias e incompatibles que dictan quiénes, qué y cómo deberíamos ser.

Cuando hablé con los hombres, por el contrario, no oí mencionar expectativas de carácter social y comunitario estratificadas, contradictorias e incompatibles. La expectativa que recaía sobre ellos —una sola, clara y simple— podría resumirse de la siguiente forma: **no permitas que nadie vea nada que pueda ser interpretado como un signo de debilidad.**

- ¿Quiénes deberían ser los hombres? Quienes quieran ser, siempre que no les haga parecer débiles.
- ¿Qué deberían ser los hombres? Lo que quieran ser, siempre que no les haga parecer débiles.
- ¿Cómo deberían ser los hombres? De la manera que quieran ser, siempre que no les haga parecer débiles.

Y para comprender mejor qué constituye la debilidad, podemos empezar por estudiar las definiciones de vergüenza que oí de boca de algunos de los hombres que entrevisté:

- «La vergüenza es el fracaso. En el trabajo. En el campo de fútbol. En tu matrimonio. En la cama. Con el dinero. Con tus hijos. Da igual: la vergüenza es el fracaso.»
- «La vergüenza es equivocarte. No hacer las cosas mal, sino estar equivocado.»
- «La vergüenza es la sensación de ser defectuoso.»
- «La vergüenza surge cuando la gente cree que eres blando. Resulta degradante y vergonzoso que no te consideren un tipo duro.»
- «Revelar cualquier debilidad es vergonzoso. Básicamente, la vergüenza es la debilidad.»
- «Mostrar miedo es vergonzoso. No puedes demostrar que tienes miedo. No puedes tener miedo. Pase lo que pase.»
- «La vergüenza es ser considerado "el tío al que se la puedes meter contra las taquillas".»

- «Nuestro peor miedo es ser criticados o ridiculizados; cualquiera de las dos alternativas nos resulta extremadamente vergonzosa.»

Es una simplificación exagerada, pero si te remites a mi historia de los adolescentes y su insistencia en la cuestión de «patearle el culo a alguien» para evitar la vergüenza, verás que ambas posturas se acercan mucho.

Los hombres están sometidos a una tremenda presión por parecer fuertes, duros, estoicos, poderosos, triunfadores, audaces, dueños del control y capaces. Estas son las expectativas de carácter social y comunitario que forman sus valiosas identidades. Si bien las mujeres tienen la imposible tarea de equilibrar, negociar y pasar por alto las expectativas que resultan inalcanzables y con mucha frecuencia contradictorias, los hombres quedan sofocados bajo la tremenda presión de parecer siempre «fuertes, audaces y poderosos», lo cual resulta igualmente inalcanzable.

La metáfora que utilizo para explicar el fenómeno en las mujeres es la telaraña de la vergüenza. En el caso de los hombres, lo veo algo diferente. Mientras los hombres describían sus experiencias vergonzosas, comencé a visualizar una caja muy pequeña. Una caja sellada y llena de expectativas relacionadas con parecer siempre duros, fuertes, poderosos, triunfadores, audaces, dueños del control y capaces.

Como tengo un hijo de un año, ya he aprendido, y en algunas ocasiones he visto, que a los niños los colocamos en estas cajas diminutas y estrechas desde muy temprana edad: básicamente, desde su nacimiento. Y los mantenemos atrapados a base de recompensar, reforzar y castigar. Recompensamos su voluntad de permanecer en la caja celebrando su «dureza», y reforzamos y castigamos al calificar cualquier demostración de vulnerabilidad o de emoción (en especial miedo, angustia y tristeza) como una debilidad. Al principio, cuando los niños son pequeños, disponen de algo de sitio para moverse dentro de la caja; a esas edades sus padres, los otros niños y la sociedad en general están más dispuestos a tolerar la vulnerabilidad y la emoción.

Sin embargo, a medida que crecen en edad y tamaño, la caja cada vez les queda más pequeña. Y los demás sofocamos sus intentos de escapar avergonzándolos por ser débiles, blandos, temerosos, inadecuados, impotentes e incapaces. A tenor de las historias de los participantes, quienes más hieren a los niños y los adultos que se alejan de las normas de la masculinidad son sus propios padres y los demás hombres. Desde luego, las mujeres —las madres, las hermanas, las compañeras, las novias, las hijas— también los avergonzamos en lo que se refiere a su masculinidad y poder; pero, según las entrevistas, parecemos actuar más como una especie de «refuerzo». Sin embargo, los hombres —en especial los padres, los hermanos, los demás compañeros y los instructores— tienden más a castigar.

La historia de Paul es un claro ejemplo de la manera en que la vergüenza y el miedo a la vergüenza son utilizados para recompensar, reforzar y castigar a los hombres. Tanto Paul como su hermano pequeño crecieron jugando al béisbol de competición; incluso siguieron jugando en la universidad. Paul me dijo que recuerda que su padre le decía cosas como «No seas cobarde» y «Tienes que ser un tipo duro» ya en primero o segundo de primaria. En opinión de Paul, su vida de niño había sido un 50 por 100 «estresante» y otro 50 por 100 «sorprendente». El estrés se debía a la constante presión de tener éxito en todo lo que hacía. Aunque también me contó: «Yo siempre fui muy popular y tenía un montón de novias», y recibía un trato especial por parte de los profesores y los administrativos de su colegio debido a sus habilidades atléticas y a su popularidad.

Al terminar su carrera universitaria, Paul empezó a trabajar para una empresa informática de un amigo suyo y se casó con Meg, una joven con la que había salido en la universidad. Cuando llevaba un año de casado, la empresa en la que trabajaba cerró. Su sueldo hasta entonces había sido tan elevado que le costaba mucho encontrar algo medianamente comparable, así que, al ver que pasaba el tiempo, después de dos meses de búsqueda infructuosa, le dijo su mujer que iba a aceptar un trabajo como vendedor y que su salario sería aproximadamente la mitad del que había tenido hasta entonces. Le sugirió también que vendieran sus coches para comprar otros modelos más económicos y que redujeran un poco sus compras. Y esto fue lo que sucedió: «Meg no lo entendió. Dijo que era completamente injusto para ella tener que renunciar a su estilo de vida porque yo no pudiese encontrar un trabajo. E insistió con este tema hasta que finalmente me preguntó: "¿No te da vergüenza no poder mantenerme?"».

Paul quedó destrozado; por un lado se sentía tremendamente avergonzado por no ser capaz de ganar suficiente dinero y, por otro, profundamente herido por la falta de interés en él que demostraba Meg. Sin saber muy bien qué hacer, pidió consejo a su padre y en mitad de la historia comenzó a llorar un poco. Me dijo que era la primera vez que recordaba haber llorado frente a su padre.

Después de escucharle hablar, el padre de Paul le dijo que tenía que «poner los puntos sobre las íes a Meg» y «enfrentarte a los de tu trabajo para que te paguen un sueldo mejor». Cuando Paul le preguntó a qué se refería, su padre le respondió: «No seas tan débil; no tienes por qué soportar toda esa mierda. Meg no quiere estar casada con alguien que le permita hablar de esa manera. Eres un gran perdedor por permitirle hacer lo que ha hecho. Y esos tíos de tu trabajo quieren a alguien con pelotas que se atreva a exigirles un sueldo mejor. ¿Pero qué te pasa que no lo entiendes?».

Paul describió los dos días en los que tuvieron lugar estas conversaciones con su mujer y su padre como «el principio del fin», y me contó que a partir de entonces entró en lo que él llama un «punto oscuro». Comenzó a salir con amigos y a beber casi todas las noches, y finalmente Meg y él se divorciaron. También sus padres se separaron después de veinticinco años de matrimonio. La buena noticia es que, en la época en que tuvo lugar nuestra entrevista, la madre de Paul y su hermano habían comenzado a visitarle con más frecuencia y los tres estaban intentando construir una relación nueva y más fuerte. Paul reconoció que su afición a la bebida se le estaba «yendo de las manos» y que había decidido «ir un poco más despacio».

En la historia de este hombre se detectan tres factores: primero, que su masculinidad —sus cualidades atléticas, sus triunfos y su rudeza— había sido *recompensada* siempre. Era popular, había salido con muchas chicas guapas, había gozado de privilegios especiales en el colegio y un antiguo compañero de estudios le había ofrecido un trabajo con un sueldo extremadamente alto. Segundo, que al ridiculizarlo por sus problemas laborales y su bajo salario, Meg había *reforzado* las expectativas sociales y comunitarias del hombre como encargado del sustento familiar. Y, por último, que el comportamiento de su padre demuestra que los insultos y la vergüenza suelen ser utilizados para *castigar* a quienes no cumplen las expectativas «de masculinidad» impuestas por la sociedad y la comunidad.

Tengo pensado continuar entrevistando a hombres, posiblemente con la ayuda de un investigador, porque a mi entender es necesario que hombres y mujeres mantengamos conversaciones serias sobre la vergüenza y la vulnerabilidad. Sin lugar a dudas, los hombres han sido educados por la sociedad para ocultar sus vulnerabilidades y miedos, pero al parecer las mujeres desempeñamos un importante papel en dicha socialización. Un hombre me dijo: «Las mujeres preferirían vernos morir sobre un caballo blanco a ser obligadas a vernos caer de la montura». Creo que esta frase capta a la perfección lo que oí en las entrevistas, tanto con hombres como con mujeres. Sin embargo, no creo que sea lo que en verdad deseamos.

Cuando los hombres y las mujeres nos avergonzamos mutuamente y reforzamos expectativas de género inalcanzables, matamos la intimidad. Si no podemos ser auténticos, tampoco podemos conectar de un modo significativo. Nuestras relaciones pasan de la compasión y la conexión al miedo, la culpa y la desconexión. Y no creo que queramos eso, ni para nosotros mismos ni para nuestros hijos.

VERGÜENZA, PATERNIDAD Y EDUCACIÓN

La vergüenza empieza en casa. Por fortuna, lo mismo sucede con la resiliencia a esta emoción. Como padres, tenemos la oportunidad de criar hijos valientes, compasivos y conectados; si lo deseamos, podemos aprender cuáles son las herramientas que necesitamos para educarlos sin recurrir a la vergüenza, e incluso enseñarles aptitudes de empatía. Pero, como te imaginarás, antes de poder enseñar o demostrar tales aptitudes, tenemos que comprender el papel que desempeña la vergüenza en nuestra vida y practicar la resiliencia en nuestras relaciones.

La paternidad es un campo minado de vergüenza. No solo basamos nuestra valía personal en la opinión que merecemos como padres, sino que, en gran medida, la cuantificamos según la imagen que proyectan nuestros hijos. Tenemos que luchar contra nuestra propia lista de identidades indeseadas y, además, contra una lista completamente nueva asignada a nuestros hijos. No queremos que nos consideren malos padres ni queremos que nuestros hijos sean considerados malos niños. Desarrollar resiliencia a la vergüenza se vuelve entonces doblemente difícil, pero bien merece la pena intentarlo.

Lo fundamental es que tengamos en claro que, una vez que comenzamos a practicar el coraje, la compasión y la conexión como padres, podemos empezar a ayudar a nuestros hijos a surcar sus mundos cada vez más complejos. Posiblemente no seamos capaces de controlar lo que sucede en sus escuelas ni en sus grupos de amigos, pero al enseñarles a ser resilientes a la vergüenza les ayudaremos a reconocer esta emoción, a superarla de forma constructiva y a crecer a partir de sus experiencias.

Debemos entender que los padres también tenemos el poder de enseñar y demostrar a nuestros hijos lo que es el miedo, la culpa y la desconexión. A veces ellos lo aprenden porque nosotros cometemos el error de utilizar la vergüenza para educarlos y, en lugar de centrarnos en sus comportamientos, atacamos su forma de ser o los menospreciamos, los amenazamos con la desconexión o los ridiculizamos frente a otros.

En otros casos, aunque no los estemos avergonzando, nuestros hijos de todas maneras experimentan el miedo, la culpa y la desconexión simplemente porque no les hemos enseñado a ser resilientes a la vergüenza. En otras palabras, si bien no los avergonzamos, los dejamos muy expuestos a la vergüenza que pueden provocarle sus profesores, instructores y compañeros.

No estoy acusando a los profesores y a los instructores; como el resto de nosotros, todos hacen lo que está en su mano con la información de la que disponen. Yo soy docente y estoy orgullosa de decir que mis dos hermanas son maestras de primaria. Pero es cierto que los profesores y los instructores están palpando la cultura de la vergüenza en sus propias profesiones. Además de sufrir las consecuencias de los recortes en los gastos de educación y tener clases abarrotadas de estudiantes, los profesores se encuentran sometidos a la tremenda presión de tener que elevar las calificaciones del alumnado. Los instructores que exigen mucho son criticados, y los padres que quieren que sus hijos sean «ganadores» hostigan a los entrenadores que resaltan la importancia de la diversión y de la salud por encima del triunfo. A medida que continúe entrevistando a padres, maestros, instructores y expertos en desarrollo infantil, espero aprender más sobre lo que podemos hacer para cambiar nuestra forma de educar a nuestros hijos y construir para ellos una cultura de conexión mucho más sólida.

También considero importante que este libro finalice donde empezó: en la conexión. Todos hemos sido creados para conectarnos; forma parte de nuestra biología. De niños, nuestra necesidad de conexión está estrechamente vinculada a la supervivencia. A medida que crecemos, la conexión significa desarrollo emocional, físico, espiritual e intelectual. La conexión es esencial porque todos tenemos la necesidad básica de sentirnos aceptados y de saber que pertenecemos a un grupo y que nos valoran por lo que somos. Si bien podría parecer excesivamente optimista que podamos crear una cultura de la conexión simplemente tomando decisiones diferentes, yo creo que sí es posible. El cambio no necesita héroes. El cambio empieza cuando practicamos el coraje común y corriente.

Recomendaciones, recursos y referencias

Encontrarás la lista completa de libros recomendados y recursos que aparecen en este libro en www.brenebrown.com.

REFERENCIAS

UNO

23 «[…] un número cada vez mayor de investigadores y médicos se dedican a estudiar la vergüenza y el papel que esta desempeña en una amplia gama de cuestiones relacionadas con la salud mental y pública […].»

Los siguientes artículos/libros exploran la relación entre la vergüenza y otras cuestiones:
Balcom, D.; Lee, R., y Tager, J. (1995). «The systematic treatment of shame in couples.» *Journal of Marital and Family Therapy, 21*, 55-65.

Dearing, R.; Stuewig, J., y Tangney, J. (2005). «On the importance of distinguishing shame from guilt: Relations to problematic alcohol and drug use.» *Addictive Behaviors, 30*, 1392-1404.
Ferguson, T. J.; Eyre, H. L., y Ashbaker, M. (2000). «Unwanted identities: A key variable in shame-anger links and gender differences in shame.» *Sex Roles, 42*, 133-157.

Hartling, L.; Rosen, W., Walker; M., y Jordan, J. (2000). *Shame and humiliation: From isolation to relational transformation* (Trabajo en preparación). Wellesley, Massachusetts: The Stone Center, Wellesley College.

Jordan, J. (1989). *Relational development: Therapeutic implications of empathy and shame* (Trabajo en preparación). Wellesley, Massachusetts: The Stone Center, Wellesley College.

Lester, D. (1997). «The role of shame in suicide.» *Suicide and Life-Threatening Behavior, 27,* 352-361.

Lewis, H. B. (1971). *Shame and guilt in neurosis.* Nueva York: International Universities Press.

Mason, M. (1991). «Women and shame: Kin and culture.» En C. Bepko (ed.), *Feminism and addiction* (pp. 175-194). Binghamton, Nueva York: Haworth.

Nathanson, D. (1997). «Affect theory and the compass of shame.» En M. Lansky y A. Morrison (eds.), *The widening scope of shame.* Hillsdale, Nueva Jersey: Analytic.

Sabatino, C. (1999). «Men facing their vulnerabilities: Group processes for men who have sexually offended.» *Journal of Men's Studies, 8,* 83-90.

Scheff, T. (2000). «Shame and the social bond: A sociological theory.» *Sociological Theory, 18,* 84-99.

—— (2003). «Shame in self and society.» *Symbolic Interaction, 26,* 239-262.

Talbot, N. (1995). «Unearthing shame is the supervisory

experience.» *American Journal of Psychotherapy, 49,* 338-349.

Tangney, J. P. (1992). «Situational determinants of shame and guilt in young adulthood.» *Personality and Social Psychology Bulletin, 18,* 199-206.

Tangney, J. P., y Dearing, R. (2002). *Shame and guilt.* Nueva York: Guilford.

29 «No sé dónde apareció por primera vez el término *coraje común,* pero yo lo descubrí en un artículo sobre mujeres y niñas escrito por la investigadora Annie Rogers.»

Rogers, A. G. (1993). «Voice, play, and a practice of ordinary courage in girls' and women's lives.» *Harvard Educational Review,* 63, 265-294.

40 «Por supuesto, existen algunos investigadores y médicos que sí están haciendo un importante trabajo en el campo de las mujeres y la vergüenza: June Tagney y Ronda Dearing, investigadoras y médicas del Stone Center de Wellesley, y Harriet Lerner y Claudia Black, por mencionar unas cuantas.»

June Tangney y Ronda Dearing son las autoras de *Shame and Guilt,* de Guilford Press.

Harriet Lerner ha escrito varios libros, como *The Dance of Anger, The Dance of Connection* y *The Dance of Fear.*

Claudia Black ha escrito varios libros, como *It Will Never Happen to Me* y *Changing Course.*

Encontrarás más información sobre el Stone Center y los

llamados Wellesley Centers for Women en www.wcwonline.org.

53   «La mayoría de los investigadores de la vergüenza coinciden en que la diferencia entre vergüenza y culpa [...].»

Creo que *Shame and Guilt*, de June Tangney y Ronda Dearning (Guilford Press), incluye el mejor análisis de la literatura actual sobre la vergüenza y la culpa.

55   «**Donald Klein capta las diferencias entre vergüenza y humillación cuando explica [...].**»

Klein, D. C. (1991). «The humiliation dynamic. An over view.» *The Journal of Primary Prevention, 12* (2), 93-122.

63   «Por ejemplo, las investigaciones demuestran que las mujeres obesas y con sobrepeso tienen ingresos inferiores [...]»

Si deseas conocer información sobre la discriminación por peso, visita http://loveyourbody.nowfoundation.org. El estudio fue llevado a cabo por Schwartz, John (1993), y se titula «Obesity Affects Economic, Social Status: Women Far Worse, 7-Year Study Shows.» *Washington Post*, 30 de septiembre, 1993, p. A1.

63   «[...] la mujer norteamericana está expuesta a más de tres mil anuncios al día [...].»

Kilbourne, J. (1999). *Can't buy my love: How advertising changes the way we think and feel*. Nueva York: Touchstone.

64   «Marilyn Frye describe el doble ciego como una situación [...].»

Frye, M. (2001). «Oppression.» En M. Anderson y P. Collins (eds.), *Race, class and gender: An anthology*. Nueva York: Wadsworth.

72 «Creemos que la sensación más espantosa y destructiva […].»

Miller, J. B., y Stiver, I. P. (1997). *The healing connection: How women form relationships in both therapy and in life.* Boston: Beacon Press.

DOS

78 «Otra definición que me gusta proviene de un libro sobre terapia de los autores Arn Ivey, Paul Pederson y Mary Ivey. Ellos describen […].»

Ivey, A.; Pederson, P., y Ivey, M. (2001). *Intentional group counseling: A microskills approach*. Belmont, California: Brooks/Cole.

82 «Gracias al creciente volumen de investigaciones sobre la empatía del que disponemos […].»

Encontrarás más información sobre la importancia de la empatía en el siguiente libro de Daniel Goleman sobre la inteligencia emocional:

Goleman, D. (2005). *Emotional intelligence: Why it can matter more than I.Q.* Nueva York: Bantam.

82 «Teresa Wiseman, enfermera e investigadora de Inglaterra […].»

Wiseman, T. (1996). «A concept analysis of empathy.» *Journal of Advanced Nursing, 23,* 1162-1167.

85   «Según la investigación dirigida por Sidney Shrauger y Marion Patterson [...]»

Shrauger, S., y Patterson, M. (1974). «Self evaluation and the selection of dimensions for evaluating others.» *Journal of Personality*, 42, 569-585.

91   «En su artículo sobre el coraje común en la vida de las jóvenes y las mujeres, Annie Rogers [...].»

Black, C. (1999). *Changing course: healing from loss, abandonment and fear.* Bainbridge Island, Washington: MAC Publishing.

Rogers, A. G. (1993). «Voice, play, and a practice of ordinary courage in girls' and women's lives.» *Harvard Educational Review*, 63, 265-294.

Chödrön, P. (2002). *The places that scare you: A guide to fearlessness in difficult times.* Boston: Shambhala Classics.

96   «Según un concepto desarrollado por las investigadoras y activistas Lorraine Gutiérrez y Edith Anne Lewis, la conexión [...].»

Gutiérrez, L., y Lewis, E. (1999). *Empowering women of color.* Nueva York: Columbia University Press.

108 «Sobre la cuestión de desaprovechar la oportunidad de demostrar empatía [...].»

Miller, J. B., y Stiver, I. P. (1997). *The healing connection: How women form relationships in both therapy and in life.* Boston: Beacon Press.

114 « […] un reducido grupo de investigadores, en especial aquellos que trabajan desde una perspectiva evolutiva o biológica […].»

Si te interesa conocer perspectivas alternativas sobre la vergüenza, te recomiendo el siguiente libro. Advierto que es bastante académico, por lo que su lectura podría resultar un tanto oscura: Lansky, M., y Morrison, A. (eds.) (1997). *The Widening Scope of Shame.* Hillsdale, Nueva Jersey: The Analytic Press.

119 «En un editorial escrito por Poe […].»

Poe, T. (1997, 17 de Septiembre). «Shame is missing ingredient in criminal justice today» [Op/Ed]. *The Houston Chronicle,* p. A27.

Lerner, H. (2001) *The dance of connection: How to talk to someone when you're mad, hurt, scared, frustrated, insulted, betrayed or desperate.* Nueva York: Harper Collins.

TRES

129 «Los investigadores Tamara Ferguson, Heidi Eyre y Michael Ashbaker argumentan que la "identidad indeseada" es […].»

Ferguson, T. J.; Eyre, H. L., y Ashbaker, M. (2000). «Unwanted identities: A key variable in shame-anger links and gender differences in shame.» *Sex Roles, 42,* 133-157.

136 «En el área de la psicología de la salud […].»

Aiken, L.; Gerend, M., y Jackson, K. (2001). «Subjective

risk and health protective behavior: Cancer screening and cancer prevention.» En A. Baum, T. Revenson y J. Singer (eds.), *Handbook of health psychology* (pp. 727-746). Mahwah, Nueva Jersey: Erlbaum.

Apanovitch, A.; Salovey, P., y Merson, M. (1998). «The Yale-MTV study of attitudes of American youth.» Manuscrito en preparación.

137 **«Desde la perspectiva de la psicología social [...], la vulnerabilidad personal.»**

Sagarin, B.; Cialdini, R.; Rice, W., y Serna, S. (2002). «Dispelling the illusion of invulnerability: The motivations and mechanisms of resistance to persuasion.» *Journal of Personality and Social Psychology, 83*, 3, 536-541.

137 **«Judith Jordan, teórica de las relaciones y la cultura del Stone Center de la Universidad Wellesley [...].»**

Jordan, J. (1992). «Relational resilience» (Trabajo en preparación). Wellesley, Massachusetts: The Stone Center, Wellesley College.

También recomiendo la lectura de los informes redactados por los investigadores y clínicos del Stone Center y los Centros Wellesley para Mujeres. Puedes adquirir y descargarte esos documentos en: www.wcwonline.org.

148 **«La doctora Shelley Uman, psiquiatra graduada en Harvard [...].»**

Esta información proviene de un taller sobre mujeres y adicción patrocinado por The Meadows, una institución para personas con desórdenes múltiples, especializada en el tratamiento del trauma y las adicciones. La página web de The Meadows es: www.themeadows.org. La información fue también publicada en el siguiente artículo:

Uram, S. (2006). «Travelling through trauma to the journey home.» *Addiction Today*, 17, 99.

149 «La doctora Linda Hartling, teórica de las relaciones y la cultura, se basa en conceptos de Karen Horney [...].»

Hartling, L.; Rosen, W.; Walker, M., y Jordan, J. (2000). «Shame and humiliation: From isolation to relational transformation» (Trabajo en preparación). Wellesley, Massachusetts: The Stone Center, Wellesley College.

CUATRO

156 «¿Y qué impacto producen estas expectativas? Pues veamos...»

La información sobre dieta y obesidad proviene de estadísticas del Gobierno de Estados Unidos; del libro de Jean Kilborne *Can't buy my love: How advertising changes the way we think and feel* (1999), y de la página web *Love Your Body* (obtenida en 2006 de http://loveyourbody.nowfoundation.org). La información sobre cirugía plástica proviene de la Sociedad Norteamericana de Cirugía Plástica Estética (obtenida en 2006 de www.surgery.org/press/proce durefacts.php).

158 «¿Quién se beneficia de las expectativas sobre el aspecto físico?»

Las estimaciones sobre las ganancias de las diferentes industrias provienen de la enciclopedia Wikipedia.

175 «¿A qué realidades políticas, sociales y económicas se enfrentan las mujeres divorciadas?»

Bogolub, E. (1994). «Child support: Help to women and children or government revenue?» *Social Work, 39*, 5, 487-490.

McKeever, M., y Wolfinger, N. (2001). «Reexamining the economic costs of marital disruption for women.» *Social Science Quarterly, 82*, 1, 202-218.

CINCO

200 «[…] a quien en una ocasión oí describir la risa como una "forma efervescente y burbujeante de santidad".»

Oí esta cita mientras veía uno de los programas de lectura de libros de Anne Lamott en BookTV, emitido por C-SPAN 2.

204 «Las investigaciones de marketing demuestran que en aproximadamente el 85 por 100 de las compras relacionadas con el hogar somos las mujeres quienes tomamos las decisiones.»

Quinlan, M. L. (2003). *Just ask a woman: Cracking the code of what women want and how they buy.* Hoboken, Nueva Jersey: Wiley.

Lerner, H. (1990). *The dance of intimacy: A woman's guide to courageous acts of change in key relationships.* Nueva York: Harper Collins.

215   *Shame* («Vergüenza»), de Vern Rutsala

Este poema fue publicado por primera vez en *The American Scholar* (otoño 1988, vol. 57, ejemplar 4, p. 574). También aparece en el libro de Vern Rutsala titulado *The Moment's Equation* (2004, Ashland Poetry Press). *The Moment's Equation* fue finalista en 2005 del Premio Nacional de Literatura (*National Book Award*). Mi especial agradecimiento al profesor Rutsala por permitirnos reproducir aquí su poema.

SEIS

232   «Los terapeutas de la narrativa Jill Friedman y Gene Combs explican [...].»

Friedman, J., y Combs, G. (1996). *Narrative therapy: The social construction of preferred realities*. Nueva York: Norton.

SIETE

Pipher, M. (1997). *In the shelter of each other: Rebuilding our families*. Nueva York: Ballantine Books.

298   «Harriet Lerner ofrece un consejo estupendo [...].»

Lerner, H. (2001). *The dance of connection: How to talk to someone when you're mad, hurt, scared, frustrated, insulted, betrayed or desperate*. Nueva York: Harper Collins.

OCHO

307   «Las investigadoras de la vergüenza June Tangney y Ronda Dearing [...].»

Tangney, J. P., y Dearing, R. (2002). *Shame and guilt*. Nueva York: Guilford.

312 «Un estereotipo es una definición extremadamente generalizada y rígida […].»

Robbins, S. P.; Chatterjee, P., y Canda, E. R. (2006). *Contemporary human behavior theory: A critical perspective for social work*. (2.ª ed.). Boston: Allyn and Bacon.

313 «Según los investigadores, los estereotipos positivos producen […].»

Miller, P.; Miller, D.; McKibbin, E., y Pettys, G. (1999). «Stereotypes of the elderly in magazine advertisements 1956-1996.» *International Journal of Aging and Human Development, 49, 4*, 319-337.

313 «Esto es lo que explica Michelle Hunt, experta en desarrollo organizativo y diversidad […[.»

Senge, P.; Kleiner, A.; Roberts, C.; Ross, R., y Smith, B. (1994). *The fifth discipline fieldbook: Strategies and tools for building a learning organization*. Nueva York: Doubleday.

320 Investigación sobre los estereotipos negativos y positivos:

Hummert, M. L. (1990). «Multiple stereotypes of elderly and young adults: A comparison of structure and evaluation.» *Psychology and Aging, 5*, 182-193.

Hummert, M. L. (1993). «Age and typicality judgements of stereotypes of the elderly: Perceptions of elderly vs.

young adults.» *International Journal of Aging and Human Development*, 37, 217-227.

Hummert, M. L.; Garstka, T. A.; Shaner, J. L., y Strahm, S. (1994). «Steretotypes of the elderly held by young, middleaged, and elderly adults.» *Journal of Gerontology*, 49, 240-249.

Hummert, M. L.; Garstka, T. A.; Shaner, J. L., y Strahm, S. (1995). «Judgements about stereotypes of the elderly.» *Research on Aging*, 17, 168-189.

Ingersoll-Dayton, B., y Talbott, M. M. (1992). «Assessments of social support exchanges: cognitions of the old-old.» *International Journal of Aging and Human Development*, 35, 125-143.

Schmidt, D. F., y Boland, S. M. (1986). «Structure of perceptions of older adults: Evidence for multiple stereotypes.» *Psychology and Aging*, 1, 255-260.

337 **«[…] un diálogo desarrollado por la investigadora y educadora Mary Bricker-Jenkins.»**

Bricker-Jenkins, M. (1991). «The propositions and assumptions of feminist social work practice.» En M. Bricker-Jenkins, N. Hooyman y N. Gottlieb (eds.), *Feminist social work practice in clinical settings* (pp. 271-303). Newbury Park, California: Sage Publications.

NUEVE

342 **«Los profesores de trabajo social Dean H. Hepworth, Ronald H. Rooney y Jane Lawson […].»**

Hepworth, D. H.; Rooney, R. H., y Lawson, J. A. (1997). *Direct social work practice: Theory and skills.* Pacific Grove: Brooks/Cole Publishing Co.

355 «Muchos de los estudios más recientes sobre alcoholismo y drogadicción [...].»

Estudios citados en *Newsweek*/MSNBC—«Gender Equality»: *Young women are catching up with their male counterparts when it comes to alcohol—often to disastrous effect.* Información obtenida el 26 de abril de 2006 de www.msnbc.msn.com. El artículo cita estudios del Centro Nacional de la Adicción y el Abuso de sustancias de la Universidad de Columbia.

357 «Ronda Dearing, que dirigió el estudio [...].»

Dearing, R.; Stuewig, J., y Tangney, J. (2005). «On the importance of distinguishing shame from guilt: Relations to problematic alcohol and drug use.» *Addictive Behaviors*, *30*, 1392-1404.

363 «La psicóloga y activista Charlotte Sophia Kasl [...].»

Kasl, Charlotte (1992). *Many roads one journey: Moving beyond the 12 steps.* Nueva York: Harper Paperbacks.

366 «[...] es la autora de la magnífica cita [...].»

Williamson, Marianne. (1992). *A return to love: reflecting on the principles of a course in miracles.* Nueva York: HarperCollins.

370 «Según Dennis Saleebey, profesor de Trabajo Social, la perspectiva de las fortalezas [...].»

Saleebey, D. (1996). «The strengths perspective in social work practice: Extensions and cautions.» *Social Work, 41*, 3, 296-306.

374 «Me gusta mucho la definición de *teoría* que encontré en *The Fifth Discipline Fieldbook* [...].»

Senge, P.; Kleiner, A.; Roberts, C.; Ross, R., y Smith, B. (1994). *The fifth discipline fieldbook: Strategies and tools for building a learning organization.* Nueva York: Doubleday.

De la misma autora

LOS DONES DE LA IMPERFECCIÓN
Brené Brown

«Ahora veo que, a pesar de que conocernos y comprendernos a nosotros mismos es importantísimo, hay algo más esencial aún para vivir de todo corazón: amarnos a nosotros mismos.»
«Ahora veo que el hecho de reconocer nuestra historia y de querernos a nosotros mismos durante todo ese proceso es lo más valiente que podremos hacer jamás.»
«Ahora veo que cultivar una vida de todo corazón no es una meta, sino un camino sin fin. Es el camino de toda una vida.
Es el trabajo del alma.»

Brené Brown, del prefacio